親の財産を凍結から守る

認知症対束

ガイドブック

司法書士・行政書士 **元木 翼** 著

日本法令®

はじめに

　高齢化の進展に伴い、近年日本では認知症高齢者数が増加の一途を辿っています。

　このような社会環境において、最近深刻化しつつあるのが、認知症による「財産凍結」の問題です。財産凍結とは、認知症を発症することで預貯金や不動産などの財産が使えなくなってしまう（＝動かせなくなってしまう）ことをいいます。老後資金として蓄えてきた財産が使えなくなることで、認知症高齢者本人の生活や介護に大きな影響が出る可能性があるだけではなく、それを支えていくご家族にも様々な負担が生じる可能性があります。

　実際、ここ数年財産凍結に直面したご家族や関係者からの相談が急増しています。「親の預貯金が引き出せない」「親名義の自宅が売却できない」などの問題が起こり、司法書士や弁護士などの専門家に相談するケースが後を絶ちません。

　しかし、財産凍結について対策（認知症対策）をしている方はまだまだ少ないのが実状です。いわゆる"終活"意識の高まりによって、自分が亡くなった後の「相続」について対策を行う人は以前に比べて増えましたが、認知症対策についてはその必要性が十分に認知されていません。"人生100年時代"といわれる昨今、亡くなった後の遺産分割対策や相続税対策などの相続対策ももちろん重要ですが、相続が発生するまでの長い時間に起こり得る財産凍結の対策についても今後は検討しておく必要があるといえるでしょう。

　本書は、このような観点から、これから認知症対策を開始しようと考えている方やそのご家族、あるいは対策をサポートする士業や不動産・金融の専門家の方々に向けて発刊する認知症対策の

入門書となります。弊社でこれまで対応した1,000件を超える認知症対策の相談事例をベースに、認知症対策の基本や具体的な対策内容などをわかりやすく丁寧に説明しています。

　本書では、まず認知症対策の基本となる成年後見制度と家族信託について解説をしています。次に、預貯金や不動産などの「財産ごと」の認知症対策のメニューを体系的に整理しています。最後に認知症対策の事例も紹介しています。

　「財産ごと」に分類している理由は、とり得る対策メニューがそれぞれの財産で異なるからです。これまでの認知症対策に関する書籍では家族信託や成年後見制度などの「制度」の説明や比較が中心でしたが、さらに一歩進めてそれぞれの「財産ごと」の選択肢をできるだけ具体的に解説しているのが本書の最も大きな特徴です。

　本書が認知症対策に関わる皆さまによって少しでもお役に立てればこれ以上の喜びはありません。

　最後に、本書の税務監修を担当してくださった税理士法人レディング代表社員木下勇人先生、「生命保険」の認知症対策について監修してくださった株式会社FPフローリスト代表取締役圦本弘美様、執筆に関する様々なサポートをしてくれた弊社スタッフなど関係者の方々に感謝の意を表します。そして、執筆に向けて長きにわたり丁寧に粘り強くサポートいただいた(株)日本法令の小原絵美様、志田小夜子様にもこの場を借りて深く御礼申し上げます。

　2021年12月

元木　翼

目　次

第2章

認知症対策の基本
～まずは３つの制度を理解しよう～

プラスワンアドバイス 06

第3章　**親の財産を凍結から守る！
"財産別" 認知症対策のすすめ**

認知症対策の前に必ず確認！
基本事例10選

◎本書中、法律の条項については、下記のように省略しております。
（例）民法第648条第3項第1号　→　民法648③一

第1章

忍び寄る認知症による「財産凍結」

～認知症対策のポイントとタイミング～

Ⅰ 認知症による「財産凍結」とは

1 未曾有の「認知症社会」の到来

(1) 超高齢社会の現状

　2021年（令和3年）の高齢社会白書によれば、日本の総人口は、2020年10月1日現在で、1億2,571万人となっています。

　そして、高齢者（65歳以上）の人口は、1950年には総人口の5％に満たない数でしたが、1970年に7％を超え、さらに、1994年には14％を超えました。高齢化率はその後も上昇を続け、2020年10月1日現在、**28.8％**に達しています。**2025年には、高齢化率は30％に達する**とされています。およそ3人に1人が高齢者である社会が目前に迫っていることになります。

　また、平均寿命については、2019年現在、男性81.41年、女性87.45年となっています。今後は、男女ともに平均寿命は延び続けていくことが予想され、2065年には、男性84.95年、女性91.35年となり、女性は90年を超えると見込まれています。

　日本は、人類史上かつてない超高齢社会に突入しようとしているのです。

◆ 図表 1-1 高齢化の推移と将来推計

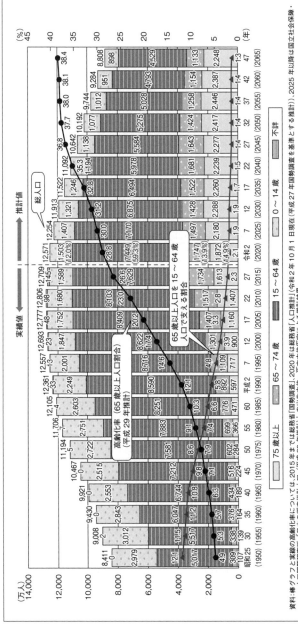

資料：棒グラフと実線の高齢化率については2015年までは総務省「国勢調査」、2020年は総務省「人口推計」(令和2年10月1日現在)、2025年以降は国立社会保障・人口問題研究所「日本の将来推計人口（平成29年推計）」の出生中位・死亡中位仮定による推計結果。
2020年以降の年齢階級別人口は、総務省統計局「平成27年国勢調査 年齢・国籍不詳をあん分した人口」による年齢不詳をあん分した人口に基づいて算出されていることから、年齢不詳は存在しない。なお、1950年～2015年の高齢化率の算出には分母から年齢不詳を除いている。ただし、1950年及び1955年において割合を算出する際には、(注2)における沖縄県の一部の人口を不詳には含めないものとする。
（注1）沖縄県の昭和25年70歳以上の外国人136人（男55人、女81人）及び昭和30年70歳以上23,328人（男8,090人、女15,228人）は65～74歳、75歳以上の人口から除き、不詳に含めている。
（注2）将来人口推計とは、基準時点までに得られた人口の動向を将来に向けて投影するものである。それゆえ、将来人口推計は、基準時点以降の構造的な変化等により、推計時点において得られる実績値と異なることもある。
（注3）年少人口及び生産年齢人口は、1950年～2010年は沖縄県を含む。
（注4）四捨五入の関係で、足し合わせても100%にならない場合がある。

出典：内閣府「令和3年版高齢社会白書」

◆図表1−2 平均寿命の推移と将来推計

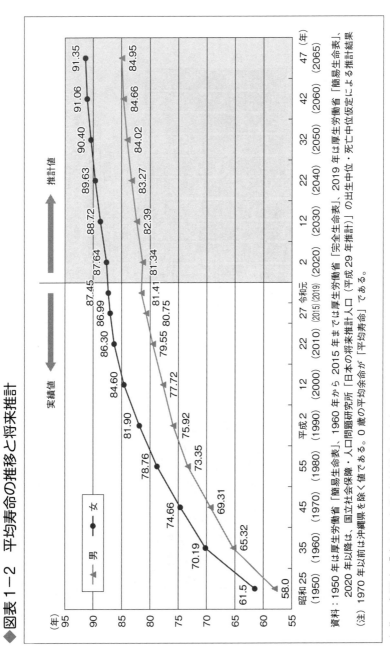

資料：1950年は厚生労働省「簡易生命表」、1960年から2015年までは厚生労働省「完全生命表」、2019年は厚生労働省「簡易生命表」、2020年以降は、国立社会保障・人口問題研究所「日本の将来推計人口（平成29年推計）」の出生中位・死亡中位仮定による推計結果
（注）1970年以前は沖縄県を除く値である。0歳の平均余命が「平均寿命」である。

出典：内閣府「令和3年版高齢社会白書」

⑵　超高齢社会の進展とともに増え続ける認知症高齢者

　超高齢社会の進展によって問題となるのは、「**認知症**」の問題です。

　2017 年（平成 29 年）に内閣府が発表した「高齢社会白書」によると、2025 年の認知症高齢者（65 歳以上の認知症患者数）は約 700 万人（高齢者の約 5 人に 1 人）にのぼるとされています。今後も、高齢者数の増加とともに認知症高齢者数も上昇していき、2060 年には約 850 万人に達するとされています。

　年齢が上がるにつれて発症率が上がるという認知症の性質上、**さらなる高齢化の進展が確実である以上、認知症高齢者数の増加も避けられないといえます。**

　今後は、認知症の予防推進とともに、認知症高齢者の介護、自動車事故、行方不明者の増加、孤独死、財産凍結問題など、「認知症」に起因する様々な社会問題に対応していくことが求められています。

　そこで、認知症に係る諸課題について、関係行政機関の緊密な連携をとりながら、政府一体となって総合的な対策を推進するため、2019 年（令和元年）6 月 18 日、「認知症施策推進関係閣僚会議」が開催されました。ここで発表された「認知症施策推進大綱」では、認知症になっても住み慣れた地域で自分らしく暮らし続けられるよう「共生」を目指し、「認知症バリアフリー」の取組みを進めていくとともに、「共生」の基盤の下、通いの場の拡大など「予防」の取組みを政府一丸となって進めていくものとされています。今後の国を挙げた取組みが期待されています。

⑶　認知症にどう向き合うべきか

　認知症に関する様々な課題については、官民一体となって国を

◆図表 1−3　65 歳以上の認知症患者の推定者と推定有病率

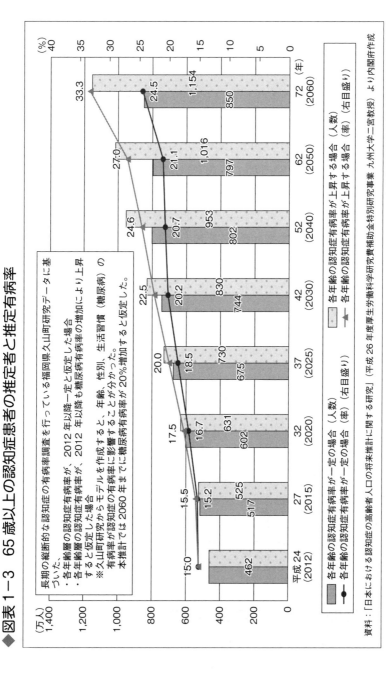

長期の縦断的な認知症の有病率調査を行っている福岡県久山町研究データに基づいた。
・各年齢層の認知症有病率が、2012 年以降一定と仮定した場合
・各年齢層の認知症有病率が、2012 年以降も糖尿病有病率の増加により上昇すると仮定した場合
※久山町研究からモデルを作成すると、年齢、性別、生活習慣（糖尿病）の有病率が認知症の有病率に影響することが分かった。本推計では 2060 年までに糖尿病有病率が 20%増加すると仮定した。

各年齢の認知症有病率が一定の場合（人数）（右目盛り）
各年齢の認知症有病率が一定の場合（率）（右目盛り）
各年齢の認知症有病率が上昇する場合（人数）
各年齢の認知症有病率が上昇する場合（率）（右目盛り）

資料：「日本における認知症の高齢者人口の将来推計に関する研究」（平成 26 年度厚生労働科学研究費補助金特別研究事業　九州大学二宮教授）より内閣府作成

出典：内閣府 [平成 29 年版高齢社会白書]

挙げて取り組んでいくべき事項である一方で、各個人、各家庭においても「いつ自分が、家族が認知症になってもおかしくない」という意識で積極的に予防や対策などに取り組んでいく必要があります。

　本書のテーマである、認知症による**「財産凍結」問題（※詳細は後述します）の対策もまったく同様**です。国の制度や民間サービスだけで十分な対策を行うには限界があります。やはり我々一人一人がもっと問題意識を持つことが今後は重要となってくるでしょう。

2　認知症とは

　「認知症」とは何らかの病気によって認知機能などに障害がある状態の総称です。認知症という「病名」があるわけではありません。認知症対策の話に入る前に、認知症の基本的な知識について確認しましょう。

(1)　認知症とは

　認知症とは、成年期以降に、脳の病変によって起こる認知機能（記憶、知識、言語、理解、思考、注意、見当識、計算、判断など）の低下をきたした状態をいい、次の3点の特徴があるとされています。

---

① 　脳に器質的な障害があり、認知機能が低下している
② 　意識がはっきりしている
③ 　認知機能の障害とともに、感情、意欲、行動に変化があり、日常生活に支障がおこる

（長谷川和夫著「よくわかる認知症の教科書」（朝日新聞出版、2013年））

高齢になるほど発症リスクは高まりますが、あくまで加齢とは別に起こるものとされています。

　以前は「痴呆」と呼ばれていましたが、差別や偏見を助長するニュアンスがあるとして、2004年に厚生労働省の用語検討会によって「認知症」への言い換えを求める報告がまとめられ、現在は、「痴呆」という用語は廃止され、「認知症」に置き換えられています。

(2)　認知症の種類

　認知症には4大認知症と呼ばれる「アルツハイマー型認知症」「脳血管性認知症」「レビー小体型認知症」「前頭側頭型認知症」があり、次のように分類されています。

＜4大認知症の分類＞

> ・脳細胞の変化によって起こるもの
> 　「アルツハイマー型認知症」「レビー小体型認知症」「前頭側頭型認知症」
> ・脳梗塞や脳出血などによって起こるもの
> 　「脳血管性認知症」

　認知症を引き起こす疾患は多岐にわたりますが、老年期の代表的な原因疾患はアルツハイマー型認知症と脳血管性認知症であることが多いとされています。

　上記以外にも、脳腫瘍、正常圧水頭症、頭部外傷、内分泌異常、代謝異常、感染症などの疾患による認知症もあります。

(3)　認知症の症状

　認知症の症状は、中核症状と行動・心理症状（BPSD）に分けることができます。中核症状とは、認知症を発症した場合に必ず現れる症状をいいます。

　これに対して、行動・心理症状とは、中核症状と相まって、本人の生活環境や性格などによって二次的に引き起こされる症状をいいます。行動・心理症状はすべての認知症患者に現れるわけではないとされています。

◆図表1-4　中核症状と行動・心理症状

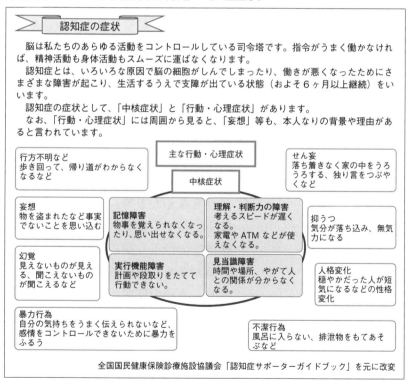

認知症の症状

　脳は私たちのあらゆる活動をコントロールしている司令塔です。指令がうまく働かなければ、精神活動も身体活動もスムーズに運ばなくなります。
　認知症とは、いろいろな原因で脳の細胞がしんでしまったり、働きが悪くなったためにさまざまな障害が起こり、生活するうえで支障が出ている状態（およそ6ヶ月以上継続）をいいます。
　認知症の症状として、「中核症状」と「行動・心理症状」があります。
　なお、「行動・心理症状」には周囲から見ると、「妄想」等も、本人なりの背景や理由があると言われています。

主な行動・心理症状

中核症状

行方不明など
歩き回って、帰り道がわからなくなるなど

せん妄
落ち着きなく家の中をうろうろする、独り言をつぶやくなど

妄想
物を盗まれたなど事実でないことを思い込む

記憶障害
物事を覚えられなくなったり、思い出せなくなる。

理解・判断力の障害
考えるスピードが遅くなる。
家電やATMなどが使えなくなる。

抑うつ
気分が落ち込み、無気力になる

幻覚
見えないものが見える、聞こえないものが聞こえるなど

実行機能障害
計画や段取りをたてて行動できない。

見当識障害
時間や場所、やがて人との関係が分からなくなる。

人格変化
穏やかだった人が短気になるなどの性格変化

暴力行為
自分の気持ちをうまく伝えられないなど、感情をコントロールできないために暴力をふるう

不潔行為
風呂に入らない、排泄物をもてあそぶなど

全国国民健康保険診療施設協議会「認知症サポーターガイドブック」を元に改変

出典：第78回社会保障審議会介護保険部会（令和元年6月20日）参考
　　　資料2-1より抜粋

＜中核症状＞

　程度や発生順序は人により差がありますが、すべての認知症患者に普遍的にみられる症状を中核症状と呼んでいます。これらは細胞神経の脱落によって発生する症状で、進行性の病態像をもつため一過性の場合は認知症と診断はされないといわれています。

- 記憶障害 …………… 近時記憶力の低下。
- 見当識障害 ………… 時間・場所・人物に関する状況や関係性がわからなくなる。
- 実行機能障害 ……… 料理の手順や調理方法、家電製品の使い方などがわからなくなる。
- 感情抑制の困難 …… 感情抑制ができず、些細な事に対しても喜怒哀楽が激しくなる。
- 失認 ………………… 五感の正常処理が困難になり対象の正しい認知・認識ができなくなる。歩き慣れた道で迷ってしまう等。
- 失行 ………………… 運動機能障害はないが、日常的な行動が困難になる。洋服の着脱方法がわからなくなる等。
- 失語 ………………… 聞く、話す、書く、読むといった言語機能の低下。聞き返しが増える、言葉がなかなか出てこない等。
- 判断力障害 ………… 曖昧な表現の理解、物の共通点や違いの判断、物事の良し悪しの判断等ができなくなる。季節に応じた服の選択ができない等。

＜行動・心理症状（BPSD）＞

Behavioral and Psychological Symptoms of Dementia の略語で、一般的には「行動・心理症状」と呼ばれています。すべての患者に現われる中核症状に対して、個人の性格や生活環境、介護者との人間関係等によって症状の現われ方や程度に差があります。

具体的には、抑うつ・不眠・不安・焦燥・食行動異常（異食など）・徘徊・幻覚・妄想・妄想精神行動異常・興奮・被害念慮・攻撃的行動などが行動・心理症状といわれています。

(4) 認知症の検査・診断方法

認知症診断は、まず「認知症であるか否か」を判断し、次に「認知症の原因疾患は何か」を診断するという流れで進んでいくのが一般的とされています。

認知症であるかどうかの判断に当たっては、心理的テストや問診（精神検査）などが行われ、認知機能を客観的に評価します。代表的な検査方法としては、「改訂 長谷川式簡易知能評価スケール（HDS-R）」や「MMSE（ミニメンタルステート検査）」などがあります。診断に当たっては、別の原因で引き起こされるうつ状態や意識障害と区別することが重要とされています。

続けて、認知症の疑いがみられた場合、治療方法やケア方法を決定するため、その原因疾患の特定を行います。

原因疾患の診断方法として、精神検査や神経学的検査を主体として、補助的に頭部 CT、MRI、SPECT など画像検査や血液検査、心電図、脳波などによる身体検査も行われます。また、認知症発症から現在までの経過を家族や関係者などからヒアリングし

ます。

　認知症の原因疾患は約 70 種類あるとされています。第 78 回社会保障審議会介護保険部会参考資料 2 − 1 によれば、アルツハイマー型認知症によるものが最も多く、認知症の 67.6％を占めるといわれています。次に多いのが、脳血管の障害で起こる脳血管性認知症で 19.5％、レビー小体型認知症が 4.3％といわれています。

3　認知症による「財産凍結」とは何か

⑴　財産凍結とは

　このように、高齢化が今後ますます進んでいく日本においては、認知症高齢者の増加に歯止めをかけることは現時点では難しいといえるでしょう。高齢者の「約 5 人に 1 人」が認知症ということになると、自分や配偶者の両親、親戚などに、1 人は認知症高齢者がいてもおかしくはないということです。認知症高齢者の問題は、誰しも決して他人事とはいえない状況になりつつあるのです。

　認知症高齢者の急増によって、社会問題化しつつあるのが「**財産凍結**」の問題です。これは、**高齢者が保有している預貯金、不動産などの財産が、認知症等による判断能力の低下・喪失によって、「使えなくなる」「動かせなくなる」（＝凍結）**という問題をいいます。

　具体的にいうと、**金銭であれば、預貯金の引出し、定期預金の解約などができなくなる**可能性があります。**不動産であれば、売却、賃貸、修繕、リフォームなどが困難となる**可能性があります。**株式・投資信託についても同様に、売却などの処分が難しく**

なります。さらに、生前贈与などの相続税対策や相続の際に行う遺産分割協議もできなくなるおそれがあります。

◆図表1−5　財産凍結の具体例

金融資産	× 預貯金の引出し × 定期預金の解約 × 投資信託の売却 × 株式の売却 etc.
不動産	× 売却 × リフォーム × 建替え × 修繕 × 借入れ etc.
相続	× 相続税対策 × 遺産分割協議 etc.

(2) 財産凍結の典型例

財産凍結の典型例は次のとおりです。

典型例①	父が認知症に…銀行口座が凍結して、入院費や介護費用が引き出せない…
典型例②	認知症の母が老後資金として貯めていた定期預金が解約できない…
典型例③	父名義の実家を売却して老人ホームの入居一時金を支払う予定だったが、認知症により判断能力が低下して売却できない…
典型例④	空き家になっている母名義の実家を売却したいが、母が寝たきりの状態で売却できない…
典型例⑤	父が脳梗塞で急に倒れた…父の株式や投資信託を売却して入院費・介護費用に当てたいが証券会社からこのままでは売却できないといわれた…

典型例⑥　父が亡くなり相続手続きを進めようとしたが、母が認知症のため遺産分割協議ができず、相続手続きが止まっている…

親の医療費や介護費はどうしたらいいの？

実家の処分はどうしたらいいの？

　たとえ子供であったとしても、親の預貯金の引出しや不動産の売却が代わりにできるわけではありません。**親が生きているうちは、親本人しか財産の管理や処分ができないのが原則**なのです。

　認知症高齢者の増加によって、このような財産凍結の相談件数も急激に増えています。筆者の事務所でも、毎日のように財産凍結やその事前対策の相談を受けています。

　事前に財産の凍結について対策をしていなかった場合には、事後的にできることは**「法定後見制度」**という制度を利用するしかありません（法定後見制度については、第2章で説明いたします）。認知症を発症してしまった後は、第3章以降で説明する対策を行うのが非常に難しくなります。

　このため、親が元気なうちに**事前対策を行っていくことが非常に大切**となってくるのです。

要注意！ 認知症による "相続財産" の凍結とは

　超高齢社会の進展により、相続が発生した際の「相続人」の年齢も上がっています。例えば、被相続人（亡くなった人）が「90歳」だとすると、相続人となる配偶者や子供（子供がいなければ兄弟）も高齢者ということになります。被相続人だけでなく、相続人も高齢化しているのです。

　そこで、近年急激に増えているのが、**「相続人が認知症を発症している」**というケースです。
　相続の手続きには、原則として**「相続人全員」**の関与が必要となります。このような場合、手続きはどのように進めていけばよいのでしょうか。
　具体例を見ながら考えてみましょう。

　父親、母親、長男、長女の4人家族において、父親が亡くなりました。法定相続人は、母親、長女、長男の3名になります。母親は重度の認知症です。
　父親が遺言書や家族信託の準備をしていなかった場合、父親の財産について相続手続き（相続登記や預貯金の手続きなど）を進めていくためには、**原則として相続人全員で遺産分割協議（どのように遺産を分けるかを決める話合い）を行う必要があります。**
　ところが、本事例では母親が重度の認知症を発症しているため、このままでは遺産分割協議をすることができません。**遺産分割協議を行うためには、「判断能力」が必要**であるからです。母親の判断能力が

◆図表1-6　認知症による相続財産の凍結

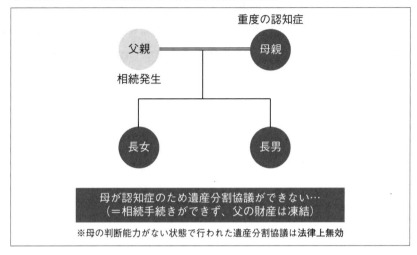

ない状態で行われた**遺産分割協議**は「**無効**」となります。また、遺産分割協議は必ず相続人全員で行わなければならないので、母親を抜きにして行うことはできません。

　遺産分割協議ができないとなると、父親名義の不動産の名義変更登記（相続登記）や父親が保有していた預貯金口座の解約手続きなどの相続手続きを行うことはできません。

　つまり、**父親の相続財産は「凍結」状態**（＝利用できない状態）となってしまうのです。無論、母親自身の財産も凍結していることになります。

　相続人の中に認知症などによって判断能力を失っている人がいる場合には、**「法定後見制度」**（詳細は後述します）を利用するほかありません。この制度を利用することによって、家庭裁判所によって選ばれた後見人が遺産分割協議に代わりに参加し、相続手続きを進めていくことが可能となります。

もっとも、法定後見制度を利用する場合、原則として被後見人（法定後見制度によって支援を受ける者。上記のケースでいうと母親）に法定相続分を相続させなければならない、相続手続きが完了しても被後見人が生存中は後見を止めることができないなどのデメリットがあります。

　人生100年時代、自分の認知症対策だけを行うだけでは十分ではありません。自分が亡くなった際に「相続人」が認知症を発症していた場合に備えて、遺言や家族信託などの対策を行っておきましょう。

▲▲▲▲▲▲▲▲▲▲▲▲▲▲▲▲▲▲▲▲▲▲▲▲▲▲▲▲▲▲▲▲▲▲▲▲▲▲

4 なぜ認知症により「財産凍結」が起こるのか

(1) 認知症により判断能力が徐々に失われていく

　認知症を発症すると、「**判断能力**」が認知症の進行に伴い少しずつ失われていきます。判断能力とは、自分がこれから行おうとしている行為にどのようなメリット・デメリットがあるのかを理解する能力をいいます。言い換えれば、自分の行動がどのような「結果」を生むのかを把握する能力ということになります。法律上は、「意思能力」と呼ぶこともありますが、両者は同じような意味だと考えて差し支えありません。この判断能力の有無が、財産凍結の命運を握ることになります。

(2) 判断能力がないと、法律行為は無効となる

　民法第3条の2には次のように規定されています。

> 法律行為の当事者が意思表示をした時に意思能力を有しなかっ
> たときは、その法律行為は、無効とする。

　この規定は、**判断能力（意思能力）がない状態で行われた法律
行為は「無効」（＝効力は発生しない）**ということを意味してい
ます。認知症などによって判断能力を失った方が行った法律行為
は、法律上は効力が発生しないということです。

　法律行為とは、当事者がその意思に基づいて一定の効果の発生
を求めて行う行為をいいます。例えば、売買契約、贈与契約、賃
貸借契約、信託契約などの**「契約」がその代表例**です。その他に
預金取引や遺言なども法律行為に当たります。

　例えば、老人ホームの入居一時金を捻出するために、父親名義
の自宅を売却する場面を想定してみましょう。売却するときは、
自宅の所有者である父親が売主となり、買主と**「売買契約」**を締
結することになります。売買契約の締結には、売主・買主ともに
判断能力が必要となります。この場合、**父親が認知症などによっ
て判断能力を失っている場合には、売買契約を締結することがで
きません。**なぜなら、判断能力がない状態で行われた**売買契約
（法律行為）は無効**であるからです。子供などの家族が代わりに
売買契約を締結し売却を進めることはできません。自宅の所有者
が判断能力を失うと、売買契約が結べず売却ができなくなりま
す。これが「自宅」の凍結です。詳細は【第3章Ⅱ「「自宅」の
認知症対策」】で確認します。

(3) 財産凍結のメカニズム

　**財産の所有者が判断能力を失ってしまうと、その財産に関する
法律行為ができなくなってしまいます。**というのも、たとえその

法律行為を行ったとしても、効力は発生せず「無効」となってしまうからです。

　このように、判断能力がなくなってしまうと、自分では自分の財産について手続きが何もできなくなり、財産が動かせなくなってしまう（＝使えなくなってしまう）。**これが「財産凍結」のメカニズム**です。

(4)　財産凍結の原因は認知症だけに限らない

　本書では、財産凍結の原因として最も多い「認知症」を主に取り上げていますが、当然その原因は認知症だけに限りません。**脳梗塞、脳出血などの急な病気や事故によって判断能力を失ってしまった場合にも、まったく同じ状況に陥る可能性**があります。財産凍結は、高齢者だけの問題ではなく、年齢を問わず誰にでも起こり得る問題です。なるべく若いうちから財産凍結の対策をしておくことが大切となってきます。

5　「誰が」「いつ」「どのように」判断能力の有無を決めるのか

(1)　実務上非常に悩ましい…　判断能力の有無の判定

　財産凍結の意味やそのメカニズムについては、おわかりいただけたかと思います。

　ところが、ここで多くの方が疑問に思うのは、**「判断能力のある・なし」は「誰が」「いつ」「どのように」判定するのか**、ということです。

　「判断能力がある・ない」ということは簡単ですが、**その有無は一体誰によってどのように判定されているのか**という疑問で

す。認知症対策のセミナーや日々の相談で、筆者も頻繁にこのような質問をいただきます。

　実は、これは法律上明確に決まっているわけではありません。判定テストのようなものを受けて一定の数値を上回ったら「判断能力あり」、下回ったら「判断能力なし」ということには、残念ながらなっていないのです。

　実務上は、**案件ごとに、様々な事情を考慮しながら、総合的に判断せざるを得ない**ことから、判断能力の有無を決定することは、筆者のような専門家としても非常に悩ましいところなのです。裁判所の判決においても「意思能力の有無は、**問題となる個々の法律行為ごとにその難易、重大性**なども考慮して、行為の結果を正しく認識できていたかどうかということを中心に判断」されるべきであるとされています（平成17年9月29日東京地裁判決・「判例タイムズ」1203号173ページ）。要するに、一律に判断能力の有無は決定できないので、ケースバイケースで判断していくほかないということなのです。

　このように、現時点では判断能力の判定について明確な指針や基準があるわけではありませんが、参考として、以下筆者の経験を踏まえて判断能力の判定方法について考察していきたいと思います。なお、以下の考察はあくまで筆者の私見ですので、実際の判断は士業や医師などの専門家によって異なる可能性があることにご留意ください。

◆図表1－7　判断能力の判定はどのように行うのか

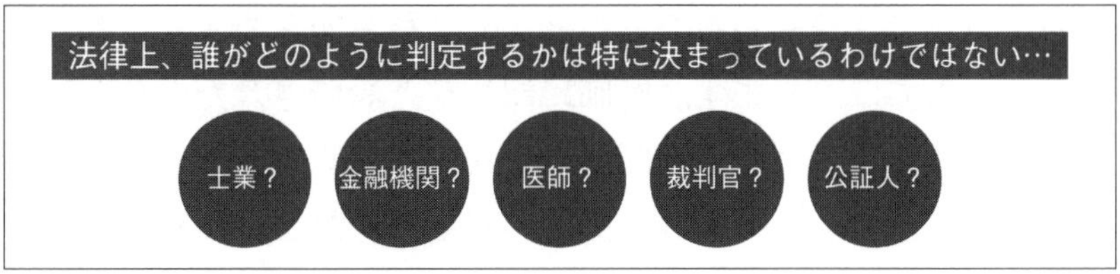

法律上、誰がどのように判定するかは特に決まっているわけではない…

士業？　金融機関？　医師？　裁判官？　公証人？

(2)　「誰が」判断能力の有無を決めるのか

　前述のように「誰が」決めるかについては明確に法律で定まっているわけではありませんが、現実には**「判断能力がある・ない」**を誰かが判断して物事を進めていかなくてはなりません。

　まず、わかりやすいのは判断能力の有無をめぐってトラブルとなり、**「裁判」**になってしまった場合です。例えば、親が生前に締結した契約について、親の死後、契約締結時の親の判断能力の有無をめぐって争いとなり裁判となってしまったようなケースです。裁判となった場合、最終的な判定は**裁判官**によってなされることになります。

　ところが、当然、すべてのケースが争いになるわけではありませんので、あらゆる法律行為の判断能力の有無を裁判で決定するわけにはいきません。また、裁判によって決定されるのは、契約などの法律行為をした「後」にトラブルになった事例ですので、一度は「事前に」誰かが判定しなければならないのです。

　そこで、次に頭に思い浮かぶのは**「医師」**です。もちろん、医師の作成した診断書や意見書などに、判断能力の有無について言及があれば、それらは非常に強力な証拠となり得ます。病院のカルテや施設の看護記録なども同様です。ところが、必ずしもそれらの記述の中で判断能力が「あり」とされていても、法律上も判

断能力が「あり」となるわけではありません。医学的な判断と法律的な判断では結論が異なることがあり得るからです。これは逆の場合も当てはまります。医師に認知症と診断されたからといって、一律に「法律上」も判断能力がないとは必ずしもいえない、ということです。このように医師の判断が絶対というわけでもありません。また、実際問題、法律行為ごとに逐一医師に判断を仰ぐというのも現実的には難しいのが現状です。

　したがって、多くのケースでは、裁判官でも医師でもなく、法律行為の相手方（例えば、売買契約の買主や信託契約の受託者など）、それに関わる士業などの専門家や公証人、金融機関や不動産会社などの担当者が個別に判断しています。例えば、高齢者が預金取引を行う場合、まずは対応する金融機関の担当者が判断することになるでしょう。不動産の売買であれば、仲介を行う宅地建物取引士や登記手続きを行う司法書士が判断することになるでしょう。また、公正証書遺言の作成や信託契約の締結であれば、サポートする弁護士や司法書士などの士業に加えて、公証人が判断することになります。もちろん、判断に迷った場合には、医師の診断を受けてもらうようお願いすることもありますが、まずは法律行為の相手方やその関係者が個別に判断をしているのが現状です。

(3)　「いつ」判断能力の有無を決めるのか

　「いつ」の時点で判断能力の有無を決めるかは明らかです。前述の民法第3条の2に定めてあるように「法律行為の当事者が意思表示をした時」、つまり、**法律行為を行うまさにその時（例えば、契約締結時）に判断能力が必要**ということになりますので、判断能力があるかどうかは、**「法律行為を行うとき」**に判定する

ことになります。

(4) 「どのように」判断能力の有無を決めるのか

　この点については、何か画一的・統一的な方法や基準があるわけではありません。対応する士業などがそれぞれの判断に基づいて決めているのが実状です。

　判定におけるポイントは、**「個々の法律行為ごとに」に判断する**ということです。言い換えれば、ある法律行為の判断能力は「あり」と判断されても、また別の法律行為の判断能力は「なし」と判断される可能性があるということです。例えば、これから、父親が遺言書の作成と家族信託を行う場合、**遺言書を作成できる判断能力は認められた**が、家族信託を開始するために必要となる**信託契約を締結する判断能力は認められない**ということがあり得ます。

　それでは、**「個々の法律行為ごとに」**とは、具体的にどのような要素を考慮して判断することを意味しているのでしょうか。一般的には、次の3つの要素を考慮すべきだとされています。

---

① 法律行為の内容、難易度、複雑さ
② 法律行為の際の本人の状態・病状
③ 法律行為を行うに至った経緯・動機

　このように、判断能力の有無の判定は、各々の場面において総合的に判断していく必要があるため、当事者やその家族だけでなく、サポートする士業などの専門家にとっても非常に厄介で悩ましい問題なのです。一刻も早い各業界共通のガイドラインや対応マニュアルなどの策定が待たれるところです。

(5)　家族の判断と周りの判断は異なることも多い

　実際の相談現場でよくあるのが、**子供などの家族は判断能力が**「**ある**」と考えているが、**対応する士業などの関係者は判断能力が**「**ない**」と考えるケースです。

　家族としては、当然自宅の売買や預貯金の引出しなどを行いたいと考えていますので、判断能力は「ある」と考えたいわけです。また、大切な家族が衰えていく姿を認めたくない、判断能力があると思いたいという心理も影響しているかもしれません。

　ところが、関与する士業などの関係者としては慎重に判断せざるを得ません。なぜなら、万が一後ほど判断能力が「なかった」ということになれば、後々責任を追及される可能性があるからです。

　例えば、老後資金を捻出するために高齢の親が所有する自宅を売却するケースを考えてみましょう。子供としては自宅の売却代金で施設の費用や介護費用などを賄っていきたいですから、親の判断能力が低下していたとしても、まだ売買契約を締結する判断能力が「ある」と考えたいわけです。

　一方、この売買契約に関与する宅地建物取引士や所有権移転登記を行う司法書士は慎重に判断することになります。家族がいくら売りたいと思っても、判断能力が「ある」と判定してくれるとは限りません。万が一、後日判断能力の有無をめぐってトラブルになった場合には、買主や相続人などから責任を問われるかもしれないからです。

　筆者も同じような場面で、ご家族から何とか手続きを進めてほしいと頼まれたことが幾度となくあります。しかし、いくら頼まれたとしても、ないものは「ない」と判断するしかないのです。困り果てたご家族を前にとても心苦しいのですが、判断能力がな

いという事実を変えることはできません。

　このように、士業などの関係者にもそれぞれの立場や責任があるということを事前にしっかりと理解しておきましょう。対応する人によって、これから行う行為によって、判断能力の判定結果は違ってきます。**誰がどう見ても元気なうちに**認知症対策を行っていくことが大切です。

要支援認定・要介護認定と判断能力の有無は関係があるのか？

　加齢や病気などによって、第三者の支援や介護を要する状態となり、要支援認定・要介護認定を受けることがあります。しかし、要支援認定・要介護認定を受けたからといって、必ずしも判断能力が低下しているということにはなりません。介護を要する場合には、同時に判断能力が低下しているケースは多いとはいえますが、**要支援認定・要介護認定と判断能力の有無とは直接関係はありません**。認定を受けていても、判断能力に問題はないということは十分にあり得ます。

　要支援認定・要介護認定はあくまで、日常生活の中で**どの程度支援や介護を必要としているか**によって判断されるものです。認知症であっても、トイレには自分で行ける方やお風呂には自分で入れる方など日常生活をある程度自分で送ることができる方について、認定がなされていない場合もあります。

　したがって、要支援認定・要介護認定を受けているという事実が一定の判断材料にはなり得ますが、それのみによって判断能力の有無を

断定するのは早計といえるでしょう。

▲▲▲

II 認知症対策のポイント

1 認知症対策とは

(1) 「認知症対策」とは「財産凍結対策」である

　超高齢社会が進展し、認知症高齢者の人数が今後一層増加していくことを考えると、認知症を原因とする財産凍結問題はこれからさらに深刻化していくことが予想されます。「親のお金が引き出せない」「親名義の自宅が売れない」などといった事態が日本中の至るところで起こってくるでしょう。

　よって、この**財産凍結問題に対して、事前に何らかの対策を講じておくことが今後は非常に重要**になります。例えば、詳細は後述しますが、任意後見制度や家族信託などが事前の対策としては有効です。

　このように、認知症による**判断能力の低下や喪失によって引き起こされる財産の凍結問題に対して、事前に何らかの対策を行う**ことを、本書では**「認知症対策」**といいます。

(2) 認知症対策は２つの種類がある

　認知症対策は概ね**「名義変更型」**と**「代理人型」**の２つに分類できます。名義変更型とは、家族信託や生前贈与のように親が元気なうちに名義を変えてしまう対策です。名義変更型は、事前に

財産の名義自体を子供などに変更してしまいますので、基本的には名義変更した財産については凍結のリスクを回避できます。ただし、コスト面や相続発生時のリスクなどを慎重に検討しなければなりません。

これに対して、代理人型とは、任意後見などのように、親が認知症等で判断能力を喪失したときに備えて、事前に代理人を決定しておく対策です。名義変更型と比較してコストは低いですが、代理人の権限が限定的であるなどの注意点があります。

詳細は後述します。

2 「人生 100 年時代」 相続対策だけでは不十分？

2021 年 9 月 1 日時点の住民基本台帳によると、100 歳以上の高齢者の数は、8 万 6,501 人となっています。最近、「人生 100 年時代」という言葉をよく耳にしますが、100 歳まで生きることは今では決して珍しいことではなくなったということです。

人間がこれだけ長生きするようになってくると、いわゆる**「相続対策」を行っておくだけでは、生前対策としては不十分といえます**。相続対策とは、一般的に**「遺産分割対策」**（遺言書によって自分が亡くなった後の財産の承継先を元気なうちに決めておく対策）と**「相続税」対策**（自分が亡くなった後の相続税の節税や納税資金の確保などを行う対策）をいいますが、これらはいずれも「亡くなった後」の相続の対策です。

ところが、「人生 100 年時代」においては、相続が発生するまでに非常に長い時間がかかります。相続が発生すれば、財産は相続人に承継されますが、**相続が発生するまでは原則として自分の**

財産は自分で管理しなければなりません。事前の対策がなされていない限り、子供などの家族が親の財産を管理する権限はありません。

　そのため、相続が発生するまでの間に認知症等で判断能力が失われたとしても、財産が凍結されずしっかり財産管理が継続されるよう、元気なうちに認知症対策をしておかなければなりません。

◆図表1−8　人生100年時代の生前対策

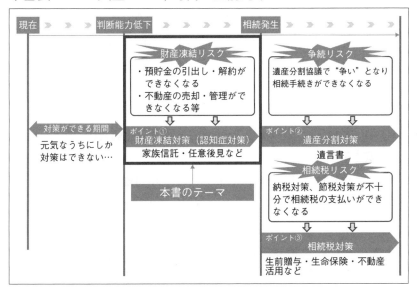

3　認知症対策は元気なうちにしかできない

(1)　認知症対策を実行している人はまだ少ない

　認知症高齢者がこれだけ増加しているにもかかわらず、**事前に**

何らかの認知症対策を行っている人は、**あまり多くない**のが現状です。相続対策に比べると、まだまだその必要性や重要性があまり認識されていないのかもしれません。

　しかし、未曾有の認知症社会に突入した今、**相続対策と同じくらい認知症対策も大切**になってきています。人生 100 年時代、相続が発生するまでは長い時間がかかる可能性があるので、相続発生までの財産凍結対策も非常に重要です。財産が凍結してしまったときに困るのは自分だけではありません。生活をサポートする家族が財産を使えず途方に暮れてしまう可能性もあります。

　また、財産凍結後にとれる対策は非常に限られてしまいます。

　自分や家族の未来のために、なるべく早期から事前の対策にしっかり取り組んでいきましょう。

(2)　判断能力があるうちにしか認知症対策は実行できない

　認知症対策のセミナーを行うと、認知症対策は、認知症になった後でもできると誤解している人がたまにいます。しかし、それは誤りです。

　家族信託や任意後見契約などの認知症対策も【本章Ⅰ「認知症による「財産凍結」とは」】で説明した「法律行為」ですので、**判断能力が十分にある間しか実行できません**。判断能力がない状態で行われた対策は、法律上無効となってしまいます。

　ところが、実際の相談では「ギリギリのタイミング」で家族が相談にみえるケースが後を絶ちません。例えば、親が初期の認知症と診断されてしまった、脳梗塞で倒れてしまった、など親の判断能力が低下したり、なくなってしまってから家族が焦って相談にくるようなケースです。実際、当社がこれまで対応した認知症

対策の相談の約4割はすでに判断能力に何らかの問題が生じているケースでした。

　繰り返しになりますが、**元気なうちにしか認知症対策は実行できないこと**を肝に銘じておきましょう。

◆図表1－9　認知症対策ができる期間

認知症と診断された場合には、何も対策はできないのか？

　「すでに父は認知症の診断を受けているのですが、もう対策はできないのでしょうか…？」

　実際の現場ではこのような相談を受けることがよくあります。認知症対策は元気なうちに行うのがベストですが、元気なうちはなかなか対策に踏み切れないのも事実です。

　認知症という診断を受けたからといって、一切何も対策ができなくなってしまうわけではありません。

　あくまで判断能力があるかどうかがポイントとなります。判断能力の有無は、個々の法律行為ごとに総合的に判断されることになります。認知症という診断によって判断能力が一律になくなってしまうわ

けではなく、あくまで契約締結や遺言作成などの「行為の時点」において判断能力を有していることが必要です。

　軽度の認知症の方である場合、何らかの対策ができる可能性は十分にあります。諦めずに一度弁護士や司法書士などの専門家に相談してみましょう。

▲▲▲▲▲▲▲▲▲▲▲▲▲▲▲▲▲▲▲▲▲▲▲▲▲▲▲▲▲▲▲▲▲▲▲▲▲

4　認知症対策の９割は「子供」から始まる

　とはいえ、なかなか「自分」の認知症対策を自分で実行に移せる人は、そうはいません。相続対策も同様ですが、元気なうちは自分が認知症になることや亡くなってしまうことを想像できる人は多くはありませんので、認知症対策や相続対策を自ら進んで行おうとする人は少ないのが実状です。

　ですから、親の**認知症対策の相談は、まずは「子供」から始まるケースがほとんど**です。子供が新聞やテレビなどで財産凍結のリスクを知り、筆者のような専門家に相談するケースが典型例です。親が自ら専門家に「認知症対策」について相談することは少ないといえるでしょう。実際、**当社の認知症対策の相談でも、9割以上が「子供」からの相談で対策がスタートしています。**

　最初の専門家相談や情報収集は子供が行って、その後に親を説得し、対策を実行に移していくのが最も多いパターンなのです。

5　認知症対策は遅くとも「80歳」までには必ず始める

　図表1−10は、年齢階級別の認知症有病率を表しています。注

目すべきは、〔80-84〕歳の年齢階級です。男女ともに80代に突入すると、認知症有病率が2割を超えてきます。その後、80代後半にもなると、認知症有病率は5割近くまで上昇します。

したがって、**認知症対策は、遅くとも「80歳」までに始めるのが望ましい**といえます。親の年齢が80歳を超えてくると、子供がいくら対策をしたくても親の判断能力が低下していて対策を実行できないケースが増えてきます。実際、当社の認知症対策の相談においても、親が80歳を超えている場合には、約35％のケースで親の判断能力の低下・喪失を理由に認知症対策の実行を断念しています。これはちょうど、認知症有病率と同じくらいの割合です。

◆図表1-10　一万人コホート年齢階級別の認知症有病率

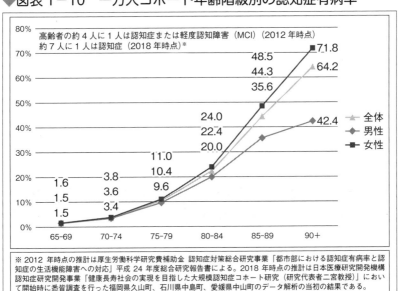

※ 2012年時点の推計は厚生労働科学研究費補助金 認知症対策総合研究事業「都市部における認知症有病率と認知症の生活機能障害への対応」平成24年度総合研究報告書による。2018年時点の推計は日本医療研究開発機構認知症研究開発事業「健康長寿社会の実現を目指した大規模認知症コホート研究（研究代表者二宮教授）」において開始時に悉皆調査を行った福岡県久山町、石川県中島町、愛媛県中山町のデータ解析の当初の結果である。

出典：第78回社会保障審議会介護保険部会（令和元年6月20日）参考資料2-1より抜粋

また、判断能力がまだ問題ないレベルであったとしても、80歳を超えると理解力が低下してくるのが通常です。そのため、認知症対策の内容や必要性をなかなか理解できず、次第に対策を進めていくことに消極的になり、途中で頓挫してしまうケースもよくあります。人は自分が理解できないことを進めようとはなかなか考えないものです。

　親の認知症対策は、遅くとも「80歳」までに開始できるように早めに準備を開始しましょう。

6　認知症対策は「財産の種類別」に考える

　認知症対策で重要なポイントは、「**財産の種類別**」に検討していくということです。なぜなら、財産の種類によって、認知症対策の選択肢や方法が異なってくるからです。例えば、「預貯金」と「不動産」とでは、選択肢は異なります。さらに、不動産の中でも「自宅」なのか、アパートなどの「収益物件」なのかによって違ってきます。

　したがって、財産の種類ごとに最適な認知症対策を検討していくことが大切です。詳細は第3章で解説いたします。

7　認知症対策の基本はこの2つ！「任意後見制度」と「家族信託」

　認知症対策には様々な種類がありますが、基本となるのは「**任意後見制度**」と「**家族信託**」という制度です。実際の現場では、この2つを利用することが多いです。

　したがって、まずはこれらを理解することが**認知症対策の第一**

歩となります。詳細は第2章で解説いたします。対策の前に必ず
読んでおきましょう。

8 認知症発症後は「法定後見」しか利用できない可能性がある

　判断能力が不十分になった方を保護する制度である**「成年後見
制度」**には、任意後見制度と法定後見制度の2種類があります。

　任意後見制度とは、判断能力が十分なうちに自分で後見人を
選んでおく制度です。

　一方、**法定後見制度**とは、判断能力が不十分となった後に、家
族などの申立てによって家庭裁判所が後見人を決定する制度で
す。

　元気なうちは、認知症対策として様々な選択肢が考えられます
が、認知症等で判断能力が低下した後は、**法定後見制度しか利用
できなくなる可能性があります。**認知症を発症したからといって
判断能力がすぐになくなるわけではないので、法定後見以外の何
らかの対策ができる可能性もゼロではありません。しかし、実際
は、判断能力の判定の難しさゆえに、法定後見制度の利用を余儀
なくされるケースが多発しています。「こんなはずではなかった
…」と後悔しないように元気なうちに対策することが大切です。

　法定後見制度の詳細は第2章で解説いたします。

9 認知症対策は誰に相談すればよいのか

　第2章以降で説明していきますが、認知症対策のメニューは財
産ごとに様々な対策があります。いずれにも共通する核となる部

分は、成年後見制度や家族信託などに関する**「法律」の部分**です。

　したがって、まずは弁護士などの法律の専門家に相談してみるのがよいでしょう。

　専門家を選ぶ際は、図表1−11の3つのポイントを参考にしましょう。医師と同じように、それぞれ専門があります。認知症対策の相談は、成年後見、家族信託、相続などの業務経験が豊富な専門家に相談するようにしましょう。

◆図表1−11　専門家を選ぶ際の3つのポイント

ポイント①　成年後見や家族信託の業務に精通している
➡　認知症対策では、成年後見と家族信託の業務経験が豊富にあることが求められます。
ポイント②　相続や遺言の業務に精通している
➡　認知症対策では、相続対策も同時に考えることが多いです。相続や遺言の業務にも精通している専門家に相談しましょう。
ポイント③　他の専門家と連携して業務を行っている
➡　認知症対策は、今後のライフプラン（住まい、お金、介護など）を考えるとても良い機会です。不動産業者、ライフプランナー、IFAなどの財産の専門家、社会福祉士やケアマネジャーなどの介護・福祉の専門家とも連携してトータルでサポートしてくれる専門家に相談するようにしましょう。

第2章

認知症対策の基本
～まずは3つの制度を
理解しよう～

 **認知症発症「後」の対策**
〜法定後見制度とは〜

1 成年後見制度とは〜法定後見と任意後見〜

(1) 法定後見制度とは

◆図表 2−1 成年後見制度の概要（法定後見制度）

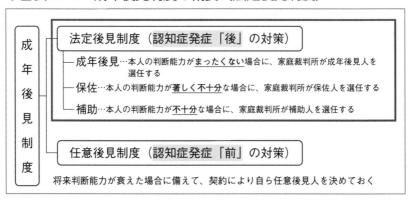

成年後見制度とは、認知症、知的障害、精神障害などが原因で**判断能力が不十分な方々を保護し、支援するための制度**です。例えば、認知症を発症し判断能力が低下すると、自分の預貯金や不動産などを自分で管理することが難しくなります。また、判断能力が低下してくると、詐欺や悪徳商法などの消費者被害に遭うリスクも高まります。

そこで、成年後見制度を利用し成年後見人が本人に代わって財産を管理することによって、これらの方々の財産を守ることができるようになるのです。

　成年後見制度は、家庭裁判所が運用しており、大きく分けて**「法定後見制度」**と**「任意後見制度」**の2つがあります。

　法定後見制度は、**本人の判断能力が低下した後**に、家族などの申立てによって**家庭裁判所が後見人を決定する制度です**。判断能力の程度に応じて「後見」「保佐」「補助」の3つの類型があります。法定後見が開始した後は、家庭裁判所によって選ばれた成年後見人等（成年後見人、保佐人、補助人）が、本人の財産管理などを行います。成年後見制度によって保護される本人は成年被後見人等（成年被後見人、被保佐人、被補助人）と呼ばれます。

　また、家庭裁判所の判断により必要に応じて、成年後見人等を監督する**成年後見監督人**が選任される場合があります。

　なお、3つの類型のうち約8割が「後見」相当とされています（図表2-3）ので、本書では「後見」類型であることを前提に法定後見制度の説明をいたします。

　認知症の発症などによって**判断能力が低下した「後」にとり得る手段は、法定後見制度しかありません**。判断能力が低下した後は、家族信託や任意後見などの認知症対策を行うことができなくなるからです。

　しかし、高齢社会の進展とともに、成年後見制度の利用者数（「成年後見関係事件の概況 —令和2年1月〜12月—」（最高裁判所事務総局家庭局）によれば、2020年（令和2年）12月末日時点で約23万人）は年々増えてはいるものの、認知症高齢者数（「平成29年版高齢社会白書」によれば、2020年（令和2年）は約600万人と推測される）から考えると、利用が進んでいるとは

◆図表2-2 法定後見制度のイメージ

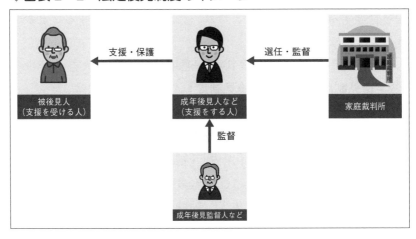

◆図表2-3 成年後見制度の利用者数の推移

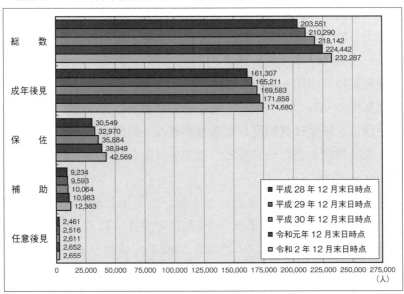

出典：最高裁判所事務総局家庭局「成年後見関係事件の概況 ―令和2年1
月～12月―」

いえない現状があります。費用面や手続面の負担から、制度の利用を避けるケースも増えています。

　認知症対策を開始するに当たっては、判断能力低下「後」の唯一の手段である法定後見制度の基本を理解しておくことが非常に重要となります。第3章の財産別の認知症対策を確認する前に、必ず本節の内容を確認しましょう。

(2)　任意後見制度とは

　任意後見制度とは、**本人が元気なうちに**、将来判断能力が不十分な状態になった場合に備えて、あらかじめ任意後見人を自ら選んでおく制度です。この制度を利用するには、事前に任意後見受任者（任意後見人となる予定の者）と**公正証書**により契約を締結しておくことが必要です。また、任意後見制度は、任意後見人を監督する任意後見監督人が家庭裁判所によって選任されることによってスタートします。任意後見制度については、【本章Ⅱ「認知症発症「前」の対策の基本①～任意後見制度とは～」】で確認します。

(3)　成年後見制度の3つの理念

　成年後見制度は、判断能力の低下や喪失によって自ら財産管理などを行うことができない方々を守る制度です。この制度がつくられた背景には、3つの理念があります。成年後見制度を理解するためには、これらの理念を知っておくことが大切となります。

①　ノーマライゼーション

　成年後見制度は、判断能力に障害のある人もない人も、互いに支え合い、地域で生き生きと明るく豊かに暮らしていける社会を

目指すというノーマライゼーションの考え方に基づいています。

②　自己決定の尊重

　成年後見制度は、本人の判断能力が低下しているとしても、できる限り本人の意思を尊重しながら運用されるべきだと考えられています。

③　身上配慮義務

　成年後見人は、本人の意思を尊重し、かつ、その心身の状態及び生活の状況に配慮しなければならないとされています（民法858）。

(4)　あくまで本人を保護するための制度である

　成年後見制度は、「本人」の利益を保護するための制度です。これは法定後見制度であっても任意後見制度であっても同様です。

　したがって、成年後見人や任意後見人になったからといって、本人の財産を自由に利用できるわけではありません。本人の生活に必要な範囲で本人の利益を保護しながら財産の管理や処分を行っていかなくてはならないのです。また、本人の財産は家庭裁判所の監督下に置かれ、後見人は家庭裁判所や後見監督人に定期的に事務報告をしなければなりません。

　成年後見制度は、本人を保護するために後見人の権限に様々な制限や規制を設けています。これは制度の目的から考えると、やむを得ないことなのです。成年後見制度は、決して本人の「**家族」のための制度ではない**ことを肝に銘じておきましょう。

2　法定後見が必要となる典型例とは

　法定後見が必要となる典型例は、**事前対策がなされないまま認知症を発症し財産が凍結してしまった場合**です。実際、成年後見の開始原因としては、**「認知症」**が最も多く、全体の64.1％を占めています（「成年後見関係事件の概況 ―令和2年1月～12月―」（最高裁判所事務総局家庭局））。また、成年後見制度を利用するきっかけは、「預貯金等の管理・解約」が37.1％と最も多くなっています（同上）。

　財産凍結についての詳細は、【第1章Ⅰ3「認知症による「財産凍結」とは何か」】をご確認ください。

　繰返しになりますが、いったん財産凍結が引き起こされた後は、法定後見制度を利用するという選択肢しかありません。

　したがって、本人の判断能力があるうちに、認知症対策を行っておくことが大切となってくるのです。

3　法定後見が開始するまでの流れ

◆図表2-4　法定後見が開始するまでの流れ

（1）	申立書類の作成・準備
（2）	管轄家庭裁判所への申立て
（3）	調査官との面接
（4）	家庭裁判所における審理
（5）	家庭裁判所による審判
（6）	後見登記
（7）	職務開始・初回報告

次に、法定後見が開始するまでの流れを確認しましょう。

法定後見は、管轄の家庭裁判所に申立てを行うことによって開始します。申立てをしてから成年後見人の職務が開始するまで（図表2－4(1)～(7)まで）におよそ2～3カ月かかります。ここでは、東京家庭裁判所での取扱いを例にとって説明します。家庭裁判所によって取扱いが異なる場合があることにご留意ください。事前に管轄の家庭裁判所のホームページなどで確認をしましょう。

(1) 申立書類の作成・準備
① 申立てができる人
書類の準備を開始する前に注意しなければならないのが、法定後見の**申立ては誰でもできるわけではない**ということです。法律上、申立てができるのは下記の者に限定されています。

本人、配偶者、四親等内の親族※、成年後見人等、任意後見受任者、任意後見人、成年後見監督人等、市区町村長、検察官

※　主な四親等内の親族は、主に下記のとおりです。
・親　祖父母　曾祖父母　子　孫　ひ孫
・兄弟姉妹　おじ　おば　甥姪　いとこ
・配偶者の　親　祖父母　曾祖父母　子　孫　ひ孫
・配偶者の　兄弟姉妹　おじ　おば　甥姪　　　　　　など

---

② 申立てに必要となる書類とは
法定後見の申立てには、様々な書類を作成したり、準備したりしなければなりません。管轄の家庭裁判所のホームページで事前

に必要書類のリストを確認してみましょう。主な必要書類は下記のとおりです。

＜主な申立書類＞

- 親族関係図
- 医師の診断書（成年後見制度用）
- 診断書付票
- 本人情報シート（コピー）
- 愛の手帳のコピー（交付されている場合のみ）
- 本人の戸籍個人事項証明書（戸籍抄本）
- 本人の住民票又は戸籍の附票
- 本人が登記されていないことの証明書
- 成年後見人等候補者の住民票又は戸籍の附票
- 後見開始等申立書
- 申立事情説明書
- 親族の意見書
- 後見人等候補者事情説明書
- 本人の財産目録及びその資料
- 本人の収支予定表及びその資料
- 相続財産目録及びその資料
  （本人が相続人となっている遺産分割未了の相続財産がある場合のみ）
- 収入印紙
- 郵便切手

③　申立書で成年後見人の候補者を推薦できる

　法定後見の申立てをする際、申立書に記載することによって成

年後見人の候補者を家庭裁判所に推薦することができます。申立人自らが候補者になることもできますし、他の親族や専門家を候補者にすることも可能です。

　ただし、下記の者は成年後見人になることができません（民法847）。

＜成年後見人の欠格事由＞

　㋑　未成年者
　㋺　家庭裁判所で成年後見人、保佐人、補助人等を解任されたことがある人
　㋩　破産開始決定を受けたが、免責許可決定を受けていないなどで復権していない人
　㋥　現在、本人との間で訴訟をしている又は過去に訴訟をした人
　㋭　現在、本人との間で訴訟をしている又は過去に訴訟をした人の配偶者、親又は子
　㋬　行方不明である人

　また、**申立書に記載した候補者が必ず選任されるとは限りません**。あくまで**成年後見人は家庭裁判所が選任することになります**。成年後見人として家族を推薦したとしても、**弁護士、司法書士、社会福祉士などの専門家が選任される可能性があります**。

　なお、東京家庭裁判所後見センターによると、次のいずれかに該当する場合は、候補者以外の方を成年後見人等に選任したり、成年後見監督人を選任したりする可能性があるとされています。また、下記に該当しない場合でも、家庭裁判所の判断により候補者以外の方を後見人等に選任したり、成年後見監督人を選任した

りする可能性があるとされています。

- ・親族間に意見の対立がある場合
- ・財産の額や種類が多い場合
- ・不動産の売買や生命保険金の受領が予定されているなど、申立ての動機となった課題が重要な法律行為を含んでいる場合
- ・遺産分割協議など、成年後見人等候補者と本人との間で利益相反する行為について、成年後見監督人に本人の代理をしてもらう必要がある場合
- ・成年後見人等候補者と本人との間に高額な貸借や立替金があり、その清算の可否等について第三者による調査、確認を要すると判断された場合
- ・従前、成年後見人等候補者と本人との関係が疎遠であった場合
- ・年間の収入額及び支出額が過大であったり、年によって収支に大きな変動が見込まれるなど、第三者による収支の管理を要すると判断された場合
- ・成年後見人等候補者と本人との生活費等が十分に分離されていない場合
- ・申立時に提出された財産目録や収支予定表の記載が十分でないなど、成年後見人等としての適格性を見極める必要があると判断された場合
- ・成年後見人等候補者が後見事務に自信がなかったり、相談できる者を希望した場合
- ・成年後見人等候補者が自己又は自己の親族のために本人の財産を利用（担保提供を含む）し、又は利用する予定がある場合

・成年後見人等候補者が、本人の財産の運用（投資等）を目的
　として申し立てている場合
・成年後見人等候補者が健康上の問題や多忙などで適正な後見
　事務を行えない、又は行うことが難しいと判断された場合
・本人について、訴訟・調停・債務整理等、法的手続きを予定
　している場合
・本人の財産状況が不明確であり、専門職による調査を要する
　と判断された場合

※上記に該当しない場合でも、家庭裁判所の判断により候補者以外の方
　を成年後見人等に選任したり、候補者を成年後見人等に選任した上
　で、監督人を選任したりする場合があります。

(2)　管轄家庭裁判所への申立て

　申立ては、本人の**住所地（住民登録をしている場所）**を管轄す
る家庭裁判所に対して行います。

　(1)の申立書類・必要書類の準備が整ったら申立てをする家庭裁
判所に電話をして**面接日の予約**をします。その後、申立書類、収
入印紙、郵便切手などを家庭裁判所に郵送します。

　ここで注意点があります。法定後見の申立ては、申立書類を提
出した後は、審判前であっても、**家庭裁判所の許可を得なければ
取り下げることができません**。申立てを行うかどうかは家族で話
し合った上、慎重に判断しましょう。

(3)　調査官との面接

　予約した日時に申立人と成年後見人の候補者が家庭裁判所へ行
き、家庭裁判所の調査官と面接を行います。調査官は、申立てに

至った事情、本人の生活状況、親族の意向などをヒアリングします。面接の所要時間は概ね1〜2時間程度です。

(4)　家庭裁判所における審理

　申立書類や調査官のヒアリングなどを基に、裁判官が申立内容について審理します。医師の診断書だけでは本人の判断能力低下が明らかではない場合には、鑑定（本人の判断能力を医学的に判定するための家庭裁判所の手続き）を行う場合もあります。なお、「成年後見関係事件の概況―令和2年1月〜12月―」（最高裁判所事務総局家庭局）によれば、2020年（令和2年）の鑑定実施率は全体の6.1％とされています。

　また、親族の意見書を提出しなかった推定相続人に対しては、家庭裁判所から意向照会がなされる場合があります。

(5)　家庭裁判所による審判

　家庭裁判所において後見を開始することが相当と判断されると、**後見開始の審判**と**成年後見人選任の審判**がなされます。

　審判がなされると、審判書という書面が申立人、本人、成年後見人にそれぞれに送達されます。

　成年後見人が審判書の送達を受けた日から2週間以内に利害関係人などから即時抗告（不服申立て）がなされなければ、審判が確定することになります。なお、推薦した候補者が成年後見人に選ばれなかったことを理由に即時抗告をすることはできません。

(6)　後見登記

　審判が確定すると、家庭裁判所から東京法務局に審判内容を登記するよう嘱託（依頼）します。本人や成年後見人の住所、氏名

◆図表2−5　登記事項証明書のサンプル

出典：公益社団法人成年後見センター・リーガルサポート ホームページ

などが登記されます。

　登記が完了すると、成年後見人は法務局から**登記事項証明書**の発行を受けることができます（登記事項証明書は、審判書が成年後見人に届いてから、約1カ月すると取得できるようになります）。この登記事項証明書は、今後成年後見人が職務を行っていく際に、自らが成年後見人であることを証明するものになります。成年後見人は、登記事項証明書を関係機関に提出し、職務を進めていくことになります。

(7)　職務開始・初回報告

　成年後見人は、金融機関、行政機関、入所施設などに対して、成年後見開始と成年後見就任の届出や通知を行い、財産管理や身上保護などの職務を開始していきます。

　また、審判確定後2カ月以内に、本人の財産状況を調査し、財産目録と収支予定表を作成して資料とともに家庭裁判所に提出しなければなりません（初回報告）。その後は、原則として、年に1回あらかじめ定められた時期に報告をしなければなりません（定期報告）。

4　成年後見人の職務と義務

(1)　成年後見人の職務

　家庭裁判所から選任された成年後見人は、どのような職務を行うことになるのでしょうか。主な職務として、①**財産管理**、②**身上保護**、③**家庭裁判所への報告**が挙げられます。

① 財産管理

　財産管理とは、本人の金銭や不動産などの財産を管理することをいいます。必要に応じて財産を処分することも含みます。また、財産管理のために印鑑や預貯金通帳などを預かることになります。

　財産管理に関する代表的な事務としては次のようなものがあります。

(イ)　収入（年金、給与、賃貸不動産収入、生活保護など）の管理

(ロ)　施設利用料、介護・医療サービス利用料の支払い、水道光熱費、社会保険料、税金などの支払い

(ハ)　不動産の管理（家屋の修理、増改築、定期的な見守りなど）

(ニ)　確定申告

---

② 身上保護

　身上保護とは、本人の生活や療養看護に関する事務をいいます。具体的には下記のような事務が挙げられます。

(イ)　介護福祉サービスに関する事務

(ロ)　施設入所契約、介護契約

(ハ)　医療に関する事務（入院・退院の手続きなど）

　たまに誤解されていることではありますが、成年後見人が本人の介護や看護そのもの（事実行為）を行うわけではありません。あくまで、成年後見人の職務は、本人がしっかり介護や看護が受

けられるようにそれらを手配する契約や手続き（法律行為）を行うことになります。

　また、成年後見人には医療に関する事務手続きを行う権限はありますが、本人にリスクのある手術や治療を行う際に求められる「医療行為への同意」を行う権限はありません。本人や親族が医療行為に同意できる場合であれば特に問題とはなりませんが、専門家が成年後見人である場合で、本人が同意できず親族もいない場合には、対応に苦慮するケースもあります。

③　家庭裁判所への定期報告

　家庭裁判所又は成年後見監督人は、いつでも、成年後見人に対し後見の事務の報告もしくは財産の目録の提出を求め、又は後見の事務もしくは被後見人の財産の状況を調査することができる、とされています（民法 863 ①）。

　これを受けて、実務上は**年に 1 回あらかじめ定められた時期に、成年後見人は家庭裁判所に報告を行うことになります**（定期報告）。報告の際は、後見事務報告書と財産目録を提出し、前年の財産や収支状況からの変化がわかるようにしなければなりません。財産目録には、預貯金通帳のコピーや施設利用料の領収書などの根拠資料を添付します。成年後見監督人がいる場合には、成年後見監督人に対して報告を行います。

　報告が行われない場合には、調査人（弁護士や司法書士など）による調査や専門職後見人や成年後見監督人の選任がなされる可能性があります。また、不正行為などがあった場合は、成年後見人が解任される場合もあります。

　定期報告以外にも、本人の財産や生活に大きな変化があった場合には、その都度家庭裁判所に報告する必要があります。例え

ば、次のような場合には報告が必要となります。

(イ)　財産が大きく変動した場合（不動産を売却した場合、遺産
　　　分割によって相続財産を取得した場合など）
(ロ)　施設に入所した場合
(ハ)　病院に入院した場合
(ニ)　本人や成年後見人の住所が変更した場合

　また、定期報告と同時に、成年後見人は**報酬付与審判の申立て**を行うことになります。この申立てを受けて、家庭裁判所は本人の資力や後見事務の内容などから成年後見人の報酬を決定することになります。なお、報酬付与の申立てを行うかどうかは任意となっています。親族が成年後見人になった場合には、無報酬で職務を行うことが多いようです。

(2)　成年後見人の義務

　成年後見人に課せられている義務には、次の2つがあります。

①　意思尊重・身上配慮義務

　成年後見人は、本人の生活、療養看護及び財産の管理に関する事務を行うに当たっては、**本人の意思を尊重し、かつ、その心身の状態及び生活の状況に配慮しなければなりません**（民法858）。これを**意思尊重・身上配慮義務**といいます。

　したがって、成年後見人は定期的に本人と面談などを行い本人の希望や意思を確認することが大切です。また、本人の心身の状態や生活状況に配慮しながら後見事務を行う必要があります。

② 善管注意義務

　成年後見人は、**善良な管理者の注意をもってその職務を行わなくてはなりません**（民法869・644）。これを**善管注意義務**といいます。

　「善良な管理者の注意をもって」とは、その人の職業、能力、社会的地位などから考えて通常要求される程度の注意を払って職務に当たらなければならないことを意味しています。

　善管注意義務を怠ったことにより、本人に損害を与えた場合には、損害賠償責任を負うこともあります。また、成年後見人を解任される可能性もあります。

成年後見と利益相反

　成年後見人と本人（被後見人）との利益が相反する行為（利益相反行為）について、成年後見人は本人を代理することができません（民法826・860）。

　例えば、父親が亡くなり、相続人が母親と長男の2人だった場合において、母親が認知症のため法定後見制度を利用し長男が成年後見人に選任され、遺産分割協議を行うような場合です。

　この場合、認知症である母親に代わって成年後見人である長男が遺産分割協議を行うと、事実上長男1人で遺産分割協議を行うことになってしまい母親の利益が害される可能性があります。

　そこで、このような利益相反行為については、成年後見人は家庭裁判所に対して**特別代理人選任の申立て**を行い、利益相反行為に関する

本人の代理を、成年後見人ではなく特別代理人に行ってもらう必要があります。申立ての際に特別代理人の候補者を挙げることが可能です。特別代理人には特別な資格が必要というわけではありませんので、利害関係がなければ親族がなることもできます。親族に候補者がいなければ、弁護士、司法書士などの専門家がなることも可能です。なお、成年後見監督人が選任されている場合は、成年後見監督人が本人を代理することができるため、特別代理人の選任は不要です。

▲▲

5　法定後見にかかる費用

　次に、法定後見にかかる費用について確認してみましょう。初期費用と継続的にかかる費用に分けて説明します。先程と同様、

◆図表2−6　法定後見にかかる費用

費用の種類	費用の目安	備考
(1)　初期費用		
①申立手数料・後見登記手数料	3,400円	家庭裁判所に収入印紙で納付
②送達・送付費用	3,270円	家庭裁判所に郵便切手で提出
③医師の診断書の作成費用	約5,000円～1万円	
④鑑定費用	約10～20万円	鑑定が行われた場合にかかる費用
⑤書類収集費用	約3,000～5,000円	戸籍抄本や住民票などの取得費用
⑥専門家の報酬	約10～15万円	後見申立ての手続きを専門家に依頼した場合の費用
(2)　継続的にかかる費用		
成年後見人の報酬	月額2～6万円	報酬付与の申立てによって家庭裁判所が決定。請求するかは成年後見人の自由。

東京家庭裁判所での取扱いを例にとって説明します。家庭裁判所によって取扱いが異なる場合があることにご留意ください。

　なお、後述する家族信託と異なり、成年後見人の管理財産に不動産が含まれていたとしても登録免許税はかかりません。家族信託のように、不動産の名義変更の登記を行うわけではないからです。

(1) 初期費用
　法定後見の申立てをする際は、下記の費用がかかります。

① 申立手数料及び後見登記手数料※1
　3,400円（内訳：申立手数料800円［400円×2枚］＋登記手数料2,600円［1,000円×2枚、300円×2枚］）

※1　これらは申立ての際に「収入印紙」で家庭裁判所に納付します。

② 送達・送付費用※2
　審判書の送付や登記嘱託などに必要な郵便切手です。
　3,270円（内訳：500円×3、100円×5、84円×10、63円×4、20円×5、10円×6、5円×2、1円×8）

※2　これらは申立ての際に「郵便切手」で家庭裁判所に提出します。

③ 医師の診断書の作成費用
　法定後見の申立ての必要書類となる医師の診断書の作成費用です。費用は依頼する医師によって異なりますが、約5,000円〜1万円かかるのが一般的です。

④ 鑑定費用

鑑定が必要となった場合、10〜20万円程度の鑑定費用が必要となります。鑑定が行われた場合にのみかかる費用です。

⑤ 書類収集費用

法定後見の申立てにおいて必要となる住民票、戸籍の附票、戸籍抄本、登記されていないことの証明書などを取得するためにかかる費用です。案件内容によりますが、約3,000〜5,000円かかるのが一般的です。

⑥ 専門家の報酬

法定後見の申立手続きを、弁護士などの専門家に依頼した場合の費用です。専門家の報酬は、依頼する専門家や案件内容によって異なりますが、約10〜15万円かかるのが一般的です。

なお、申立ての手続きは専門家に依頼しなければならないというわけではありません。申立人本人で手続きを行うことももちろん可能です。

(2) 継続的にかかる費用

前述のように、成年後見人は家庭裁判所に対して報酬付与の申立てを行うことができます。報酬が認められた場合には、後見が終了するまで**基本報酬**がかかり続けることになります。弁護士や司法書士などの専門家が成年後見人となった場合だけ報酬がかかるというわけではなく、家族が成年後見人となった場合も報酬をもらうことはできます。

成年後見人の基本報酬の目安は次のとおりです。管理財産の額や本人の経済状況などを総合的に考慮して家庭裁判所が報酬を決

定します。

◆図表2-7　成年後見人の報酬額の目安

管理対象財産	報酬（月額）
1,000万円以下	2万円
1,000万円超5,000万円以下	3～4万円
5,000万円超	5～6万円

※管理財産額とは、預貯金及び上場株式・投資信託等の流動資産の合計額をいいます。不動産の評価額や保険契約の評価額は含まれません。

　上記に加えて、後見事務において特別な事務（遺産分割、不動産の売却、訴訟など）を行った場合には、付加報酬として相当額の報酬が追加されます。

6　法定後見の終了

(1)　法定後見はいつ終了するのか

　法定後見は、**本人が死亡した場合**又は**本人が完全に判断能力を回復して後見開始の審判が取り消されたとき**に終了します。

　認知症による財産凍結を原因として法定後見を利用した場合には、事実上本人が死亡するまで法定後見は継続することになります。

　なお、成年後見人が死亡した場合、成年後見人が家庭裁判所の許可を得て辞任した場合、成年後見人が家庭裁判所に解任された場合などは、家庭裁判所が選任する次の成年後見人に職務が引き

継がれることになります。

(2)　法定後見終了後に行うこと

　法定後見が終了すると、成年後見人は次のような流れで終了の事務を進めていくことになります。本人の死亡によって終了した場合を例にとって、説明します。

①　死亡の通知・連絡

　死亡診断書の写しや死亡の旨が記載された戸籍謄本を提出し、本人が死亡した事実を家庭裁判所に通知します。また、親族やケアマネジャーなどにも本人が死亡した事実を知らせます。

②　後見終了の登記の申請

　成年後見人は、東京法務局に対して後見終了の登記を申請しなければなりません。

③　家庭裁判所への終了報告と報酬付与審判の申立て

　家庭裁判所への終了報告と報酬付与審判の申立てを行います。後見事務報告書、後見終了時の財産目録などを家庭裁判所に提出することになります。

④　管理財産の引き継ぎ

　成年後見人は、本人の相続人や遺言執行者（遺言書がある場合）などに管理財産を引き継ぎます。

⑤　家庭裁判所への財産引継完了の報告

　管理財産の引き継ぎが完了したら、財産引継書のコピーを家庭

裁判所に提出します。

7　居住用不動産処分許可の申立て

(1)　居住用不動産処分許可の申立てとは

　成年後見人が、**本人の居住用不動産を処分するには、家庭裁判所の許可が必要となります**（民法 859 の 3）。また、後見監督人が選任されている場合には、**成年後見監督人の同意も必要となります**（民法 864）。成年後見監督人の同意を得た上で許可の申立てを行います。

　したがって、親名義の自宅を売却する際に親が認知症を発症していた場合は、**家庭裁判所に法定後見の申立てを行い成年後見人を選任してもらった上で、さらに家庭裁判所の許可までとらなければならない**ということになります。この場合、実際売却できるまでに 3～4 カ月程度かかることも珍しくありません。親の老人ホーム入所に当たり売却代金を入居一時金に充てたいなど、売却を急がなければならない事情がある場合には、家族に大きな負担がかかる可能性があります。

　この点、認知症対策として後述する**家族信託や任意後見制度を利用していた場合には、居住用不動産の売却に当たり家庭裁判所の許可は不要**ですので、売却をスピーディーに行うことができます。とりわけ、家族信託の場合には、家庭裁判所への申立ても不要（任意後見の場合は、開始に当たり家庭裁判所に申立てをする必要がある）なので、より迅速な売却が可能となります。

(2) 居住用不動産処分許可の申立ての注意点

① 売却以外の「処分」を行う場合も許可が必要となる

　許可が必要となる「処分」は、売却だけではありません。贈与、担保権（抵当権・根抵当権など）の設定、賃貸借契約の締結・解除、建物の取壊し・リバースモーゲージなども含まれます。

② 「居住用不動産」の範囲は広い

　許可が必要となる「居住用不動産」の範囲は広く解されています。文字どおり「居住用」だけに限りません。本人の生活の本拠として現に居住している建物とその敷地だけではなく、現在居住しておらず過去に生活の本拠となっていた建物とその敷地や現在居住しておらず将来生活の本拠として利用する予定の建物とその敷地も「居住用不動産」に含まれることになります。

　例えば、本人がすでに老人ホームなどに入所している場合であっても、以前住んでいた自宅を売却するために家庭裁判所の許可が必要ということになります。

　許可の要否について判断に迷う場合は、家庭裁判所に相談してみるとよいでしょう。

8 後見制度支援信託・後見制度支援預金とは

(1) 後見制度支援信託・後見制度支援預金とは

　後見制度支援信託とは、本人の財産のうち、日常的な支払いをするのに必要な金銭だけを成年後見人が管理しつつ、普段使用し

ない金銭を信託銀行等に信託した上で、信託財産の払戻しや信託契約の解約をする場合には、あらかじめ家庭裁判所が発行する指示書によって行う仕組みをいいます。

　また、**後見制度支援預金**とは、普段使用しない金銭を信託銀行等に信託することに代えて、銀行、信用金庫や信用組合、農業協同組合（JA）等に預け入れる仕組みのことをいいます。

　普段の後見事務で使用しない金銭は金融機関に預けておいて、家庭裁判所の指示がない限りは預けた金銭は使えなくするというのが両制度のポイントです。

◆図表2-8　後見制度支援信託のイメージ図

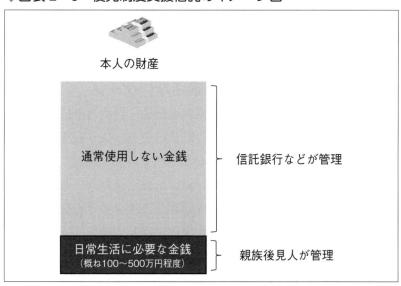

本人の財産

通常使用しない金銭　　信託銀行などが管理

日常生活に必要な金銭
（概ね100〜500万円程度）　　親族後見人が管理

　後見制度支援信託は、**親族後見人による管理財産の不正利用防止**を目的として2012年2月に導入されました（後見制度支援預金については、2018年6月から開始）。成年後見制度の利用件数

が増加してくる中で、親族後見人による財産の不正利用が目立つようになってきました。そこで、親族後見人が管理する財産に多額の金銭がある場合、日常生活では利用しない金銭については信託銀行などに信託によって預けてもらい、預けた財産（信託財産）を利用するには家庭裁判所の指示書を必要とすることによって、財産の不正利用を防止しようとしたのです。

東京家庭裁判所では、「500万円以上」の流動資産（現金、預貯金など）がある場合には後見制度支援信託や後見制度支援預金の利用を求められることがあります。

これらは必ず利用しなければならないものではありませんが、利用しない場合には、本人の財産を適切に管理するために、裁判官の判断によって**成年後見監督人**が選任される可能性があります。

(2) 利用に適するケース・適さないケース

後見制度支援信託や後見制度支援預金は、親族の中に成年後見人の適任者がいて、また、本人の財産に余裕があり収支計画が立てやすい場合の利用に適しているとされています。

逆に、財産が一定額に満たない場合、親族後見人の適任者がいない場合、財産規模が大きく財産管理が複雑な場合、信託できない財産（不動産、有価証券、生命保険）が多い場合、遺言書がある場合、親族間で紛争が起きている場合などには、利用に適さないとされています。

(3) 後見制度支援信託・後見制度支援預金の注意点

後見制度支援信託や後見制度支援預金には下記の注意点があります。

① 後見制度支援信託・後見制度支援預金の対象は、**金銭のみ**です。不動産や有価証券については対象外となっています。

② 法定後見制度の中でも**保佐**や**補助**の類型、また**任意後見制度**においては後見制度支援信託・後見制度支援預金を**利用することができません。**

③ 信託契約の締結や支援預金口座の開設手続きを**専門職後見人**が行った場合には、**報酬**がかかります。なお、原則として後見制度支援信託を利用する場合には、専門職後見人が選任されることが一般的です[※]。これに対して、後見制度支援預金を利用する場合には、専門職後見人を選任する運用はほとんどされていないようです。

④ 信託報酬や口座開設の手数料などがかかります。

⑤ 利用開始後、臨時収入などによって管理する金銭が増加した場合、家庭裁判所に報告し、追加の信託や預入れが必要となります。

※ 選任方法には次の３つのパターンがあります。どのパターンになるかは家庭裁判所の判断となります。

パターン１：当初は専門職のみを成年後見人に選任し、信託契約締結後に親族後見人に交代する。

パターン２：当初から専門職と親族両方を成年後見人に選任し、信託契約締結後に専門職後見人が辞任する。

パターン３：親族を成年後見人に選任するとともに成年後見監督人も選任し、信託契約締結後に成年後見監督人が辞任する。

9 　法定後見のメリットとデメリット・注意点

　ここまで法定後見の概要や重要ポイントについて説明してきました が、次に法定後見のメリットとデメリット・注意点について 確認します。認知症対策をスタートする前にしっかりと理解して おきましょう。

(1)　法定後見のメリット
①　本人の財産を守ることができる
　法定後見を利用することで、家庭裁判所の監督の下、**成年後見 人が本人の財産を適切に管理する**ことになります。

　したがって、第三者の使い込みや詐欺・強迫などから本人の財 産を守ることができます。本人が詐欺などによる不当な契約や不 必要な契約を締結してしまったとしても、法定後見を利用してい れば、**成年後見人が契約を取り消すことができます。**

②　本人の身上保護を図ることができる
　法定後見を利用することで、介護福祉サービスの手続きや施設 入所契約などの身上保護事務を成年後見人に行ってもらうことが できます。

　特に身近に頼れる家族がいない方にとっては、上記2つのメ リットは大きいといえるでしょう。

(2)　法定後見のデメリット・注意点
①　多くの手間と時間がかかる
　法定後見の申立ては、**様々な書類を作成・準備**した上で、管轄

の家庭裁判所に対して行われなければなりません。また、審判が確定し成年後見人が財産管理などをスタートできるまでに**2〜3カ月を要します**。さらに、親族が後見人になった場合には、財産管理・身上保護の事務や定期報告などを親族後見人が後見終了まで続けなければなりません。

②　専門家が成年後見人に選ばれる可能性がある

　成年後見人の決定は家庭裁判所が行います。家族を成年後見人に推薦したとしても、弁護士や司法書士などの専門家が成年後見人に選ばれる可能性もあります。

③　専門家が成年後見人に選ばれると報酬がかかる

　弁護士や司法書士などの専門家が成年後見人に選ばれた場合には、後見が終了するまで**専門家に対して報酬が発生する**ことになります。

④　本人の財産が自由に使えなくなる

　法定後見制度は、「**本人**」の利益を保護する（＝財産を守る）ための制度です。そのため、**原則として本人の財産は本人のためにしか利用できません**。相続税対策のための生前贈与や不動産活用などを行うことはできません。また、元本保証のない投機的な運用（株式購入、投資信託、外貨預金など）は控えなければならないとされています。

　ただし、本人に扶養義務がある配偶者や未成年の子供などの生活費を適正な範囲内で支払うことは可能だとされています。

⑤ 成年後見人は重い責任を負う

　成年後見人が不正な行為によって本人に損害を与えた場合には、その**損害を賠償しなければなりません**。また、たとえ親族であったとしても、成年後見人が本人の財産を横領した場合には、業務上横領罪等の**刑事責任を問われる可能性**があります。

10　法定後見のよくある「3つ」の誤解

　実際の認知症対策の相談でよく見受けられる「法定後見のよくある3つの誤解」について解説します。対策を開始する前にしっかり確認しておきましょう。

(1)　▶誤解1 申立てはいつでも取り下げることができる

　法定後見の申立てについては、**審判がされる前であっても家庭裁判所の許可を得なければ取り下げることができません**。申立てを行うかどうかは慎重に検討する必要があります。

(2)　▶誤解2 法定後見はいつでもやめることができる

　法定後見がいったん開始すると、**本人が死亡するか判断能力を回復するまでは後見を終了することはできません**。預貯金の管理、自宅の売買、遺産分割などの法定後見利用のきっかけとなった出来事が完了したとしても、途中でやめることはできません。

(3)　▶誤解3 弁護士や司法書士などの専門家が成年後見人に選任されることが多い

　法定後見では、「弁護士や司法書士などの専門家が成年後見人

に選任される」と誤解している人は多くいます。

　「成年後見関係事件の概況―令和2年1月～12月―」（最高裁判所事務総局家庭局）の中にある「成年後見人等と本人の関係別件数」によると、**全体の約80.3％は「親族以外」が成年後見人に選任されています**。親族以外のうち、大部分が司法書士や弁護士などの専門家です。これに対して、**「親族」は全体の約19.7％しか成年後見人に選任されていません**。

　確かに、この部分だけをみると、多くのケースで成年後見人として弁護士や司法書士などが選任されているように見受けられます。

　ところが、同資料の（参考資料）にあるように、令和2年2月から12月まで成年後見等の申立書において、**成年後見人等の候補者欄に「親族」が記載されている割合は、約23.6％しかありません**（約76.4％が候補者欄に親族が記載されていない）。これは、法定後見制度においては、**支援してくれる親族がいない**（身寄りがない、親族と疎遠であるなど）ケースが多いことを表しているといえるでしょう。

　つまり、80％以上のケースで「親族以外」が成年後見人に選任されているのは、そもそも候補者となる親族がいないケースが多数であることが最も大きな要因であると考えられます。

　したがって、**候補者として親族が記載されている場合においては、「19.7％しか親族が成年後見人に選任されない」ということにはならないと思われます**。正確なデータは公表されていませんが、現場の感覚からすると、親族が成年後見人として選任されている割合はもっと高いように感じます。

　なお、親族が成年後見人に選任されたとしても、弁護士や司法書士などの専門家が成年後見監督人として選任される可能性があることには注意しましょう。

◆図表2-9　成年後見人等と本人との関係別件数

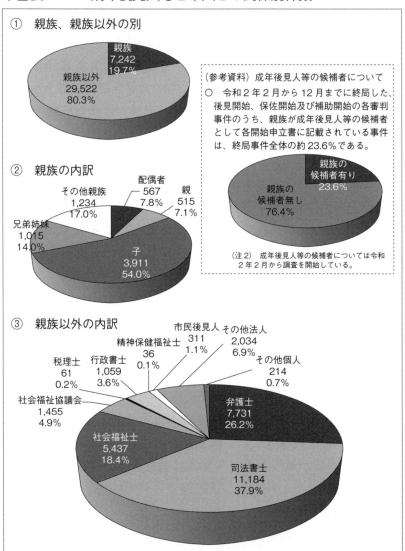

① 親族、親族以外の別

親族
7,242
19.7%

親族以外
29,522
80.3%

（参考資料）成年後見人等の候補者について
○　令和2年2月から12月までに終局した、後見開始、保佐開始及び補助開始の各審判事件のうち、親族が成年後見人等の候補者として各開始申立書に記載されている事件は、終局事件全体の約23.6%である。

親族の
候補者有り
23.6%

親族の
候補者無し
76.4%

（注2）成年後見人等の候補者については令和2年2月から調査を開始している。

② 親族の内訳

その他親族
1,234
17.0%

配偶者
567
7.8%

親
515
7.1%

兄弟姉妹
1,015
14.0%

子
3,911
54.0%

③ 親族以外の内訳

市民後見人
311
1.1%

その他法人
2,034
6.9%

精神保健福祉士
36
0.1%

その他個人
214
0.7%

税理士
61
0.2%

行政書士
1,059
3.6%

社会福祉協議会
1,455
4.9%

社会福祉士
5,437
18.4%

弁護士
7,731
26.2%

司法書士
11,184
37.9%

出典：最高裁判所事務総局家庭局「成年後見関係事件の概況―令和2年1月～12月―」

Ⅱ 認知症発症「前」の 対策の基本① 〜任意後見制度とは〜

1 任意後見制度とは

◆図表2−10　成年後見制度の概要（任意後見制度）

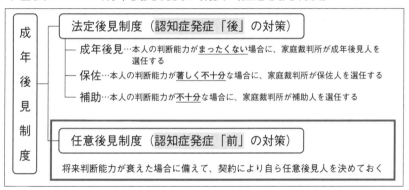

```
成     ┌─ 法定後見制度（認知症発症「後」の対策）
年     │   ┌─ 成年後見…本人の判断能力がまったくない場合に、家庭裁判所が成年後見人を
後     │   │           選任する
見     │   ├─ 保佐…本人の判断能力が著しく不十分な場合に、家庭裁判所が保佐人を選任する
制     │   └─ 補助…本人の判断能力が不十分な場合に、家庭裁判所が補助人を選任する
度     │
       └─ 任意後見制度（認知症発症「前」の対策）
           将来判断能力が衰えた場合に備えて、契約により自ら任意後見人を決めておく
```

　任意後見制度とは、**本人に十分な判断能力があるうちに、判断能力が低下した場合に備えて、契約によって事前に後見人を決めておく制度**です。

　法定後見との最も大きな違いは、**「誰が後見人を選んでいるか」** という点です。法定後見では、判断能力が低下した後に家庭裁判所が成年後見人を選任します。必ずしも家族が成年後見人に選任されるとは限らず、【本章Ⅰ「認知症発症「後」の対策〜法定後見制度とは〜」】で確認したように、司法書士や弁護士などの専門家が選任されるケースもあります。これに対して、**任意後見の**

場合は、元気なうちに自分で任意後見人を決定しておくことができるのです。家族を任意後見人に選んでおけば、いざというときは家族が任意後見人として財産管理などを行うことができます。

　また、法定後見と異なり、**任意後見人の権限の範囲は、本人の希望に応じて契約によって自由に設定する**ことができます。

　もっとも、任意後見制度においては、任意後見人を監督する**「任意後見監督人」が家庭裁判所によって必ず選任される**ことになります。任意後見は、任意後見監督人が選任されてからスタートします。任意後見監督人には、弁護士や司法書士などの専門家が選任され、任意後見人の事務を監督し、その内容を定期的に家庭裁判所に報告します。

◆図表2−11　任意後見制度のイメージ

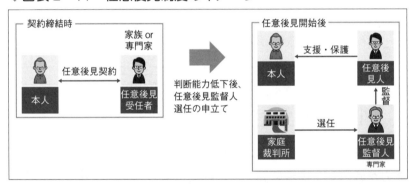

　任意後見制度も、【本章Ⅰ「認知症発症「後」の対策〜法定後見制度とは〜」】で確認した成年後見制度の3つの理念の下、本人の利益を守ることを目的としていますが、法定後見制度に比べて、より**本人の「自己決定」が尊重されている制度**といえます。

　任意後見制度は、【本章Ⅲ「認知症発症「前」の対策の基本②〜家族信託とは〜」】で解説する家族信託と並んで、認知症対策を考えていく上で、非常に重要な制度です。認知症対策を始め

る前に、しっかり理解しておきましょう。

2 任意後見が開始するまでの流れ

◆図表2−12 任意後見が開始するまでの流れ

(1)	任意後見受任者の決定
(2)	契約内容の決定
(3)	任意後見契約の締結
(4)	任意後見契約の登記
(5)	任意後見監督人選任の申立て
(6)	任意後見監督人選任の審判
(7)	任意後見監督人の登記

　任意後見は、本人が元気なうちに任意後見人を契約によって決定しておき、実際に本人の判断能力が低下した後に、任意後見監督人の選任申立てを家庭裁判所に対して行うことによって開始します。

　したがって、法定後見と異なり、**任意後見契約を締結する段階**と**判断能力低下後、任意後見監督人の選任申立てを行って任意後見をスタートさせる段階**の2つに分かれることになります。

　それでは、開始するまでの流れを確認していきましょう。

(1) 任意後見受任者の決定

　まずは任意後見受任者を決定します。本人と任意後見契約を締結し、本人の判断能力が低下した際に財産管理などを行う予定の人を**任意後見受任者**といいます。言い換えれば、将来「任意後見

人」になるということですが、実際に任意後見が開始するまでは任意後見受任者と呼ばれます。

　任意後見人の資格には、家族はもちろんのこと、弁護士や司法書士などの専門家を選ぶこともできます。専門家を選ぶことができるというのは、後ほど説明する家族信託との大きな違いです。

　また、法人（弁護士法人、司法書士法人、社会福祉法人など）を選ぶことも可能です。複数の任意後見受任者を選ぶこともできます。

(2)　契約内容の決定

　続けて、任意後見契約の内容を決定することになります。契約内容を決定する際の重要なポイントは下記の4つです。

①　▶ポイント1　代理権の内容

　任意後見契約は、本人の判断能力が低下した際の**自分の財産管理や身上保護**に関する法律行為を第三者に依頼する契約です。

　したがって、これらの行為を第三者が行うための**代理権**とその範囲を設定する必要があります。代理権の範囲は、代理権目録という代理権の一覧を作成して決定します。法定後見と異なり、自分の財産管理や身上保護に関することであれば範囲は自由に設定することが可能です。

　任意後見人が管理する財産の対象を限定したり、また特定の行為には任意後見監督人の同意を必要とする旨（例えば、不動産の処分には任意後見監督人の同意を要するなど）を定めることも可能です。

＜代理権目録の具体例＞

代理権目録（任意後見契約）

1　不動産、動産等すべての財産の保存、管理及び処分に関する事項

2　銀行等、証券会社等の金融機関とのすべての取引に関する事項

3　保険契約（類似の共済契約等を含む）に関する事項

4　定期的な収入の受領、定期的な支出を要する費用の支払いに関する事項

5　生活費の送金、生活に必要な財産の取得に関する事項及び物品の購入その他の日常生活関連取引（契約の変更、解除を含む）に関する事項

6　医療契約、入院契約、介護契約その他の福祉サービス利用契約、福祉関係施設入退所契約に関する事項

7　要介護認定の申請及び認定に関する承認又は審査請求ならびに福祉関係の措置（施設入所措置を含む）の申請及び決定に対する審査請求に関する事項

8　次に掲げる証書等その他これらに準ずるものの保管及び各事務処理に必要な範囲内の使用に関する事項
①登記済権利証・登記識別情報、②実印・銀行印、③印鑑登録カード・住民基本台帳カード・個人番号カード・個人番号通知カード、④預貯金通帳、⑤キャッシュカード、⑥有価証券・その預り証、⑦年金関係書類、⑧健康保険証・介護保険証、⑨土地・建物賃貸借契約書等の重要な契約書類

9　登記及び供託の申請、税金の申告・納付、各種証明書の請求等行政機関に対する一切の申請、請求、申告、支払い等に関する事項

10　新たな任意後見契約の締結（解除等を含む）に関する事項

11　遺産分割の協議、遺留分侵害額請求、相続放棄、限定承認に関する事項

12　配偶者、子の法定後見開始の審判の申立てに関する事項

13　以上の各事項に関する行政機関への申請、その処分に対する不服申立て、紛争の処理（弁護士に対する民事訴訟法第55条第2項の特別授権事項の授権を含む訴訟行為の委任、公正証書の作成嘱託を含む）に関する事項

14　復代理人の選任、事務代行者の指定に関する事項

15　以上の各事項に関する一切の事項

（以上）

② ▶ポイント2　ライフプランの作成

　ライフプランとは、**財産管理や身上保護に関する本人の希望や意向**（例えば、どのような介護を受けたいか、どのような施設に入りたいか、不動産をどう活用・処分してほしいかなど）をまとめたものをいいます。代理権目録と同時に作成しておくことが推奨されています。

　ライフプランは必ず作成しなければならないというわけではありません（契約内容となるわけではありません）が、任意後見人の後見事務の指針として重要な意味をもちます。

③ ▶ポイント3　報酬の定め

　任意後見では、**任意後見人に報酬を支払うことが可能**です。任意後見人の報酬額、支払方法、支払時期は、任意後見契約書の中で自由に決定することができます。

家族を任意後見人とするときは、無報酬とすることが多いです。これに対して、弁護士などの専門家を任意後見人とする際は、報酬を設定することになります。報酬の金額は事務内容や管理財産額によっても異なりますが、月額報酬3〜5万円程度と設定し、通常の事務範囲を超えた場合には別途報酬を支払うと設定するケースが一般的です。

　なお、任意後見監督人の報酬は家庭裁判所によって決定されることになりますので、契約書の中で定める必要はありません。

④ ▶▶ポイント4　報告の定め
　任意後見監督人の主な職務は、任意後見人の事務を監督し、定期的に任意後見人の事務について家庭裁判所に対して報告することにあります。

　したがって、任意後見契約書の中で、任意後見人は事務処理の状況について、**定期的に任意後見監督人に報告をする旨**を定めることになります。報告の頻度については法律で明確に定められているわけではありませんが、3カ月に1回程度とすることが一般的です。報告の際は、報告書や預金通帳のコピーなどの資料を任意後見監督人に提出します。なお、任意後見監督人はいつでも任意後見人に報告を求めることができます。また事務や財産の状況について調査することもできます。

(3)　**任意後見契約の締結**

　法律上、任意後見契約は必ず**公正証書**によって締結しなければならないと定められています。

　よって、任意後見契約は公証役場において公証人の面前で締結しなければなりません。そのため、原則として本人（委任者）と

任意後見受任者は公証役場に直接出向く必要がありますが、病気・高齢などの理由で外出が難しい場合には、自宅、病院、施設などに公証人に出張を依頼することも可能です。

(4)　任意後見契約の登記

　任意後見契約は、**契約締結時に契約の内容が登記される**ことになっています。この登記は公証人の嘱託（依頼）によってなされますので、本人や任意後見受任者が申請する必要はありません。その後、任意後見監督人が選任されて任意後見契約の効力が発生したときに、改めて任意後見監督人などについて登記がなされることになります。任意後見がスタートするまでに2つの段階がありますが、登記手続きも2段階に分けて行われることになります。

(5)　任意後見監督人選任の申立て

　任意後見は、**本人の判断能力が低下し、家庭裁判所に対して任意後見監督人選任の申立てを行い、任意後見監督人が選任されてから**スタートします。

　申立ての際、任意後見監督人の候補者を申立書の中で推薦することは可能です。しかし、任意後見監督人を決定するのは家庭裁判所ですので、候補者が選任されるとは限りません。

　申立ての手続きは下記の流れで進んでいくことが一般的です。ここでは、東京家庭裁判所での取扱いを例にとって説明します。家庭裁判所によって取扱いが異なる場合があることにご留意ください。事前に管轄の家庭裁判所のホームページなどで確認をしましょう。

① 申立書類の作成・準備

　㈠　申立てができる人

　法定後見と同様、申立てができる人は法律上限定されています。

　申立権者は、本人（任意後見契約の委任者）、配偶者、四親等内の親族（44ページ参照）、任意後見受任者とされています。法定後見と異なり、検察官や市区町村長による申立ては認められていません。

　㈡　申立てに必要となる書類

　法定後見の場合と同様、申立書類を準備する必要があります。管轄の家庭裁判所のホームページで申立書類のリストを確認することができます。主な申立書類は下記のとおりです。

＜主な申立書類＞

・任意後見監督人選任申立書
・申立事情説明書（任意後見）
・任意後見受任者事情説明書
・親族関係図
・本人の財産目録及びその資料
・相続財産目録及びその資料（本人が相続人となっている遺産分割未了の相続財産がある場合のみ）
・本人の収支予定表及びその資料
・医師の診断書（成年後見制度用）
・診断書付票
・本人情報シートのコピー
・本人の戸籍個人事項証明書（戸籍抄本）
・本人の住民票又は戸籍の附票

- ・任意後見受任者の住民票又は戸籍の附票
- ・登記事項証明書（任意後見）
- ・本人が登記されていないことの証明書
- ・任意後見契約公正証書（コピー）

② 管轄家庭裁判所への申立て

申立ては、**本人の住所地**（住民登録をしている場所）を管轄する家庭裁判所に対して行います。準備した申立書類と必要書類を、郵送又は窓口で提出します。法定後見と同様、申立書類を提出した後は、(6)の**審判がなされる前であっても家庭裁判所の許可を得なければ取り下げることができません。**

③ 家庭裁判所における審理

㈠ 本人の調査

任意後見制度では、本人の意思を尊重するため、任意後見監督人選任の審判に当たっては、**本人の「同意」が要件**とされています。また、同様の理由から家庭裁判所は審判に当たって、**本人の意見を確認する必要がある**とされています。

よって、申立後、原則として家庭裁判所の調査官によって「**本人調査**」が行われます。本人調査において、申立内容や同意について確認が行われることになります。本人調査の際は、原則として本人が家庭裁判所に出向く必要がありますが、入院等により外出が困難な場合は、調査官が入院先等に訪問することも可能です。

なお、**本人に判断能力がなく意思表示ができない場合には、本人の同意を得る必要や意見を確認する必要はない**とされていま

す。

　㈡　任意後見人受任者の調査

　任意後見監督人選任の審判に当たっては、家庭裁判所は必要に応じて任意後見受任者から直接事情を聴取する場合があります。

　㈢　親族への意向照会

　必要に応じて、家庭裁判所が本人の親族に対して書面等により意向を確認する場合があります。

　㈣　鑑定

　医師の診断書だけでは本人の判断能力低下が明らかではない場合には、鑑定（本人の判断能力を医学的に判定するための家庭裁判所の手続き）が行われる場合があります。

(6)　任意後見監督人選任の審判

　審理が完了すると、家庭裁判所において**任意後見監督人選任の審判がなされ、任意後見監督人が決定**し任意後見がスタートすることになります。審判がなされると、任意後見監督人が選任された旨の審判書が本人、任意後見受任者、任意後見監督人に送達されます。

　前述のとおり、申立書で候補者を挙げることはできますが、任意後見監督人は家庭裁判所が下記を踏まえて総合的に判断・決定します。

　・本人の心身の状態ならびに生活及び財産の状況

　・任意後見受任者の職業・経歴

　・本人の意見

　任意後見監督人には、弁護士や司法書士などの専門家が選任されます。

なお、次のいずれかに当てはまる場合には、任意後見監督人選任の審判がなされません（任意後見はスタートしません）。

㈲　本人が未成年者であるとき

㈹　本人が成年被後見人、被保佐人又は被補助人である場合において、当該本人に係る後見、保佐又は補助を継続することが本人の利益のため特に必要であると認めるとき

㈶　任意後見受任者に不適任な事由※があること

※　不適任の事由としては以下の事由が法律で規定されています。
　・未成年者
　・家庭裁判所で免ぜられた法定代理人、保佐人又は補助人
　・破産者
　・行方の知れない者
　・本人に対して訴訟をし、又はした者及びその配偶者ならびに直系血族
　・不正な行為、著しい不行跡その他任意後見人の任務に適しない事由がある者

---

(7)　任意後見監督人の登記

　任意後見監督人選任の審判がなされると、家庭裁判所から東京法務局に対して**任意後見監督人に関する登記**の嘱託（依頼）がなされることになります。

　そのため、任意後見人が登記を申請する必要はありません。

　登記が完了すると、任意後見人は法務局から登記事項証明書の交付を受けることができます。登記事項証明書には、任意後見人の氏名や代理権の範囲が記載されています。任意後見人は、登記事項証明書を関係機関に提出し、職務を進めていくことになります。

プラスワンアドバイス05

認知症対策でよく利用する「公正証書」とは何か？

せっかく作成した遺言書や信託契約書などの文書が、形式の不備で無効になってしまったり、紛失してしまったり、偽造・変造されてしまったりしては元も子もありません。

このようなリスクは、**「公正証書」という形式で文書を作成すること**で避けることができます。

それでは、公正証書とはいったいどのような文書なのでしょうか。

●公正証書とは

公正証書とは、金銭の貸借、不動産の貸借・売買あるいは離婚の際の財産分与・慰謝料支払約束などの各種契約や、遺言あるいは任意後見契約・信託契約等の法律行為について、**「公証人」**（判事や検事などを長く務めた法律実務の経験豊かな者で、公募に応じた者の中から、法務大臣によって任命された者）が、法令に従い当事者の依頼に応じて作成する**公文書**のことです。

公正証書は、私文書に比べて、**非常に強力な証拠力と証明力**があります。後になって「そんな契約を結んだ覚えはない」と契約そのものを否定したり、「契約内容が思っていたのと違う」と契約内容に異議を述べることは難しくなります。

また、公正証書によって作成した場合、**公正証書の「原本」は公証役場において厳重に保管される**ことになるので安心です。

公正証書は、**公証役場**で作成することができます。公証役場は全国で約300か所あり、公証人は約500人います。

認知症対策を開始する前に最寄りの公証役場がどこにあるのか調べ

ておくと安心です。日本公証人連合会のホームページ（https://www.koshonin.gr.jp/list）から検索することができます。

▲▲▲▲▲▲▲▲▲▲▲▲▲▲▲▲▲▲▲▲▲▲▲▲▲▲▲▲▲▲▲▲▲▲▲▲

3　任意後見人の職務と義務

⑴　任意後見人の職務

　成年後見人と同様、任意後見人の主な職務としては①**財産管理**、②**身上保護**、③**任意後見監督人への報告**、が挙げられます。

　ただし、任意後見人の権限はあくまで委託を受けた委任事務の範囲（代理権の範囲）に限られます。代理権の範囲外の財産管理や身上保護を行うことはできません。

⑵　任意後見人の義務

　任意後見人は、委任事務を行うに当たって、「本人の意思を尊重し、かつ、その心身の状態及び生活の状況に配慮しなければならない」とされています（任意後見契約に関する法律6）。

　したがって、任意後見人には、**本人意思尊重義務**（委任事務を行う際に本人の意思を尊重しなければならない義務）と**身上配慮義務**（委任事務を行う際に本人の心身の状態や生活の状況に配慮しなければならない義務）が課されているということになります。

4　任意後見にかかる費用

任意後見にかかる費用は以下の３つに分けることができます。

---

(1)　初期費用（契約にかかる費用）
(2)　申立てにかかる費用
(3)　継続的にかかる費用

それでは、順番に確認していきましょう。

◆図表２−13　任意後見にかかる費用

費用の種類	費用の目安	備考
(1)　初期費用（契約にかかる費用）		
①専門家の報酬	約５〜10万円	専門家に契約書の作成を依頼した場合の費用
②公正証書の作成費用	約２〜３万円	出張を依頼した場合は別途出張報酬がかかる。
③書類収集費用	約3,000〜5,000円	戸籍抄本、住民票、印鑑証明書などの取得費用
(2)　申立てにかかる費用		
①専門家の報酬	約５〜10万円	専門家に申立ての手続きを依頼した場合の費用
②申立手数料及び後見登記手数料	2,200円	家庭裁判所に収入印紙で納付
③送達・送付費用	3,270円	家庭裁判所に郵便切手で提出
④医師の診断書の作成費用	約5,000円〜１万円	
⑤書類収集費用	約2,000〜3,000円	住民票、戸籍の附票、戸籍抄本などの取得費用
(3)　継続的にかかる費用		
①任意後見人の報酬	月額３〜５万円	別途個別報酬がかかる場合がある。
②任意後見監督人の報酬	月額１〜３万円	家庭裁判所が審判によって決定する。

⑴　初期費用（契約にかかる費用）

　まず、任意後見契約の締結費用として次の費用がかかります。

①　専門家の報酬

　任意後見契約書の作成を弁護士などの専門家に依頼した場合にかかる費用です。専門家の報酬は、依頼する専門家や案件内容によって異なりますが、約5〜10万円かかるのが一般的です。

②　公正証書の作成費用

　任意後見契約書は必ず**公正証書**で作成しなければなりません。公正証書の作成費用は約2〜3万円かかります[※1]。また、公証人に自宅や施設などへの出張を依頼する場合、下記の手数料が1.5倍となり、日当（1日2万円、ただし4時間以内は1万円）や交通費がかかります。

※1　内訳は下記のとおりです。

> ●公証役場の手数料
> 　1契約につき1万1,000円、それに証書の枚数が法務省令で定める枚数の計算方法により4枚を超えるときは、超える1枚ごとに250円が加算されます。
> ●法務局に納める印紙代
> 　2,600円
> ●法務局への登記嘱託料
> 　1,400円
> ●書留郵便料
> 　約540円
> ●正本謄本の作成手数料
> 　1枚250円×枚数

なお、任意後見契約と併せて、通常の委任契約をも締結する場合には、その委任契約について、さらに公証役場の手数料が必要になり、委任契約が有償のときは、公証役場の手数料の額が増額される場合があります。また、受任者が複数になると（共同してのみ権限を行使できる場合は別として）、受任者の数だけ契約の数が増えることになり、その分だけ費用も増えることになります（日本公証人連合会ホームページより）。

③　書類収集費用

　本人確認資料として公証役場に戸籍謄本、住民票、印鑑証明書を提出する必要があります。また、不動産の登記事項証明書や評価証明書などが必要となる場合もあります。これらの資料の取得費用として約 3,000〜5,000 円かかるのが一般的です。

(2)　申立てにかかる費用

①　専門家の報酬

　任意後見監督人選任の申立手続きを、専門家（弁護士や司法書士）に依頼した場合の費用です。専門家の報酬は、依頼する専門家によって異なりますが、約 5〜10 万円かかるのが一般的です。

　なお、申立ての手続きは専門家に依頼しなければならないというわけではありません。申立人本人で手続きを行うこともちろん可能です。

②　申立手数料及び後見登記手数料[※2]

　2,200 円（内訳：申立手数料 800 円［400 円 × 2 枚］＋登記手数料 1,400 円［1,000 円 × 1 枚、400 円 × 1 枚］）

※ 2　これらは申立ての際に「収入印紙」で家庭裁判所に納付します。

③ 送達・送付費用※3

審判書の送付や登記嘱託などに必要な郵便切手です。

3,270円（内訳：500円×3、100円×5、84円×10、63円×4、20円×5、10円×6、5円×2、1円×8）

※3　これらは申立ての際に「郵便切手」で家庭裁判所に提出します。

④ 医師の診断書の作成費用

任意後見監督人選任の申立てで必要となる医師の診断書の作成費用です。費用は依頼する医師によって異なりますが、約5,000円～1万円かかるのが一般的です。

⑤ 書類収集費用

任意後見監督人選任の申立てにおいて必要となる住民票、戸籍の附票、戸籍抄本、登記されていないことの証明書などを取得するためにかかる費用です。約2,000～3,000円かかるのが一般的です。

(3) 継続的にかかる費用

① 任意後見人の報酬

任意後見人の報酬は契約書によって定めます。報酬の設定は任意です。

専門家が任意後見人である場合、事務内容や管理財産額に応じて月額3～5万円程度の報酬を設定することが一般的です。また、通常の事務範囲を超える場合（不動産の売却や施設の入所手続きなど）には別途個別報酬を設定することが一般的です。報酬は本人の財産から支払われることになります。

② 任意後見監督人の報酬

　任意後見監督人の報酬は、家庭裁判所の審判によって月額1〜3万円程度と設定されることが一般的です。報酬は本人の財産から支払われることになります。

5　任意後見契約の終了

(1)　任意後見契約はいつ終了するのか

　任意後見契約は下記の事由が発生したときに終了します。

---

① **本人又は任意後見人・任意後見受任者が死亡した場合**
② **本人又は任意後見人・任意後見受任者が破産手続開始決定を受けた場合**
③ **任意後見人・任意後見受任者が後見開始の審判を受けた場合**
④ **任意後見契約が解除された場合**
　任意後見がスタートした後（任意後見監督人選任後）においては、本人又は任意後見人は、**正当な事由**がある場合に限り、**家庭裁判所の許可**を得て、任意後見契約を解除することができます。
　なお、**任意後見がスタートする前**（任意後見監督人選任前）においては、本人又は任意後見受任者は、いつでも、公証人の認証を受けた書面によって、任意後見契約を解除することができます。
⑤ **任意後見人が解任された場合**

任意後見人に不正な行為、著しい不行跡その他その任務に適さない事由があるときは、家庭裁判所は、任意後見監督人、本人、その親族又は検察官の請求により、任意後見人を解任することができるとされています。

⑥　**法定後見が開始された場合**

　原則として任意後見は法定後見に優先します。しかし、任意後見がスタートしていたとしても、例外的に家庭裁判所は、**本人の利益のため特に必要があると認めるとき**（例えば、生活費捻出のために自宅の売却が必要であるにもかかわらず、任意後見人に売却の権限がない場合など）には、法定後見を開始できるとされています。

　法定後見が開始された場合には、任意後見契約は終了することになります。

(2)　任意後見人・任意後見受任者が先に死亡するリスクへの備え

　任意後見人・任意後見受任者が「個人」である場合、たとえ本人より年齢が若いとしても、急な事故や病気などで**本人より先に亡くなってしまうリスク**が考えられます。対応策として次の2つが考えられます。

①　任意後見受任者を複数にする

　受任者を複数としておくことで、一方の受任者が死亡した場合や後見開始の審判を受けた場合であっても、もう一方の受任者が対応することが可能です。例えば、長男を受任者として契約し、長男に不測の事態が起きた場合に備えて次男とも契約を締結しておくような場合が考えられます。

② 任意後見受任者を法人にする

受任者を法人にしておくことで、受任者の死亡や後見開始のリスクを回避することができます。

(3) 任意後見契約終了後に行うこと

任意後見がスタートした後に**任意後見契約が終了**した場合、**任意後見人は以下の事務を行うことになります。以下、本人の死亡**によって終了した場合を前提に解説します。

① 任意後見監督人への報告

任意後見人は、任意後見監督人に本人が死亡した旨を報告します。

② 任意後見事務報告書・財産目録等の作成

任意後見人は、本人が死亡するまでの任意後見事務報告書、財産目録、本人の相続人に財産を引き継ぐため引継関係書類などを作成し、任意後見監督人に提出します。

③ 任意後見終了登記の申請

任意後見人は**任意後見終了の登記**を申請しなければなりません。登記の申請は東京法務局に対して行います。

④ 財産の引き継ぎ

任意後見人は、本人の相続人や遺言執行者（遺言書がある場合）に保管中の財産を引き継ぎます。

⑤　任意後見監督人への最終報告

　任意後見人は、財産の引き継ぎを終えた後、任意後見監督人へ契約終了の報告を行います。そして、これを受けて任意後見監督人が家庭裁判所に対して最終報告書を提出します。

6　任意後見のメリットとデメリット・注意点

　ここまで任意後見の概要や重要ポイントについて説明してきましたが、次に任意後見のメリットとデメリット・注意点について確認します。認知症対策をスタートする前にしっかり理解しておきましょう。

(1)　任意後見のメリット
①　家族を後見人に選んでおける

　任意後見は、判断能力が低下した際の**後見人を契約によって事前に選んでおける制度**です。家族を任意後見受任者として任意後見契約を締結しておけば、いざというときには家族が任意後見人として財産管理や身上保護を行うことが可能です。これに対して、法定後見の場合、後見人は家庭裁判所が決定しますので、必ずしも家族が後見人となれるとは限りません。

②　代理権の範囲や報酬を自由に設定できる

　任意後見では、契約によって**任意後見人の代理権の範囲を自由に定めることができます**。法定後見よりも本人の希望を尊重した財産管理や身上保護が可能となります。

　また、法定後見の場合は家庭裁判所が成年後見人の報酬を決定しますが、任意後見の場合は**報酬を契約によって自由に決定する**

ことが可能です。

③　元気なうちは自分で財産管理ができる

　任意後見は、判断能力が低下し**任意後見監督人が選任された後にスタートします**。つまり、元気なうちは自分の財産は自分で管理することになります。これに対して、後述する家族信託の場合には、信託契約と同時に（元気なうちに）受託者による財産管理がスタートすることになります。

(2)　任意後見のデメリット・注意点

①　家族だけで財産管理ができるわけではない

　任意後見では、家庭裁判所によって**必ず任意後見監督人が選任されることになります**。任意後見監督人は司法書士や弁護士などの専門家が選任されるのが一般的です。任意後見人は、任意後見監督人の監督を受けながら財産管理を行います。したがって、後述する家族信託とは違って、**家族だけで財産管理ができるわけではありません**。

②　任意後見監督人にも報酬が発生する

　前述のとおり、任意後見監督人にも報酬を支払わなくてはなりません。任意後見人にも報酬が設定されている場合には、任意後見人と任意後見監督人両方の報酬がかかることになりますので注意が必要です。

③　任意後見人には取消権がない

　法定後見の成年後見人と異なり、任意後見人には本人が第三者と締結した契約を**法律上当然に取り消す権利はありません**。

よって、本人が詐欺などの消費者被害にあった場合、任意後見
では速やかに本人の救済ができない可能性があります。

　もっとも、任意後見であっても、任意後見契約書の中で消費者
契約法や民法の詐欺・強迫による取消しに関する代理権限を任意
後見人に設定しておけば、任意後見人によって契約を取り消すこ
とも可能とされています。ただし、この場合、法定後見と異な
り、それぞれの法律が定める要件をこちら側で立証しなければな
らない点には注意が必要です。

7　任意後見のよくある「3つ」の誤解

　実際の認知症対策の相談でよく見受けられる「任意後見のよく
ある3つの誤解」について解説します。対策を開始する前にしっ
かり確認しておきましょう。

(1)　▶誤解1　任意後見監督人も自由に選べる

　任意後見監督人は、家庭裁判所が選任することになっていま
す。**事前に本人が契約によって決めておくことはできません。**

　任意後見監督人選任の申立ての際に候補者を申立書に記載する
ことはできますが、希望どおりに候補者が選任されるわけではあ
りません。

(2)　▶誤解2　契約と同時に任意後見が開始する

　任意後見は、認知症などによって**本人の判断能力が低下し任意
後見監督人が選任された後にスタート**します。任意後見契約と同
時に開始するわけではありません。これに対して、後述する家族
信託の場合、信託契約の締結と同時に（つまり、本人が元気なう

ちに）受託者による財産管理がスタートします。

(3) ▶誤解3 自由に財産の管理や処分ができる

　任意後見も成年後見制度の1つですから、41ページの3つの理念の下、**本人の利益を守ることをその目的としています。**

　したがって、任意後見人であるからといって、自由に財産の管理や処分ができるわけではありません。投機的な資産運用や相続税対策のための収益不動産の購入など本人の利益には必ずしもならないような行為は行うことができないとされています。

　任意後見人の財産管理や処分によって、本人に損害を与えた場合には、任意後見人が損害賠償を求められる可能性があります。また、任意後見人を解任される可能性もあります。

認知症発症「前」の
対策の基本②
〜家族信託とは〜

1 家族信託とは

(1) 家族信託とは "家族" のための財産管理制度

　家族信託とは、不動産や金銭などの**財産の管理や処分を信頼で
きる家族に元気なうちに託しておく制度**をいいます。文字どお
り、「家族」を「信」じて財産の管理などを「託」すという意味
です。「信託」という言葉を聞くと、どうしても「銀行」に頼ん
で行うものだと誤解する人も多いのですが、家族信託はあくまで
家族間で財産の管理を行う仕組みです。金融機関に財産の管理を
依頼するわけではありません。言い換えれば、家族信託は、**家族
が家族のために行う財産管理制度**、ということになります。

　2006 年の信託法改正により、家族間で「信託」制度の利用がし
やすくなりました。特にここ 2〜3 年で急激に家族信託の利用者
数が増加しているといわれています。なお、家族信託を「民事信
託」と呼ぶこともありますが、両者の意味に大きな違いはありま
せん。

(2) 家族信託が普及した背景とは

　近年、家族信託が急速に普及してきた背景には、2 つの問題が
あるとされています。

1つは、認知症を原因とした判断能力の低下によって引き起こされる**「財産凍結」**の問題です。「父が認知症で自宅が売れない」「認知症の母の定期預金が解約できない」などといったケースは日本中で多発しています。今後高齢社会がますます進展していく中で、認知症による財産凍結の対策として家族信託を利用する方が一段と増えていくことでしょう。

　もうひとつは、**「成年後見制度」**の問題です。認知症高齢者数の増加により成年後見制度の利用件数が増えている一方で、手続的、経済的な負担、硬直した制度運用などのデメリットが多方面で指摘されるようになってきました。そこで、成年後見制度のデメリットを回避するために家族信託を利用する人が増えています。

　このような背景の下、家族信託は今後ますます普及していくといわれています。

(3)　家族信託の基本形

　家族信託は、**委託者**（財産の管理を託す人）と**受託者**（財産の管理を託される人）が**信託契約**を締結することによって始まるのが一般的です。信託契約の中で、**受益者**（信託から利益を受ける人）や**信託財産**（家族信託開始後に受託者が管理する財産）などを決定します。

　家族信託では、委託者と受益者は同一人物となるケースがほとんどです。このように、委託者と受益者に同じ人物がなる信託を**自益信託**（じえきしんたく）といいます。一方、委託者と受益者が異なる人物となる信託を**他益信託**（たえきしんたく）といいますが、贈与税などの課税上の問題で、家族信託ではあまり利用されることはありません。

　家族信託を利用するケースとして最も多いのは、**高齢の親（委**

◆図表2-14　家族信託の基本イメージ

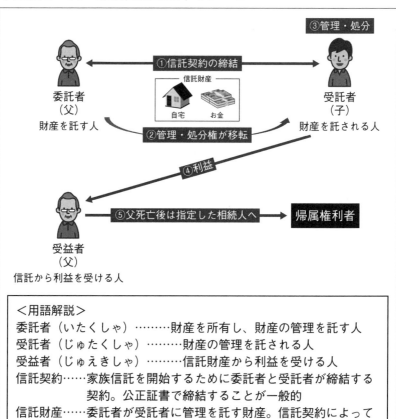

<用語解説>
委託者（いたくしゃ）………財産を所有し、財産の管理を託す人
受託者（じゅたくしゃ）………財産の管理を託される人
受益者（じゅえきしゃ）………信託財産から利益を受ける人
信託契約……家族信託を開始するために委託者と受託者が締結する
　　　　　　契約。公正証書で締結することが一般的
信託財産……委託者が受託者に管理を託す財産。信託契約によって
　　　　　　定める。
帰属権利者…受益者の死亡などによって家族信託が終了したとき
　　　　　　に、信託財産を引き継ぐ人

託者兼受益者）が、認知症対策として判断能力がある元気なうちに子供（受託者）に財産管理を託すケースです。前もって子供に財産の管理権限を移転しておくことで、親が認知症などで判断能力を失った後でも、子供が親に代わって財産管理を行うことができます。家族信託をしておくことで、**親のお金や不動産を受託者である子供が管理することができますので、親が認知症になっても財産の凍結を回避することができます。**

　一方、親は**受益者**として信託財産から利益を受けることができます。利益とは、信託財産によって異なります。例えば、「自宅」であれば引き続き自宅に居住すること、「金銭」であれば介護費・生活費などとして給付を受けることを意味します。あくまで**子供に移転するのは「管理権限」のみで、利益の部分は親がこれまでどおりもらうことになります。**これは、親が持っている所有権という「**権利**」を、「**権**」の部分（＝**名義、管理権限**）と「**利**」の部分（利益）に分けるようなイメージを持つとわかりやすいです。

◆図表2-15　信託によって「権利を分ける」

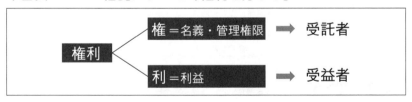

　そして、信託契約で定めた終了事由が発生すると（例えば、親が亡くなった場合など）、家族信託は終了します。残った信託財産は信託契約で定めた**帰属権利者**に引き継がれることになります。家族信託では、委託者の相続人を帰属権利者と定めることがほとんどです。

2　家族信託開始後の財産管理のイメージ

(1)　家族信託が開始すると新しく「箱」ができる

　家族信託が始まると、財産はどのように管理されていくのでしょうか。ここでは、認知症対策として父（委託者兼受益者）と長男（受託者）が信託契約を締結して家族信託を開始したというケースで考えてみましょう。

　次の図をご覧ください。

◆図表2−16　家族信託における財産管理のイメージ

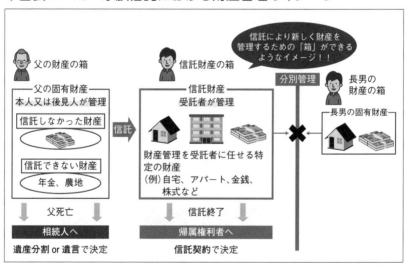

　まず、図の左側に「父の財産の箱」があります。父の財産はすべてこの箱の中に入っているとしましょう。父の財産の箱なので、父しか開けることができません。しかし、このままでは、万が一父が認知症などで判断能力を喪失してしまった場合には、誰

も父の箱を開けることができなくなってしまいます。これが**「財産の凍結」**です。ひとたび財産凍結が起きると、家庭裁判所から選任された成年後見人しか箱の中の財産を管理することはできません。

そこで、財産の凍結を防止するために、家族信託を利用することによって、新しく**「信託財産の箱」**を作ることができます。前ページの図の中央を見てください。**「信託財産の箱」は受託者が管理します。**家族信託によって、「父の財産の箱」から「信託財産の箱」に移転した財産（信託財産）については受託者が管理するので、父の認知症発症による**財産の凍結を防止できる**ということになります。

父が持っている財産のうち、**どの財産を移転するかは信託契約によって自由に決定することができます。**すべての財産を信託財産の箱に移さなければならないわけではありません。家族信託が開始した後に、認知症によって父の判断能力が失われてしまったとしても、**「信託財産の箱」に入っている財産**は凍結の影響をまったく受けません。なお、「信託財産の箱」に入っていない財産（家族信託しなかった財産）は受託者が管理することができませんので、父の認知症発症により凍結するリスクがあります。

このように、家族信託が始まると、信託契約で定めた「父の財産」は、「信託財産の箱」に入ることになりますので、各々の財産の名義を受託者に変更することになります。例えば、金銭の場合は受託者名義の信託口口座で管理することになりますし、不動産については登記の名義を受託者に変更することになります。

一方、受託者である長男は、「長男の財産の箱」も持っています。この箱の中の財産（長男の固有財産）と「信託財産の箱」の中の財産（信託財産）を分けて管理しなければならない義務を

「**分別管理義務**」といいます。分別管理義務については、後ほど
説明します。

⑵ 「箱」にはどんな財産が入っているのか

　家族信託がスタートした後、それぞれの箱にはどのような財産
が入っているのでしょうか。

①　父の財産の箱

　父の財産の箱には「**信託しなかった財産**」が残ります。父の財
産のうち、どの財産をどの程度信託するかは信託契約によって自
由に決めることができます。例えば、5,000万円のうち1,000万
円だけを信託財産の箱に移す、ということも可能です。初めから
お金の大部分を移してしまうことに抵抗があれば、信託開始時は
最低限のお金だけを信託して、後から追加で信託財産の箱に移す
（これを「**追加信託**」といいます。追加信託については後述しま
す）こともできます。

　また、法律上「**信託できない財産**」もあります。年金と農地が
代表例です。詳細は後で説明します。

②　信託財産の箱

　まず、信託財産の箱には「**信託契約によって定めた信託財産**」
が入ることになります。信託契約の締結と同時に父の財産の箱か
ら信託財産の箱に移転することになります。箱が変わったことを
示すために信託財産の名義は受託者に変更しなければなりません。

　また、信託が開始した後に「**追加信託された財産**」も信託財産
の箱に入ることになります。

　なお、**一度信託財産の箱に入った財産は、原則として形が変**

わったとしてもそのまま信託財産であり続けます。例えば、信託
の箱に入れた自宅を売却した場合の売却代金や賃貸した場合の賃
料、信託の箱にある金銭で新たに購入した不動産などは引き続き
信託財産となります。

(3) 「箱」はいつまで存続するのか

　「父の財産の箱」は、父が死亡したら消えることになります。
箱の中に残っていた財産が次に誰の箱に移されるのかは、「相続」
の話となりますので、**遺産分割協議**（相続人の間で行う遺産分け
の話合い）や**遺言**（自分が亡くなったら財産を誰に引き継がせる
のかを生前に決めておく書面）によって決定されることになりま
す。

　一方、「信託財産の箱」は信託が終了することにより消えるこ
とになります。どのような事由で信託が終了するかは**信託契約**に
よって決定します。また、信託が終了した場合に、箱の中に残っ
ていた財産を誰の箱に移すのかについても同様に**信託契約**によっ
て決定します。例えば、受益者である父の死亡によって信託が終
了すると信託契約で定めていた場合には、父の死亡によって「信
託財産の箱」は消滅し、残っていた財産は、信託契約で定めた人
の「箱」に移されることになります。信託が終了したときに残っ
ていた信託財産を引き継ぐ人を、「**帰属権利者**」といいます。

(4) 信託の「倒産隔離機能」

　信託が開始すると、信託財産は、委託者である父の財産からも
受託者である長男の財産からも「独立」して管理されることにな
ります。

　したがって、委託者や受託者が破産したり差押えを受けた場合

でも信託財産は影響を受けません。図表2-16にあるように、信託財産は真ん中の「信託財産の箱」で管理されますので、原則として、委託者や受託者の債権者が、信託財産に対し強制執行することはできませんし、また、信託財産が破産財団となることもありません。

　このような機能を信託の**「倒産隔離機能」**といいます。

3　委託者〜財産の管理を託す人〜

(1)　委託者の権限

　委託者とは、**受託者に財産の管理を託す人**をいいます。実務上は、高齢の「親」を委託者とすることが多いです。

　委託者の権限には、主なものとして、信託事務の処理状況などを確認する権利、受託者など信託事務に関わる者を選任したり解任したりする権利、信託の変更や終了に関する権利などがあります。委託者の権利は、信託契約によって、一定の範囲で拡大したり縮小したりすることができます。

　もっとも、委託者は、受託者と信託契約を締結する家族信託の当事者ではありますが、家族信託が開始した後は、主に受託者と受益者で家族信託を運営していくことになります。また、家族信託においては、委託者＝受益者となる自益信託の形式をとることがほとんどですので、委託者の権限が問題となることは少ないでしょう。

(2)　「委託者の地位」の取扱いには要注意

　実務上、**「委託者の地位」**の取扱いには注意が必要とされてい

ます。委託者の地位とは、家族信託を開始し、上記の権限を有する立場をいいます。

　委託者が亡くなり、委託者の地位が委託者の相続人に承継されると、権利関係が複雑になる、委託者の法定相続人から家族信託の運営に干渉されるリスクが出てくるなどのデメリットがあります。そのため、**委託者の地位を相続人に承継させるのは避けた方がよいとされています。**

　しかし、委託者の地位は、「相続により消滅し承継しない」と信託契約書に定めてしまうと、信託終了時の登録免許税の軽減措置（登録免許税法7②）を受けられなくなる可能性があります。

　そこで、委託者の地位については、例えば「委託者の地位は相続により承継せず、受益者の地位とともに移転する」のような条項を信託契約書に定めておくことが実務上推奨されています。

4　受託者〜財産の管理を託される人〜

(1)　受託者の権限

　受託者とは、**委託者から財産の管理を託される人**をいいます。実務上は「子」を受託者とすることが多いです。

　信託法上、受託者には信託財産の管理・処分権限が与えられており、その権限は広範囲にわたります。特に信託契約書に明記されていなくても、受託者は家族信託の対象とした金銭の引出しや支払いはもちろんのこと、自宅の売却や賃貸、アパートの管理などを行うことが可能です。

　ただし、信託契約によって権限を制限することもできます。例えば、不動産賃貸の権限は与えるけれど、売却の権限は与えな

い、また、不動産を売却する際は受益者や受益者代理人の同意を必要とするなどのように受託者の権限を限定することもできます。

　しかし、このような制限がなかったとしても、**「信託目的」**によって受託者の権限が制限を受けることがあります。信託目的とは、家族信託を開始した目的、言い換えれば家族信託の存在理由のようなものですから、**これに反する行為を行う権限はそもそも受託者には認められません。**

　実際の信託契約書では、信託目的との関係で権限が不明確となる可能性もあるため、**受託者の権限はできるだけ具体的に契約書に記載することになります。**不動産の売却、賃貸、担保権の設定、借入れ、登記手続きの権限など、ケースに応じて受託者の権限の内容を信託契約書の中で明確に定めておきましょう。

(2)　受託者の監督は誰が行うのか

　家族信託は、成年後見制度と異なり、家庭裁判所や専門家が受託者を監督するわけではありません。**受託者の監督は「受益者」が行うのが原則です。**

　家族信託では今後判断能力の低下が予想される高齢者が受益者となるケースが多く、また、受託者は受益者の家族であるため、受託者の監督が適切になされるのかという懸念があります。

　そこで、必要に応じて、受託者を監督する役割を担う**「信託監督人」**や受益者の持つ様々な権利を代理で行使することによって受益者の利益を守る**「受益者代理人」**を信託契約で選んでおくこともできます。信託監督人や受益者代理人は、家族ではなく弁護士や司法書士などの専門家を選ぶことも可能です。

(3) 受託者の義務

　受託者には幅広い権限が認められている一方で、様々な義務が法律上課されています。受託者は、主に次の**9つの義務**を負うことになります。**受託者になる前にしっかり理解しておくことが大切**です。

◆図表2-17　受託者の9つの義務

```
義務①　忠実義務
義務②　分別管理義務
義務③　公平義務
義務④　信託事務遂行義務
義務⑤　善管注意義務
義務⑥　信託事務の処理の委託における第三者の選任及び監督に
　　　　関する義務
義務⑦　信託事務の処理の状況についての報告義務
義務⑧　帳簿等の作成等、報告及び保存の義務
義務⑨　信託の計算書及びその合計表の提出義務
```

①　忠実義務（信託法30）

　受託者は、**常に受益者の利益を最優先して信託事務を行わなくてはなりません。**これを**忠実義務**といいます。例えば、受託者となった長男が自分の利益のためだけに信託財産を利用することは許されません。

　また、この忠実義務から派生して受託者と受益者の利益が相反する取引（**利益相反取引**）は原則として禁止されています。例えば、家族信託した不動産を受託者個人が買い取ることは原則とし

て認められません。受託者として「売主」の立場になると同時に、「買主」の立場にもなってしまうので、受益者の利益のために行動できなくなる可能性が高いからです。

　同様に、受託者と受益者の利益が競合する行為も禁止されています（**競合行為の制限**）。例えば、家族信託したアパートのテナントの応募に対して、受託者個人が所有しているアパートを紹介することはできません。この場合、受益者の利益と受託者の利益が競合してしまい、受益者に不利益となる可能性が高いからです。

②　分別管理義務（信託法34）

　受託者は、**信託財産と固有財産（受託者個人の財産）を分けて管理しなければなりません。**これを**分別管理義務**といいます。信託財産は、あくまで「受益者」の利益のために管理されるべき財産ですから、受託者個人の財産とは分けて管理することが求められるのです。

　例えば、お金については「信託口口座」という信託専用口座を開設して分別管理することが推奨されています。詳細は【第3章Ⅰ6「「預貯金」の認知症対策⑤　家族信託」】で解説します。また、不動産については、必ず「信託登記」を申請しなければなりません。詳細は【第3章Ⅱ3「「自宅」の認知症対策②　家族信託」】で解説いたします。

③　公平義務（信託法33）

　認知症対策で利用される家族信託では、受益者が1人であるケースがほとんどですが、相続対策や親亡き後対策（障害を抱える子供がいる家庭において親が亡くなった後の財産管理などにつ

いて行う対策）を兼ねる場合には、受益者が複数となる場合もあります。

　受益者が複数いる場合、受託者はそれぞれの受益者を公平に扱って信託事務を行っていかなければなりません。これを**公平義務**といいます。

④　信託事務遂行義務（信託法 29 ①）

　受託者は、**信託の目的に従って信託事務を行っていかなければなりません**。これを**信託事務遂行義務**といいます。家族信託は信託目的を達成するために開始するわけですから、受託者はあくまで信託目的の範囲内で信託財産の管理や処分をすることができます。

⑤　善管注意義務（信託法 29 ②）

　受託者は、**信託事務を進めていくに当たっては、善良な管理者の注意をもってこれを行わなくてはなりません**。これを**善管注意義務**といいます。

　「善良な管理者の注意」とは、その職業や地位にある者として通常要求される程度の注意をいいます。家族信託の受託者は、通常財産管理の専門家ではないので、他人の財産を管理するに当たり、一般的に必要とされる程度の注意をもって信託財産の管理や処分を行えば足りるということになります。もっとも、受託者の職業が財産管理に関わるもの（士業、金融機関など）である場合には、より高度な注意（その職業で通常要求される程度の注意）が要求される可能性があります。なお、この注意義務は信託契約によって軽減することができますが、免除することはできないとされています。

⑥　信託事務の処理の委託における第三者の選任及び監督に
　　関する義務（信託法35）

　受託者は、信託事務の処理を第三者へ委託することができます
（信託法28）。例えば、アパートを家族信託した場合には、受託
者がアパートの管理を行うことが原則となりますが、管理会社に
管理を依頼することももちろん可能です。
　しかし、**第三者に信託事務を委託する際は、信託契約によって
定められた信託の目的に照らして適切な者を選び、委託しなけれ
ばなりません。**そして、第三者に委託したときは、信託目的を達
成するために適切な監督を行う必要があります。

⑦　信託事務の処理の状況についての報告義務（信託法
　　36）

　受託者は、**委託者又は受益者から信託事務の処理状況などにつ
いて報告を求められた場合には、状況などを報告しなければなり
ません。**例えば、受益者（親）から信託した金銭や不動産の状況
を聞かれた際は、受託者（子）はその都度状況を報告しなければ
ならないということになります。

⑧　帳簿等の作成等、報告及び保存の義務（信託法37）

　家族信託では、受益者が受託者の信託事務が適切に行われてい
るかどうかを監督することになります。信託監督人や受益者代理
人を信託契約書で定めた場合はこれらの者が監督することもあり
ます。そこで、受益者などが受託者の監督を行えるよう、**受託者
は一定の書類を作成し、毎年1回受益者に報告しなければならな
い**とされています。具体的には次の2つの書類を作成すること
になります。

⑷　信託帳簿（信託法 37 ①）

　信託帳簿とは、家族信託した金銭の入出金などを記録する帳簿です。帳簿とありますが、現金出納帳、仕訳帳、総勘定元帳などのいわゆる会計上の帳簿に限らず、認知症対策を目的とした一般的な家族信託においては、信託口口座の預金通帳のコピーに入出金の内容などを記録する形でも問題ないと考えられています。信託帳簿には使途や支払い先などを記録し、レシート、領収証、振込明細などと一緒に保存しておくとよいでしょう。

　信託帳簿は原則として作成後 10 年間（又は信託の清算の結了日まで）保存しなければなりません。ただし、受益者に信託帳簿又はそのコピーを交付した場合には保存義務はありません。

㈠　財産状況開示資料（信託法 37 ②）

　受託者は、少なくとも毎年 1 回「財産状況開示資料」を作成し、その内容を受益者に報告しなければなりません。財産状況開示資料とは、家族信託した財産の状況を明らかにする書類です。信託帳簿に基づいて作成しなければなりません。

　認知症対策を目的とした通常の家族信託では、「財産目録」や「収支計算書」を作成すればよいとされています。財産目録や収支計算書は、成年後見の事務で利用する財産目録を参考にするとよいでしょう。

　財産の「管理」だけでなく、財産の「運用」まで行っている場合は貸借対照表と損益計算書の作成が必要となると考えられています。

　財産状況開示資料は、信託の清算の結了日までの間、保存しなければなりません。ただし、作成から 10 年を経過した後において受益者に財産状況開示資料又はそのコピーを交付した場合にはそれ以降の保存義務はありません。

⑨　信託の計算書及びその合計表の提出義務

　信託財産がアパートや駐車場などの「収益」が発生する財産である場合には、受託者は、毎年1月31日までに、「信託の計算書」「信託の計算書合計表」を税務署に提出しなければなりません。ただし、信託財産の収益が年間で合計3万円以下の場合には提出は不要（株式などの配当所得が含まれている場合には、3万円以下でも提出が必要）です。

　したがって、自宅や配当がない自社株を信託する場合には、信託の計算書などを提出する必要はありません。

　なお、確定申告はこれまでどおり受益者が行いますが、不動産所得がある場合、毎年の確定申告の際、通常の添付書類に加えて「信託から生ずる不動産所得の金額に関する明細書」を作成・添付する必要があります。

⑷　受託者の責任

　上記のとおり受託者には重い義務が課されています。それでは、受託者はどのような責任を負うのでしょうか。受託者は、主に下記の2つの責任を負うことになります。

① 第三者に対する責任（無限責任）

受託者は、信託財産の所有者として財産管理や処分を行うため、**第三者に対しては「無限責任」を負わなければなりません。**無限責任とは、家族信託によって第三者に対して損害が発生した場合には、信託財産だけでなく、受託者個人の財産も責任財産となることをいいます。つまり、信託財産で支払いができない場合には、受託者自身の財産で支払いをしなければならないことになります。

例えば、家族信託した自宅の屋根の一部が台風や強風によって倒壊し通行人に損害を与えた場合やアパートの手抜き工事によって入居者に損害を与えた場合、受託者は土地所有者として**工作物責任**（民法717）を負う可能性があります。工作物責任とは、土地の工作物の設置又は保存に瑕疵があることによって他人に損害を生じたときに、その工作物の占有者が被害者に対して負う責任ですが、占有者が損害の発生を防止するのに必要な注意をしていたときは、**所有者に過失がなくても、所有者がその損害を賠償しなければならない**とされています。

受託者は所有者ですので、**受託者は工作物責任を負わなければなりません。**工作物責任による損害賠償を信託財産で支払うことができなければ、受託者個人の財産で支払いをしなければなりません。

同様に、**ローン付きのアパートを家族信託して受託者が信託財産責任負担債務として債務引受した場合**（262ページ参照）や**新たに受託者が信託内借入を行った場合**（263ページ参照）に、信託財産から債務の返済ができなくなってしまうと、受託者個人の財産で返済を続けていかなければなりません。

受託者の無限責任は非常に重い責任ですが、これを知らないま

ま家族信託の受託者となってしまっているケースもあるようです。事前に専門家から十分に説明を受け、しっかりと理解しておきましょう。

② 受益者に対する責任（損失てん補責任）

　受託者は、任務を怠った（＝義務を怠った）ことによって信託財産に損失が発生した場合には、その損失をてん補（埋め合わせ）する責任を負います。例えば、受託者の義務違反によって家族信託したアパートや株式などの価値が下落してしまった場合に、その損失の負担を受益者から請求されると、受託者は損失をてん補しなければなりません。

(5) 受託者になるには資格が必要？

　受託者になるには何か特別な資格が必要となるわけではありません。受託者は個人でも法人でもなることができます。ただし、**未成年者は受託者になることができません。**

　家族信託を利用したいが受託者をお願いできる家族がいない場合、弁護士や司法書士などに受託者をお願いすることはできるのでしょうか。

　結論として、**弁護士や司法書士などの士業は受託者になることができない**と考えられています。なぜなら、弁護士や司法書士が受託者になることは、信託業法上の「信託業」に該当する可能性が高いからです。信託業を行うためには、信託業法上の免許又は登録が必要となりますが、士業が免許や登録を受けることはできません。よって、受託者をお願いできる家族がいないケースでは、任意後見制度など他の対策を検討することになります。

⑹ 予備の受託者を定めておくことが重要

　家族信託の受託者は、子供や兄弟などの**「個人」**がなるケースが多いです。そのため、受託者が病気や事故などで信託事務ができなくなってしまったり、受益者より先に亡くなってしまうリスクがあります。

　したがって、**予備の受託者（後継受託者）を定めておくことが大切**です。例えば、長男を受託者、次男を後継受託者と設定しておくことで、長男に万が一のことがあった場合でも次男がスムーズに信託事務を引き継ぐことができます。

　後継受託者の定めがない場合には、委託者と受益者の合意（自益信託では受益者が単独で選びます）により新受託者を選ぶ方法がありますが、認知症などによる判断能力の低下によって受益者が意思表示できず新受託者を選べない可能性もあります。また、利害関係人の申立てにより裁判所が新受託者を選任する方法もあります。

　なお、受託者が1年間不在の状態が続いた場合には、家族信託は終了することになります。

⑺ 受託者を「複数」にすることはできるのか

　相談やセミナーでよく聞かれる質問です。例えば、「子供全員」で受託者をやってほしいと考える人は多いです。

　法律上は受託者を複数とすることはできます。ところが、実務上は**受託者を「1人」に定めることが一般的**です。

　理由は2つあります。まず、受託者が複数である場合、受託者の間で意見が対立した場合、信託事務が停滞してしまい受益者に不利益が発生する可能性があるからです。信託事務を進めるには原則として「過半数」で意思決定をしていく必要があります。受

託者の間で意見がまとまらない場合、信託事務が停滞してしまう可能性があります。

　また、受託者が複数である場合には、信託の金銭を管理する際に開設が推奨されている「信託口口座」が金融機関で開設できないという理由もあります。

　したがって、受託者の候補が複数いる場合であっても、受託者を1人にし、他は後継受託者に選んでおくようにしましょう。

(8)　受託者に報酬を与えることもできる

　家族信託の受託者に報酬を設定するかどうかは自由です。認知症対策として、受託者が自宅や金銭を管理するだけであれば無報酬とする場合が多いです。一方、収益物件を信託する場合には、テナントや管理会社とのやり取りなど受託者の負担が増えますので報酬を設定するケースもあります。

　注意が必要なことは、受託者が報酬を受け取るためには、**必ず信託契約書の中で信託報酬を支払う旨を定めなければならない**ことです。信託契約書に報酬の定めがなければ、報酬を受け取ることができません。

　報酬の定め方や上限・下限などについては法律上の決まりはなく、信託契約書の中で自由に決定することができます。信託契約書において受託者の報酬を定めるには、次のような方法が考えられます。

---

①　具体的な報酬額を設定する方法（例：金3万円を毎月末日に支給する）
②　報酬額の具体的な算定方法を設定する方法（例：信託財産である不動産の賃料収入の○○％を毎月末日に支給する）

---

③ その都度受益者と受託者の協議により決定する方法（例：
相当な額を受益者と受託者との協議により決定し支給する）

　信託財産の規模や信託事務の内容から考えて過大な報酬を設定
すると、税務上、贈与とみなされるリスクがあります。報酬額の
決定に当たっては、成年後見制度における専門家の後見人報酬額
（毎月3～5万円程度）や一般的な不動産の管理報酬（賃料の3～
5％程度）を参考にするとよいでしょう。また、報酬は受託者の
所得となりますので、金額によっては受託者が確定申告を行う必
要が出てきます。**報酬額の決定に当たっては税理士に相談するよ
うにしましょう。**

5　受益者～信託財産から利益を受ける人～

(1)　受益者には2つの権利がある

　受益者とは、**家族信託から利益を受ける人**をいいます。家族信
託では委託者と同一の人物となること（自益信託）がほとんどで
す。親の認知症対策として、高齢になってきた「親」を委託者兼
受益者、「子」を受託者として家族信託を利用するケースが一般
的です。

　受益者は法律上、**「受益権」**という権利を有しています。受益
権とは、信託契約に基づいて受託者に対して様々な請求ができる
権利をいいます。受益権の内容は下記の2つに分けることができ
ます。

① 信託財産の引渡しや給付を求める権利（受益債権）

　例えば、自宅を家族信託した際に引き続き自宅に居住する権利、アパートを家族信託した際に家賃の給付を受ける権利、家族信託した金銭から定期的に生活費などの給付を受ける権利などがこれに当たります。

　具体的にどのような権利内容とするかは、**信託契約**によって定めることになります。

② ①を確保するために受託者に一定の行為を求めることができる権利

　①の権利を確保するために、受益者は受託者に対して様々な行為を求めることができます。例えば、受託者の権限外の行為や利益相反行為を差し止める権利、信託事務の処理状況の報告を求める権利などがあります。

(2)　受益者を途中で変更することはできるのか

　信託契約によって「**受益者変更権**」という権利を設定すれば、家族信託が開始した後に受益者を変更することも可能です。受益者変更権は、委託者だけでなく、受託者や第三者でも行使ができるように設定ができます。

　ただし、受益者を途中で変更した場合には、新たに受益者となった者に**贈与税が課税されることになりますので注意が必要**です。

　認知症対策で利用する家族信託においては、受益者変更権を行使し受益者を変更することは稀ですが、事業承継対策で家族信託を利用した場合に、何らかの理由で後継者（受益者）を変更するような場合などに用いることが想定されます。

(3)　受益者が亡くなったら家族信託はどうなるの？

　受益者が亡くなってしまった場合、家族信託はどうなるのでしょうか。その後の手続きの流れは、信託契約の定めによって異なります。

　受益者の死亡が信託の終了事由となっている場合には、**家族信託は終了する**ことになります。信託が終了した場合には、**信託財産は信託契約によって定めた「帰属権利者」などに引き継がれる**ことになります。

　一方、**受益者が亡くなったとしても信託を続ける場合**（信託契約によって当初の受益者が亡くなった場合には、第二受益者が受益権を取得する旨の定めが置かれている場合）には、**第二受益者のために家族信託は継続**することになります。例えば、当初の受益者を父、第二受益者を母と設定するような場合です。このような信託を、**「後継ぎ遺贈型受益者連続信託」**といいます。「後継ぎ遺贈型受益者連続信託」の詳細は後述いたします。

6　家族信託が開始するまでの流れ

◆図表2−18　家族信託が開始するまでの流れ

（1）	専門家へ相談する
（2）	家族会議を開催する
（3）	専門家へ依頼する
（4）	信託契約書の案文を作成する
（5）	公証役場に信託契約書の案文を提出する
（6）	信託口口座を開設する金融機関に信託契約書の案文を提出する
（7）	公証役場で信託契約を締結する
（8）	登記を申請する
（9）	金融機関で信託口口座を開設する
（10）	信託口口座に信託金銭を送金する

　それでは、次に家族信託が開始するまでの流れを確認していきましょう。最も典型的な「認知症対策として親名義の自宅と金銭を家族信託するケース」を想定して説明していきます。

（1）　専門家へ相談する

　はじめに、司法書士や弁護士などの専門家に相談をしてみましょう。

専門家への相談は敷居が高いと感じる方も多いと思いますが、最近は初回の相談を無料としている専門家も増えています。お近くの専門家に連絡をして相談の予約をとりましょう。最近はオンラインで相談できる事務所が増えています。専門家への初回の相談は、1.5〜2時間程度となることが多いです。

家族信託の相談では、任意後見制度などの他の制度の説明も行うことが一般的であるため相談時間はやや長めになりますが、**親（委託者）と子（受託者）両方（可能であれば家族全員）で相談に行くのが理想です。**

① 自分で家族信託の手続きを行う場合のデメリット

家族信託の手続きは、必ず専門家に依頼しなければならないというわけではありません。しかし、下記のデメリットから、専門家に手続きを依頼することが一般的です。

㈠ 家族信託が機能しなくなるリスクがある

家族信託を開始するためには「信託契約書」を作成しなければなりません。信託契約書は他の契約書と比べて非常に難解です。自分で作成した信託契約書に不備や誤りがあった場合には、親の財産の管理や処分が当初の予定どおりにできなくなる可能性があります。

㈡ 信託口口座の開設ができなくなるリスクがある

信託口口座を開設するためには、事前に金融機関に対して信託契約書を提出する必要があります。ところが、多くの金融機関で、「信託契約書は弁護士などの専門家が作成したものに限る」という口座開設の条件があります。信託口口座は通常の口座と異なり、委託者と受託者で締結された信託契約がベースとなるものです。金融機関としても信託契約が法的にしっかりと成立してお

り、契約書に不備や誤りがないことを確認しなければなりません。そのため、専門家によって作成された信託契約書が求められることが一般的です。

②　専門家を選ぶ際のポイント

依頼する専門家はどのようにして選べばよいのでしょうか。専門家を選ぶ際は次の4つのポイントに注意しましょう。なお、家族信託の専門家は法律で決まっているわけではありませんが、家族信託は信託法という「法律」に基づく制度であり、また、相続や成年後見制度とも深く関係しているので、**法律の専門家である弁護士などに依頼することが一般的です。**

(イ)　家族信託の実務経験が豊富な専門家に相談する

家族信託は、成年後見制度や遺言などと比べるとまだまだ新しい制度であるため、すべての専門家が家族信託の実務経験があるというわけではありません。経験がない、あるいは経験はあるが数件しかないという専門家も多いといわれています。

経験が浅い専門家に依頼すると、契約書に不備が生じたり費用や手間が余計にかかってしまう可能性があります。家族信託は親が存命する間ずっと財産を守っていくとても重要なものです。専門家にも医師と同様にそれぞれ専門分野があります。今後、家族が安心して生活していくために、実務経験豊富な専門家に依頼した方が安心です。

(ロ)　他の対策との比較・検討をしてもらう

家族信託だけが認知症対策というわけではありません。家族の状況や希望に合った最適な対策を選択していくことが重要です。**必ずしも家族信託がベストとは限りません。**

相談では、家族信託の説明を受けるだけでなく、他の対策と具

体的に何が違うのかを質問してみましょう。専門家の中には、報酬が高額であることから「家族信託ありき」の提案をする専門家もいるようなので注意が必要です。

(ハ)　事前に費用を確認する

　家族信託の費用は決して安くはありません。専門家の報酬や登録免許税・公証役場の費用などの実費がどれくらいかかるのかを、しっかり見積書を作成してもらい事前に把握しておきましょう。家族信託の費用については【本章Ⅲ 13「家族信託にかかる費用」】をご覧ください。

(ニ)　対応がスピーディーな専門家に依頼する

　家族信託はできるだけ早くスタートさせるのが賢明です。

　家族信託は委託者（親）と受託者（子）が信託契約を締結することで始まります。万が一、急な病気や事故などによって委託者（親）の判断能力が低下してしまうと、信託契約が締結できず家族信託ができなくなるリスクがあります。家族信託では、委託者（親）は高齢者であることが多いです。高齢者の場合、一見健康な方であってもいつ何が起こるかはわかりません。急に状態が悪化し、家族信託ができなくなってしまったケースを筆者もこれまで何度も経験しています。

　家族信託は迅速に手続きを進めてくれる専門家に依頼するようにしましょう。

(2) 家族会議を開催する

① 家族会議を行う意義

　家族信託は、**委託者と受託者の信託契約**によって開始することができます。そのため、例えば、他の家族には内緒のまま「父親と長男だけ」で契約して家族信託を始めてしまうこともできます。

　しかし、家族信託によって親の口座から受託者の信託口口座にお金を移したり、不動産の名義を受託者に変更したりと、それらはまるで傍から見ると、「生前の遺産分け」を行っているように見えます。もちろん、あくまで受託者は管理権限だけを有しているわけであって財産をもらったわけではありませんが、家族信託の仕組みをよく知らない蚊帳の外に置かれた他の家族はそうは思わないでしょう。これでは**家族信託が家族の軋轢の原因となりかねません**。

　したがって、家族間のトラブルを避けるために、「**家族会議」を通して家族全員でしっかり情報共有し、全員の合意の下で家族信託を進めていくことが望ましい**とされています。家族会議は法律上必須というわけではないですが、多くの専門家が家族会議の開催を推奨しています。相談した専門家に家族会議に一緒に出てもらうのもとても有益です。

② 家族会議のもうひとつのメリット

　家族会議にはもうひとつのメリットがあります。それは、親の**「老後のライフプラン」**を家族全員で共有する場を作れることです。家族会議の中で、「終の棲家」をどこにしたいのか、「介護」は誰にしてほしいのかなど、親の住まいや暮らしなどに関する様々な希望を聞くことになります。また、子供の考えや希望を伝える機会にもなります。

　そのため、検討の結果、**「家族信託はしない」という結論になったとしても、「家族会議」は非常に有意義なものといえます。**家族それぞれの胸のうちを共有することは、今後の家族の生活について考えるよいきっかけとなるでしょう。

(3)　専門家へ依頼する

　家族会議の結果、家族信託を進めていくということであれば、専門家に家族信託の手続きを依頼します。

　依頼の際は、**委託者（親）と受託者（子）が専門家と業務委任契約を締結します。**契約を結ぶことで、家族信託の手続きを専門家に依頼することになります。

　しかし、一口に、家族信託の手続きを依頼するといっても、契約の内容は専門家によって異なります。後々のトラブルを避けるために、内容を十分に確認した上で契約を締結しましょう。

⑷ 信託契約書の案文を作成する

　続けて、家族信託を開始するために必要となる**「信託契約書」
の案文**を作成します。信託契約書の案文は家族信託の手続きを依
頼した専門家が作成します。

　案文を作成するに当たり、家族信託を始めるために必要な様々
な事項を専門家や家族と相談しながら決定していくことになりま
す。決定すべき事項は案件の内容によって異なりますが、どのよ
うな家族信託でも必ず決めなければならない重要事項は、次の図
のとおりです。

◆図表2−19　信託契約書の重要事項

```
重要事項①　信託の目的
重要事項②　信託財産
重要事項③　委託者、受託者、受益者
重要事項④　受託者の権限
重要事項⑤　受益権の内容
重要事項⑥　信託の終了事由
重要事項⑦　残余財産の帰属先
```

⑸　公証役場に信託契約書の案文を提出する

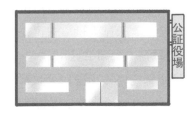

①　信託契約書は公正証書で作成する

　法律上必須ではありませんが、**実務上、信託契約書は公正証書で作成することが一般的です。**

　まず、**信託口口座**を開設する際に、**ほとんどの金融機関で「公正証書」で作成された信託契約書の提出を求められる**という理由が挙げられます。

　また、信託契約書は、特定の財産の管理・処分権限を受託者に移転し、信託終了時の信託財産の承継先まで決める**非常に重大な効果を発生させる契約**です。そのため、公証人が作成に関与する公正証書で作成しておくことで、**後々信託契約の効力や内容などをめぐって、家族間でトラブルになることを防止する**という理由もあります。

　信託契約書を公正証書によって作成してもらうためには、**事前に公証役場に信託契約書の案文を提出し、公証人の確認を受けなければなりません。**案文の提出や公証人とのやり取りは専門家が行います。

②　公証役場は自由に選ぶことができる、出張も可能

　どの公証役場に依頼するかは自由に選ぶことができます。信託契約を締結する際は原則として委託者と受託者が公証役場に行かなければならないので、委託者や受託者の住所地の最寄りの公証

役場を選ぶことが一般的です。ただし、公証人に自宅や病院など
への出張を依頼する場合には、同じ都道府県内の公証人にしか依
頼することができません。公証人は、自己が所属する法務局・地
方法務局の管轄外で職務を行うことはできないからです。した
がって、例えば、東京都内への出張は東京都内の公証人にしか依
頼することができません。もっとも、依頼人が他の都道府県の公
証役場に出向くことは問題ありませんので、例えば、千葉県在住
の方が東京都の公証役場に出向いて信託契約を締結することは問
題ありません。

⑹　信託口口座を開設する金融機関に信託契約書の案文を提出する

　次に、「**信託口口座**」を開設する金融機関にも専門家が作成し
た信託契約書の案文を提出します。公証役場と同様、案文の提出
や金融機関とのやり取りは専門家が行います。

　信託契約書の案文は、金融機関において口座開設の条件を満た
しているかどうか審査されることになります。信託契約書が金融
機関の定める条件を満たさない限り、信託口口座を開設してもら
うことはできません。なお、信託口口座の開設は法律上必須とい
うわけではありません。

　信託口口座の詳細は、【第3章Ⅰ6「「預貯金」の認知症対策⑤
家族信託」】で解説します。

(7)　公証役場で信託契約を締結する

①　公証役場の予約を行う

　　公証人の確認と金融機関の審査が完了したら、次はいよいよ信託契約の締結です。日程調整の上、**事前に必ず公証役場の予約をとらなくてはいけません**。通常、手続きを依頼している専門家に予約をとってもらいます。

　　契約当日は、**原則として委託者と受託者が公証役場に出向く必要があります**。身体が不自由であるため外出が困難である場合などは、出張費を支払い、自宅や病院などに公証人に来てもらうことも可能です。

②　契約当日の流れ

　　信託契約の締結は、一般的に次のような流れで進んでいきます。所要時間は 45 分〜1 時間程度です。

(イ)　公証人が委託者と受託者に対して本人確認を行います。公証人から住所、氏名、生年月日などを確認されることになります。

(ロ)　次に、信託契約の内容確認を行います。信託契約の各条項を公証人が声に出して委託者と受託者に読み聞かせながら、

内容に誤りがないかを確認していきます。

(ハ) 信託契約の内容に間違いがなければ、委託者と受託者双方が信託契約書に署名・押印（実印で押印する）します。これで法律上信託契約が締結されたことになります。

(ニ) 契約締結後、信託契約書の正本を２通（委託者分１通、受託者分１通）公証役場から受領します。そして、公正証書の作成費用を精算して終了となります。

③ 契約当日の持ち物

公証役場で信託契約を締結する際の持ち物は、一般的に次のとおりです。公証役場によっては、本人確認書類（運転免許証、マイナンバーカードなど）が必要となる場合もあります。

・委託者・受託者の印鑑証明書（契約時点において発行後３カ月以内のもの）　各１通
・委託者・受託者の実印
・公正証書の作成費用（現金で持参する）

(8) 登記を申請する

信託の契約を締結したら、速やかに**委託者（親）から受託者（子）に名義変更の登記（所有権移転登記＋信託登記）**を申請し

なければなりません。登記は信託した不動産を管轄する法務局に対して申請します。登記の手続きは、家族信託の手続きを依頼した専門家が司法書士であれば、その司法書士がそのまま行うことになります。司法書士以外の専門家であった場合には、その専門家が提携している司法書士を紹介してもらうことになるでしょう。

登記手続きが必要となるのは、**「不動産」を家族信託した場合のみ**です。金銭や株式だけを信託した場合には登記を行う必要はありません。

登記手続きの詳細は【第3章Ⅱ「「自宅」の認知症対策」】で解説します。

●登記の省略はできない

登記は法律上の義務となっていますので省略することはできません。登録免許税や司法書士の費用を節約したいなどの理由で登記をしたくないという相談を受けることもありますが、登記を回避することはできません。また、登記をしなければ将来信託した不動産を売却したり、賃貸することはできません。これでは家族信託をした目的を達成することができなくなる可能性もあります。

(9) 金融機関で信託口口座を開設する

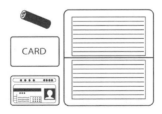

次に、事前の審査を受けている金融機関において**「信託口口座」**を開設します。口座開設と(8)で説明した登記申請を必ずしも

順番に進める必要はありません。信託契約を締結したら速やかに両方とも行うのが理想です。

　口座開設には信託契約の正本又は謄本が必要となりますので、信託契約の締結「後」でなければ口座開設を行うことはできません。

⑽　信託口口座に信託金銭を送金する

　信託口口座の開設が完了したら、**信託契約書で定めた信託金銭**を委託者（親）の口座から**信託口口座に送金します**。例えば、信託契約書の信託財産を定める条項に「金1,000万円」と定めていた場合には、委託者（親）の口座から信託口口座に「金1,000万円」を送金しなければなりません。

　信託契約を締結したからといって、自動的に委託者（親）の口座から信託口口座に信託金銭が移るわけではありません。信託契約後、速やかに送金の手続きを行いましょう。

7　信託の目的とは

　家族信託を開始するためには、信託契約において必ず「**信託の目的**」を定めなければなりません。信託の目的は、信託の基本的な方向性を示す**必要不可欠な要素**です。「**信託の存在理由**」ともいえます。

　したがって、受託者は常に信託目的達成のために信託事務を遂

行していかなくてはなりません。信託事務を進めていく中で、何か判断に迷うようなことがあれば、信託目的に照らして適切かということを常に考えなければなりません。その意味で、信託目的は「**受託者の行動指針**」となります。また、受託者は**信託の目的の範囲内で信託財産の管理や処分をする権限を有することになります**。

＜信託目的の記載例＞

第●条（信託の目的）

　本契約に基づいて設定された信託（以下「本信託」という）は、信託財産の適正な保全、管理、運用及び処分その他本信託の目的達成のために必要な行為を行い、受益者の従前と変わらぬ安定した生活と福祉を確保した上、信託財産の有効活用を図り、これを適正に承継させることを目的とする。

8　家族信託できる財産・できない財産

(1)　家族信託できる財産とは

　財産的な価値があるもの（金銭に見積もることができるもの）であれば何でも信託の対象にできるとされています。

　よって、不動産、動産、現金、債権、株式、有価証券、知的財産権などを家族信託の対象とすることが可能です。実務上は、自宅やアパートなどの不動産や現金を家族信託の対象とするケースが多いです。

　ただし、下記の財産を信託する際には事前の承諾などが必要と

なるので注意しましょう。

① 借地権

　法律上、**借地権も家族信託の対象とすることは可能**です。しかし、家族信託によって借地権が委託者から受託者に譲渡されることになりますので、**事前に賃貸人（所有者）の承諾を得なければなりません**[※]。

　また、承諾が得られたとしても賃貸人（所有者）に対して**承諾料を支払わなくてはならない可能性**があります。事前に賃貸人に相談してみましょう。

[※]　借地権とは建物の所有を目的とする地上権又は土地の賃借権をいいます。承諾が必要となるのは、「賃借権」の場合のみです。地上権の場合、承諾は不要です。実務上、ほとんどの借地権は賃借権です。

② 譲渡制限株式

　譲渡制限株式とは、株式を第三者に譲渡する際に会社の承認が必要となる株式をいいます。中小企業の株式は、たいてい譲渡制限株式です。

　譲渡制限株式も家族信託の対象とすることは可能です。しかし、家族信託によって株式が委託者から受託者に譲渡されることになりますので、**事前に会社（株主総会や取締役会など）の承認を得なければなりません。**

(2) 家族信託できない財産とは

　家族信託できない財産も中にはあります。代表的なものは次の2つです。

① 農地

　農地法によって、農地は、売買や贈与の場合と同様に農業委員会の許可又は届出がないと信託をすることができないとされています。許可や届出がない場合には、信託契約の効力は発生しないことになります。

　そして、農地法上、受託者として認められるのは農業協同組合などの一定の法人に限られており、家族を受託者とする家族信託では許可等を得ることが極めて難しいとされています。

　したがって、**農地を農地のままで家族信託することはできない**ということになります。

　農地を家族信託の対象としたい場合には、農地転用の許可等（農地法4）により事前に非農地化を行うか、又は転用目的の権利移転の許可等（農地法5）により所有権移転後に速やかに非農地化を行う必要があります。**農地が宅地などに変更されれば、通常どおり家族信託すること**が可能です。なお、登記簿上の地目が農地（畑、田）であったとしても、現況が農地でなければ農地法の適用は受けることはありません。登記の地目を変更した上で、家族信託の対象とすることは可能です。

　しかし、ケースによってはすぐに非農地化するのが難しいこともあります。そのような場合、農業委員会の許可などを得ることを条件とする「条件付きの信託契約」を締結する方法が考えられます。この場合、信託契約の時点において、農地については家族信託の効力は発生しません。将来許可などが得られた時点で信託の効力が発生し、受託者による管理がスタートすることになります。

② 年金

　年金を受け取る権利（年金受給権）についても、家族信託の対象とすることができません。なぜなら、法律上、年金受給権を譲渡することが禁止されているからです。

　そのため、年金は、受託者（子）の信託口口座で受け取ることができません。本人（親）名義の口座でしか年金を受け取ることはできません。

9　信託財産を追加する方法

(1)　追加信託とは

　家族信託が開始した後に、**信託財産を新たに追加する場合にはどのような手続きが必要になるのでしょうか**。例えば、当初は委託者（親）が持っていた金銭の半分を信託したが、親の体調が悪化してきたので残りの金銭も追加で信託したいというようなケースや、固定資産税や修繕費を支払うに当たり信託金銭が不足しているので追加で金銭を信託したいというようなケースなどが考えられます。

　家族信託が開始した後に財産を追加で信託する場合には「**追加信託**」を行う必要があります。

　追加信託は新たな信託契約の締結と同じような性質を有しているので、**委託者と受託者の合意**が必要となると考えられています。法律上、追加信託の方法は明確には定められていませんが、実務上は信託契約書にその方法を明記しておくことが一般的です。また、追加信託を行う際は委託者と受託者の間で合意の書面を取り交わしておくことが望ましいとされています。

<追加信託の条項例>

第●条（信託財産の追加）

　委託者は、本信託の目的を達成するため、受託者に書面による通知をしてその同意を得た上、信託財産として、金銭及び有価証券等の金融資産を追加信託することができる。

(2)　委託者の判断能力低下後は追加信託ができなくなる可能性も

　上記のように、追加信託を行うには、委託者と受託者の合意が必要になると考えられています。また、合意後、委託者の口座から信託口口座に追加信託する金銭を送金しなければなりません。そのため、**委託者の判断能力が認知症などで低下した後は、追加信託ができなくなる**可能性がありますので注意しましょう。

◆図表2−20　追加信託

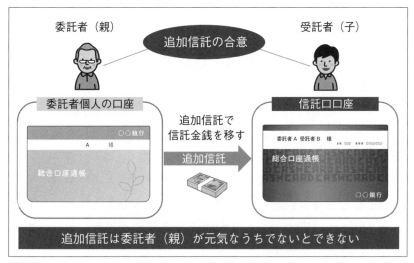

10 家族信託を変更する方法

(1) 家族信託を変更するには

　家族信託は、ケースによってはかなり長期間継続するものもあります。そのため、当初の事情が変わったり、想定外の事態が発生し、受益者への給付内容を変更するなど信託の変更が必要となる場合があります。

　信託法上、信託の変更は、原則として「**委託者、受託者及び受益者の合意**」によって行うとされています。ただし、信託の目的に反しないことが明らかであるときなど一定の要件を満たす場合には、三者の合意がなくとも信託の変更が可能です。受託者や受益者が単独で変更できる場合もあります。

　信託契約書に信託法と異なる変更方法を定めることもできます。例えば、「信託の目的に反しない限り、**受託者及び受益者の合意**によって信託の変更をすることができる」とする条項を定めた信託契約書がよく見受けられます。

(2) 受益者の判断能力低下後は変更できなくなる可能性も

　ところが、信託の変更に"受益者"（親）の合意が必要となる定めにしておくと、**受益者（親）の判断能力が低下した後は、信託の変更ができなくなるおそれ**があります。

　そこで、受益者の判断能力が低下した後に備えて、信託の変更を受託者と受益者代理人との合意によってもできるようにする、また、信託法の定めどおりの変更方法を信託契約書に設けるなどの方法が考えられます。

11 家族信託の終了

　家族信託は、信託契約書や信託法で定められた**「終了事由」**が発生し、債権・債務の清算、帰属権利者への残余財産の給付が完了することによって終了します。

◆図表2-21　信託の終了

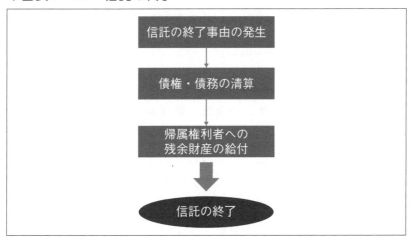

(1)　信託の終了事由

　信託の終了事由は信託法によって定められていますが、ケースによっては終了事由に該当しているかどうかが不明確となる可能性があります。したがって、**信託契約書に終了事由を明記すること**が一般的です。実務上、次のような終了事由が定められていることが多いです。

> ・受益者（親）が死亡したとき
> ・信託期間が満了したとき
> ・受益者（親）と受託者（子）が信託終了の合意をしたとき

　認知症対策に利用する家族信託では、**親が亡くなったときに終了させる**ことが多いでしょう。

　信託終了後の手続きは、**「清算受託者」** が行います。清算受託者には、信託が終了した時点の受託者がそのまま就任することが一般的です。

(2)　債権・債務の清算

　信託の終了事由が発生した後は、信託財産に関する**債権・債務を清算**します。

　信託財産に関する債権で未回収のものがあれば、清算受託者はその回収をしなければなりません。例えば、アパートなどの収益不動産を信託していた場合の賃料などがこれに当たります。

　また、信託財産に関する債務で未払いのものがあれば、清算受託者はその弁済をしなければならないのが原則です。もっとも、家族信託では、清算受託者が債務を弁済することはほとんどなく、そのまま帰属権利者が債務を引き継ぐことが一般的です。例えば、ローンが残っているアパートを家族信託した場合、信託の終了時にアパートを売却しローンを返済するのではなく、債務者の承諾を得て賃料アパートとローンをそのまま帰属権利者が引き継ぐことになるでしょう。

(3)　帰属権利者への残余財産の給付

　債権・債務の清算が完了したら、残された信託財産（残余財

産）を「帰属権利者」に引き継ぐことになります。残余財産の給付を受ける者を帰属権利者といいます。

　帰属権利者は、信託契約書によって定めることが一般的です。信託財産は相続財産ではありませんので、遺産分割協議や遺言によって承継先を決めることはできないとされています。そのため、**帰属権利者は信託契約書の中で明確に定めておくとよいで**しょう。

　残余財産が不動産の場合は、帰属権利者への所有権移転登記と信託登記の抹消登記を申請することになります。金銭の場合は、信託口口座を解約し、残金を帰属権利者の口座に送金することになります。

12　後継ぎ遺贈型受益者連続信託とは

(1)　後継ぎ遺贈型受益者連続信託とは

　後継ぎ遺贈型受益者連続信託とは、当初の受益者の死亡により、当該受益者の有する受益権が消滅し、他の者が新たな受益権を取得する旨の定めのある信託をいいます。つまり、**当初の受益者が死亡したとしても信託が終了せず、第二受益者（さらにその先の受益者を設定することもできます）のために存続する信託**ということになります。

(2)　後継ぎ遺贈型受益者連続信託で「両親」の認知症対策ができる

①　後継ぎ遺贈型受益者連続信託のメリット

　例えば、図表2−22のように父を委託者兼受益者、長男を受託

者とする家族信託を開始するとしましょう。この場合、父が死亡したときに家族信託を終了させるという設定もできますが、後継ぎ遺贈型受益者連続信託として設計し、**「母を第二受益者として」信託を存続させる**こともできます。

◆図表2−22　後継ぎ遺贈型受益者連続信託の基本イメージ

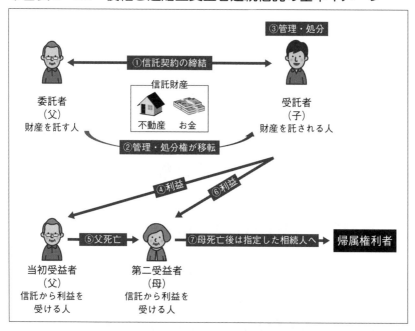

父の認知症対策だけを考えれば、父が生きている間だけ信託を続けることで十分ですが、例えば、父の希望として、自分が亡くなった後は、自宅や金銭を母に相続させたいと考えている場合には、後継ぎ遺贈型受益者連続信託はとても有効です。

当初の受益者である父が死亡した場合に信託を終了させて母を帰属権利者とした場合や家族信託を利用せず遺言で母に財産を遺すとした場合には、父が亡くなったときに母が認知症等で判断能

力を失っていると、**父から引き継いだ財産が母が承継した瞬間に凍結してしまいます。**

　これに対して、後継ぎ遺贈型受益者連続信託を設定していれば、**母に承継させたい財産は、父が死亡後も引き続き母を受益者として受託者である長男が管理できます。**母の判断能力が失われていても、財産が凍結することはありません。母は父から引き継いだ財産を長男に管理してもらいながら、受益者として利益だけを受け取ることができるのです。

　後継ぎ遺贈型受益者連続信託を利用することで**父の認知症対策だけでなく、「母」の認知症対策も同時に行うことができる**のです。

　そして、母が亡くなった場合には、信託契約書で定めた**帰属権利者**（子）に財産が引き継がれることになります。つまり、後継ぎ遺贈型受益者連続信託は「母の遺言」と同じような役割があります。後継ぎ遺贈型受益者連続信託は、財産承継の道筋を自由に決定できますので、他にも、長男に先祖代々の不動産を引き継がせたいが、長男には子がおらず、長男亡き後は次男の子（孫）に不動産を承継させたい場合（何もしないと長男の妻に不動産が承継されてしまう可能性がある）などに利用されることがあります。

②　遺言との違い

　「**遺言**」では、後継ぎ遺贈型受益者連続信託とは異なり「**先の先」まで（母の次の承継先まで）決めることはできない**とされています。遺言では、「父→母」までの流れは決定することができますが、母の次に誰に財産を引き継がせるのかは、父の遺言では決めることができません。

◆図表 2−23　後継ぎ遺贈型受益者連続信託の具体例

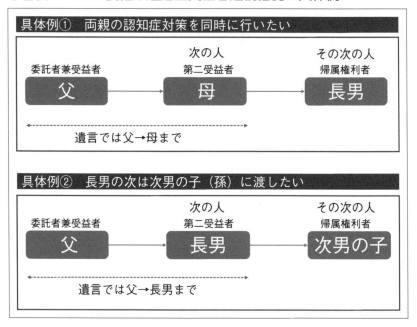

(3)　後継ぎ遺贈型受益者連続信託の注意点

　後継ぎ遺贈型受益者連続信託は、法律上、信託開始から「**30 年**」を経過したとき以後に現に存する受益者が当該定めにより受益権を取得した場合であって当該受益者が死亡するまで又は当該受益権が消滅するまでの間、存続するとされています。

　つまり、30 年経過後の新たな受益権の取得は 1 回しかできず、その受益権を取得した受益者が死亡した場合には信託は終了することになります。信託開始から 30 年で信託が終了してしまうわけではありません。

　長期間にわたって後継ぎ遺贈型受益者連続信託が続く可能性がある場合には、十分に注意しましょう。

13 家族信託にかかる費用

　次に、家族信託にかかる費用について確認しましょう。初期費用、継続的にかかる費用、終了時にかかる費用の３つに分けて解説します。

(1) 初期費用

　家族信託にかかる一般的な初期費用は下記の図のとおりです。

◆図表２－24　家族信託の初期費用

費用の種類	費用の目安	概要
①専門家のコンサルティング費用	信託財産の評価額の0.8〜1%	専門家に家族信託の設計や契約書の作成を依頼する費用
②司法書士の費用 ※不動産を信託した場合のみ	約8〜10万円	信託登記の申請を司法書士に依頼する場合の費用
③公正証書の作成費用	約3〜10万円	契約書を公正証書にするときに公証役場に支払う費用
④登録免許税 ※不動産を信託した場合のみ	固定資産税評価額×0.3〜0.4%	登記申請の時に法務局に支払う税金
⑤印紙税	契約書１件につき200円	契約書に貼付する収入印紙代
⑥信託口口座の開設費用	１口座につき約3〜10万円	金融機関に支払う口座開設費用 ※費用が無料の金融機関もあり
⑦資料収集費用・郵送費	約5,000円〜1万円	戸籍謄本や印鑑証明書などの取得費用や郵送費

　信託契約の内容や財産の評価額によって異なりますが、金銭を家族信託した場合の初期費用は約20〜40万円、自宅を家族信託した場合の初期費用は約40〜70万円、収益物件（アパートや駐車場など）を家族信託した場合の費用は約50〜100万円となるのが一般的です。

それでは、費用の種類ごとに確認していきましょう。

①　専門家のコンサルティング費用

費用の目安［信託財産の評価額の 0.8〜1％］

　コンサルティング費用とは、弁護士や司法書士などの専門家に家族信託のスキーム設計や信託契約書の作成などを依頼する費用です。信託財産の評価額の 0.8〜1％程度（最低 30 万円）がコンサルティング費用の相場です。

　家族信託を始めるためには、遺言や成年後見制度など他の制度との比較・検討、家族の状況や希望、資産規模に応じた個別のスキーム構築など家族にとって最適な「設計図」を作ることが何より大切です。その設計図の作成に必要となる費用がコンサルティング費用です。専門家によってコンサルティング内容、金額、費用体系などは異なります。依頼する前にしっかり確認をしましょう。

②　司法書士の費用　※不動産を信託した場合のみ

費用の目安［8〜10 万円］

　不動産を信託する場合には、管轄の法務局に登記を申請する必要があります。登記申請は登記の専門家である司法書士に依頼するのが一般的です。司法書士へ依頼した場合の費用はおよそ 8〜10 万円が相場です（依頼する司法書士によって異なります）。費用は不動産の評価額や不動産の個数によって変わることが多いです。①の信託のコンサルティングを司法書士に依頼している場合には、同じ司法書士に登記までまとめて対応してもらうことができます。

③ 公正証書の作成費用

費用の目安 ［3～10万円］

　家族信託は、委託者と受託者で「信託契約」を締結することによって開始します。そして、信託契約書は**「公正証書」**で作成するのが一般的です。

　公正証書の作成費用として、下記の図のとおり信託財産の価額に応じて基本手数料がかかります。また、証書の枚数によって手数料が加算されます（4枚を超えるときは、超える1枚ごとに250円加算）。家族信託の場合、3～10万円程度に収まるケースがほとんどでしょう。

◆図表2−25　公正証書の基本手数料

目的の価額	手数料
100万円以下	5,000円
100万円を超え200万円以下	7,000円
200万円を超え500万円以下	1万1,000円
500万円を超え1,000万円以下	1万7,000円
1,000万円を超え3,000万円以下	2万3,000円
3,000万円を超え5,000万円以下	2万9,000円
5,000万円を超え1億円以下	4万3,000円
1億円を超え3億円以下	4万3,000円に超過額5,000万円までごとに1万3,000円を加算した額
3億円を超え10億円以下	9万5,000円に超過額5,000万円までごとに1万1,000円を加算した額
10億円を超える場合	24万9,000円に超過額5,000万円までごとに8,000円を加算した額

④ 登録免許税　※不動産を信託した場合のみ

費用の目安 ［固定資産税評価額×0.3～0.4%］

　不動産を信託する場合には、管轄の法務局に登記を申請する必

要があります。その際に法務局へ納めなければならないのが**登録免許税**です。登録免許税は不動産の固定資産税評価額を基準に次のとおり計算されます。

(イ)　土地　固定資産税評価額 × 0.3%
　※原則は 0.4%。2023 年（令和 5 年）3 月 31 日までの特例措置。
(ロ)　建物　固定資産税評価額 × 0.4%

　例えば、土地が 2,000 万円、建物が 800 万円の不動産を信託する場合、土地の登録免許税が 6 万円（2,000 万円 × 0.3%）、建物の登録免許税が 3 万 2,000 円（800 万円 × 0.4%）、登録免許税は合計 9 万 2,000 円となります。

　所有不動産の固定資産税評価額を知りたいときは、市区町村から毎年 4～5 月に送られてくる固定資産税の納税通知書に付いている「課税明細書」を見てみましょう。市区町村によって異なりますが、「評価額」や「価格」という項目に、土地や家屋の固定資産税評価額が記載されています。

⑤　印紙税
費用の目安［契約書 1 件につき 200 円］
　印紙税法という法律によって、信託契約書には 200 円の収入印紙を貼付する必要があります。信託財産の金額によって収入印紙の金額が変わることはありません。

⑥ 信託口口座の開設費用

費用の目安［1口座につき約3～10万円］

　金銭を家族信託する場合には、信託された金銭が受託者によって安全・適切に管理がなされるように、**「信託口口座」**という信託専用の口座を開設することが実務上推奨されています。

　信託口口座の開設には、金融機関によって異なりますが、1口座につき3～10万円程度の費用がかかることが多いです。金融機関によっては開設費用を無料としているところもあります。

　信託口口座の詳細は【第3章Ⅰ6「「預貯金」の認知症対策⑤家族信託」】で解説します。

⑦ 資料収集費用・郵送費

費用の目安［約5,000円～1万円］

　その他、家族信託を始める際には戸籍謄本や印鑑証明書、不動産の登記簿謄本を取得する必要があります。また、資料の収集や不動産の登記申請で郵送費がかかります。これらの費用が合計で約5,000円～1万円かかります。

(2) 継続的にかかる費用

　家族信託が開始した「**後**」は、**原則として費用はかかりません。**

　成年後見制度において弁護士や司法書士などの専門家が成年後見人や成年後見監督人になった場合には、専門家に対する報酬が継続的にかかることになります。これに対して、家族信託では専門家に継続的に報酬を支払うことは基本的にありません。

　ただし、以下の場合には継続的に費用がかかることになります。

① 受託者に報酬を支払う場合

　信託契約書において受託者に報酬を支払う旨を定めた場合には、家族信託が終了するまで受託者の報酬がかかります。

② 信託契約を変更する場合

　何らかの理由で信託契約を変更する場合には、変更内容に応じて公証人費用や登記費用などがかかります。変更手続きを専門家に依頼した場合には、専門家の費用がかかります。

③ 信託監督人や受益者代理人として専門家を定めた場合

　受託者を監督し受益者の利益を守るために、信託契約書において信託監督人や受益者代理人を定めることができます。信託監督人や受益者代理人を弁護士・司法書士などの専門家に依頼した場合には、家族信託が終了するまで専門家の報酬がかかります。

(3)　終了時にかかる費用

　家族信託の終了時にかかる費用は、次のとおりです。典型的な終了事由である家族信託が「受益者(親)の死亡」によって終了し、相続人が帰属権利者となっている場合を想定して考えてみましょう。

① 不動産を帰属権利者に引き継ぐ場合

　不動産を帰属権利者に引き継ぐ場合には、帰属権利者への所有権移転登記と信託登記の抹消を行う必要があります。登記には下記の費用がかかります。

- 登録免許税（所有権移転登記）：不動産の固定資産税評価額
  の 0.4%
  　　　　　　　　　　　（※帰属権利者が相続人の場合）
- 登録免許税（信託の抹消登記）：不動産の個数× 1,000 円
- 司法書士報酬：8～10 万円程度

②　金銭を帰属権利者に引き継ぐ場合

　金銭を帰属権利者に引き継ぐ場合には、信託口口座を解約して
帰属権利者の口座に送金する必要があります。その際、金融機関
所定の振込手数料がかかります。

14　家族信託にかかる税金は？

　次に、家族信託にかかる税金について確認していきましょう。
　実務上、認知症対策で利用される家族信託の大部分は「自益信
託」（委託者＝受益者となる信託）であるため、以下、**家族間で
行われる自益信託であることを前提に信託開始時、信託期間中、
信託終了時の 3 つに分けて解説します。**

(1)　信託開始時にかかる税金

　家族信託では、委託者（親）から信託された財産（信託財産）
の所有権は受託者に移転し、受託者が信託財産の所有権を有する
ことになりますが、信託財産は「受益者」（親）のために管理・
運用され、信託財産から生じる利益は受益者（親）が受け取るこ
とになります。そのため、**税法上、信託財産の実質的な所有者は
「受益者」（親）となります（受益者課税の原則）。**

したがって、自益信託では、贈与税、不動産取得税などはかかりません。なぜなら、利益を受ける人は家族信託の前後で変わらないからです。

家族信託開始時にかかる税金は、一般的に下記の２つです。

①　印紙税

信託契約書には、**1 通につき 200 円の印紙税**がかかります。

②　登録免許税　※不動産を信託した場合のみ

不動産を信託する場合には、登録免許税がかかります。登録免許税は**固定資産税評価額の 0.4％**が原則となりますが、土地については、2023 年（令和 5 年）3 月 31 日までは **0.3％**（租税特別措置法 72 ①二）となっています。

信託が開始した場合、受託者は、信託が開始した月の翌月末日までに、税務署に「信託に関する受益者別調書」と「信託に関する受益者別調書合計表」を提出しなければなりません。ただし、自益信託である場合には提出は不要です。

---

(2)　信託期間中にかかる税金

①　固定資産税・都市計画税　※不動産を信託した場合のみ

信託財産に不動産がある場合、これまでどおり固定資産税・都市計画税が課税されます。家族信託を開始した翌年の納税通知書は、「受託者」に届くことになり、原則として受託者が信託財産から支払うことになります。

② 所得税・住民税　※収益物件などを信託した場合

　信託財産の名義は受託者となっていますが、信託財産から発生する収益や費用については、税法上は実質的な所有者である**「受益者」に帰属**することになります。したがって、これまでどおり**不動産所得についての所得税・住民税は受益者に課税される**ことになります。なお、不動産を譲渡した場合、譲渡所得についての所得税・住民税も受益者に課税されることになります。

　信託した不動産ついては、損益通算ができなくなることに注意が必要です。詳細は【第3章Ⅲ5「「収益物件」の認知症対策④家族信託」】をご覧ください。

　また、信託財産から**収益**が発生する場合、下記の税務上の手続きが必要となります。

(イ)　「信託の計算書」「信託の計算書合計表」の提出

　信託財産がアパートや駐車場などの「収益」が発生する財産である場合には、受託者は、毎年1月31日までに、「信託の計算書」「信託の計算書合計表」を税務署に提出しなければなりません。ただし、**信託財産の収益が年間で合計3万円以下の場合には提出は不要**（確定申告を要しない配当等が含まれている場合には、3万円以下でも提出が必要）です。

　したがって、自宅や配当がない自社株を信託する場合には、信託の計算書などを提出する必要はありません。

(ロ)　「信託から生じる不動産所得に係る明細書」の提出
　　　※不動産所得がある場合のみ

　受益者の確定申告の際に、「信託から生じる不動産所得に係る明細書」を提出しなければなりません。

---

③ 贈与税・相続税

　信託期間中に受益者に変更があった場合には、新受益者が贈与又は遺贈により受益権を取得したものとみなして、新受益者に贈与税又は相続税が課税されます（相続税法9の2②）[※]。

※　適正な対価を負担せずに新受益者となった場合。

　受益者を変更した場合、受託者は、受益者を変更した月の翌月末日までに、税務署に「信託に関する受益者別調書」と「信託に関する受益者別調書合計表」を提出しなければなりません。ただし、受益者別の信託財産の相続税評価額が50万円以下の場合には提出は不要です。

---

(3)　信託終了時にかかる税金

帰属権利者＝信託終了時の受益者の場合

　受益者と受託者の合意で信託を終了した場合など、受益者が存命中に信託が終了し、帰属権利者が信託終了時の受益者となっている場合には、**特に課税は発生しません**（ただし、不動産を信託した場合、信託登記抹消の登録免許税がかかります）。

　例えば、父を委託者兼受益者、長男を受託者として家族信託を開始した場合で、父が存命中に信託を合意終了し、父が帰属権利者である場合がこれに当たります。

帰属権利者≠信託終了時の受益者の場合

　受益者の死亡により信託が終了した場合など、帰属権利者が信託終了時の受益者でない場合は、下記の税金がかかります。例えば、父を委託者兼受益者、長男を受託者として家族信託を開始し

た場合で、父の死亡により信託が終了し、父の相続人が帰属権利者であった場合がこれに当たります。

① 贈与税・相続税

　信託が終了した場合には、帰属権利者が贈与又は遺贈により残余財産を取得したものとみなして、帰属権利者に贈与税又は相続税が課税されます（相続税法9の2④）[※]。

※　適正な対価を負担せずに帰属権利者となった場合。

② 所有権移転登記の登録免許税　※不動産を信託した場合のみ

　原則として、受託者から帰属権利者への**所有権移転登記の登録免許税**（固定資産税評価額の2%）がかかります。ただし、**帰属権利者が委託者の相続人**であった場合（他にも一定の要件があります）には、登録免許税は**固定資産税評価額の0.4%**となります。

③ 信託登記抹消の登録免許税　※不動産を信託した場合のみ

　不動産の個数×1,000円の登録免許税がかかります。

④ 不動産取得税　※不動産を信託した場合のみ

　原則として、不動産取得税（固定資産税評価額の3〜4%）がかかります。ただし、**帰属権利者が委託者の相続人**であった場合（他にも一定の要件があります）には、不動産取得税は**非課税**となります。

　信託が終了した場合、受託者は、信託が終了した月の翌月末日までに、税務署に「信託に関する受益者別調書」と「信託に

関する受益者別調書合計表」を提出しなければなりません。ただし、受益者別の信託財産の相続税評価額が 50 万円以下の場合や残余財産がない場合などには提出は不要です。

15 家族信託のメリットとデメリット・注意点

　ここまで家族信託の概要や重要ポイントについて説明してきましたが、次に家族信託のメリットとデメリット・注意点について確認します。認知症対策をスタートする前にしっかり理解しておきましょう。

(1)　家族信託のメリット
①　財産の凍結を回避できる
　親が元気なうちに家族信託を利用することで、親の判断能力が認知症等で低下しても、信託契約によって定めた信託財産については財産の凍結を避けることができます。

②　成年後見制度と異なり、家族だけで財産管理ができる
　成年後見制度のように、親の財産が家庭裁判所の監督下に置かれることがありません。弁護士・司法書士などの専門家によって財産を管理されることもありません。信託監督人や受益者代理人として専門家を定めていなければ、受託者が専門家の監督を受けることもありません。

③　成年後見制度に比べて、柔軟な財産管理ができる
　成年後見制度は、その制度趣旨から成年後見人が自由に財産管

理を行うことはできません。これに対して、家族信託の場合には、信託契約で定めた信託目的の範囲内で、受託者による柔軟な財産管理が可能となります。

④　柔軟な財産承継が実現できる

家族信託には、遺言と同様、財産承継の機能があります。また、後継ぎ遺贈型受益者連続信託を利用すれば、遺言ではできないとされている「先の先」まで承継先を決定できます。

⑤　親の詐欺対策ができる

家族信託を利用することによって、受託者が管理する「信託財産の箱」（100ページ参照）を作ることができます。親の財産の箱から信託財産の箱に財産を移転しておけば、仮に親が詐欺などにあったとしても被害をある程度抑えることができます。なぜなら、親が引き出せるのはあくまで「親の財産の箱」に入っているお金だけだからです。信託財産は受託者によって守られることになります。

(2)　家族信託のデメリット・注意点

①　初期費用がかかる

家族信託を開始するには、専門家の報酬、登録免許税（不動産を信託した場合）、公正証書の作成費用などの初期費用がかかります。

②　判断能力があるうちにしか家族信託はできない

家族信託は、認知症対策として非常に有効な手段です。しかし、親が認知症などによって判断能力を喪失した後は利用するこ

とはできません。

③ 家族信託の開始と同時に信託財産の管理権限は受託者に移る

家族信託が始まると、信託契約書で定めた**信託財産については受託者に管理権限が移転する**ことになります。金銭については新たに作成する受託者の信託口口座に移します。また、不動産については登記の名義を受託者に変更します。

つまり、家族信託が開始すると、委託者（親）は信託財産を自分では管理できなくなってしまうということです。実際の相談では、この点に心理的な抵抗を感じる方が少なくありません。認知症になったら受託者に任せるのはいいけれど、今すぐに財産の権限が移転してしまうのは受け入れられない…ということです。

このような場合、あくまで移転するのは「管理する権限だけ」であって、受益者として利益を受け取る権利はこれまでどおり自分が持っているということを親に理解してもらうことが大切です。

④ 受託者の候補がいないと利用できない

家族信託は、財産の管理を信頼できる「**家族**」にお願いする制度です。したがって、**依頼できる「家族」がいない場合には、家族信託を利用できません**。もっとも、厳密に言うと、家族でなくても、受託者を「業として」（収益や報酬を得るために不特定多数に対して反復・継続的に行うこと）行うのでなければ、「知人」などに受託者を依頼することも不可能ではありません。

受託者がいない場合、信託会社や信託銀行に受託者をお願いする「商事信託」の利用も選択肢として考えられます（商事信託の詳細は【第3章Ⅲ6「「収益物件」の認知症対策⑤　商事信託」】

をご覧ください)。

⑤ 受託者に対する監督機能が弱い

　成年後見制度と異なり、家族信託では原則として受益者が受託者を監督するので、**受託者が家庭裁判所や専門家などの第三者の監督を受けることはありません**。第三者に受託者を監督させる場合には、信託契約によって信託監督人や受益者代理人を設置することになります。

16　家族信託のよくある「3つ」の誤解

　実際の認知症対策の相談でよく見受けられる「家族信託のよくある3つの誤解」について解説します。

　家族信託は、新しい制度ゆえに、インターネットなどでは誤った情報が出回っていることがあります。利用を検討している方は一度弁護士や司法書士などの専門家に相談することをお勧めします。

(1)　▶誤解1　相続税の節税ができる

　家族信託には相続税の節税の効果はありません。家族信託によって、委託者（親）の財産の名義を受託者（子）に変更することになりますが、親の財産が少なくなるわけではありません。親は受益者として「受益権」を持っているので、実質的には財産の減少はないと考えられるからです。

(2)　▶誤解2　受託者はすべての財産を管理できる

　受託者の権限が及ぶ範囲は、信託契約書で定めた「**信託財産**」

に限定されます。したがって、家族信託の対象としなかった財産（信託財産の箱に入れなかった財産）は、認知症などにより凍結するリスクがあるということに注意しましょう。信託財産以外の財産を管理する権限は受託者にはありません。

　成年後見人の権限が原則として「全財産」に及ぶことと混同しないようにしましょう。

(3)　▶誤解3　受託者は何でもすることができる

　受託者であるからといって何でもできるというわけではありません。あくまで、受託者は、**信託目的の範囲内で受益者のために信託事務を行っていかなければなりません**。また、【本章Ⅲ4「受託者～財産の管理を託される人～」】で説明した受託者の義務を遵守していかなければなりません。

認知症対策の前に必ず理解しておきたい、「家族信託」と「遺言」の違いとは？

　認知症対策のスタート前にしっかりわかっておきたいのが、**家族信託と遺言の違い**です。どちらも重要な制度ですが、そもそも両者は役割が異なります。

　家族信託は「財産の管理＋財産の承継」のための制度、**遺言は「財産の承継」のための制度**です。

◆図表 2−26　家族信託と遺言の違い

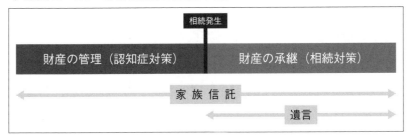

　家族信託と遺言の主な違いは下記のとおりです。なお、家族信託と遺言が同時に存在した場合には、家族信託の方が優先されます。

❶　認知症対策の機能があるかどうか

　家族信託の場合、家族信託の開始と同時に、信託財産の管理権限を受託者に移転することになります。したがって、信託財産については認知症の発症などによる財産凍結のリスクはありません。

　これに対して、遺言の場合、このような機能はありません。遺言はあくまで「相続発生後」に効力が発生するものですので、生前の認知症対策の機能はありません。

❷　開始方法

　家族信託は、一般的に委託者と受託者が**「信託契約」**を締結することによって開始します。

　これに対して、遺言は**「単独行為」**といって遺言者が一人で行う法律行為です。

❸　「次の次」の承継先まで決定できるか

　家族信託の場合、後継ぎ遺贈型受益者連続信託（当初の受益者が死亡したとしても信託が終了せず、第二受益者のために存続する信託）とすれば、自分が亡くなった後の「次の次」まで財産の承継を決定で

きるということになります。詳細は、【本章Ⅲ12「後継ぎ遺贈型受益者連続信託」】をご覧ください。

　これに対して、遺言では、自分が亡くなった後の「次の次」までは決定できないと考えられています。

▲▲▲▲▲▲▲▲▲▲▲▲▲▲▲▲▲▲▲▲▲▲▲▲▲▲▲▲▲▲▲▲▲▲▲▲▲▲

第3章

親の財産を凍結から守る！
"財産別" 認知症対策のすすめ

I 「預貯金」の認知症対策

1 「預貯金」の凍結とは

(1) なぜ「預貯金」は凍結するのか

◆図表3-1　預貯金の凍結

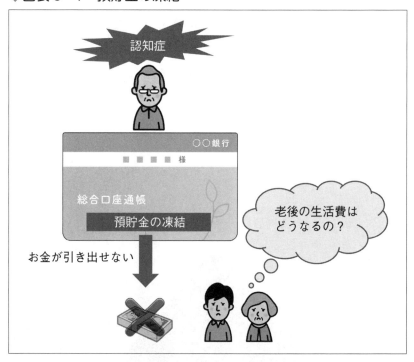

預貯金の預入れ、引出し、振込み、定期預金の解約などの手続きをするためには、本人に「判断能力」がなければいけません。なぜなら、これらの行為も第1章で確認した「法律行為」ですので、しっかりと自分で「意思表示」ができる状態で行わなければ「無効」となるリスクがあるからです。

　したがって、認知症などによって親の判断能力が低下してくると、このような預貯金に関連する手続きを親自身で行うのが難しくなり、**預貯金が「凍結」するリスクがあります。たとえ家族であっても代わりに手続きはできません。**これは**親がこれまで蓄えてきた預貯金が親の老後資金として使えなくなる**おそれがあるということを意味します。親の預貯金が使えなくなってしまっては、親本人だけでなく今後生活をサポートしていく家族にとっても大問題です。

(2)　いつ「預貯金」は凍結するのか

　それでは、「預貯金」はいつ凍結するのでしょうか。判断能力が低下したからといって、**自動的に預貯金が凍結してしまうわけではありません。**判断能力の低下・喪失を、金融機関がリアルタイムで把握することはできません（将来的にはテクノロジーの進化で可能となるかもしれませんが）ので、あくまでその事実を**預貯金の口座がある金融機関が認識したときに凍結する**ということになります。例えば、暗証番号を忘れてしまったとき、通帳・届出印やキャッシュカードを紛失したとき、判断能力がなくなった親の代わりに子供が来店したときなどに金融機関が把握することになるでしょう。

(3) 預貯金凍結 "後" の手段は法定後見制度しかない

　ひとたび預貯金が凍結してしまうと、事後的にとれる手段は「法定後見制度」しかありません。法定後見制度の詳細は、【第2章Ⅰ「認知症発症「後」の対策～法定後見制度とは～」】をご覧ください。

(4) キャッシュカードで引き出すのはダメなのか？

　凍結したとしても、暗証番号を事前に聞いておけば、認知症になってしまった親の代わりに子供がATMに行ってキャッシュカードで引き出したり、振り込んだりすることはできるのではないか、と考える方もいらっしゃると思います。**しかし、この方法はあまりお勧めできません。**理由は主に2つあります。

　まず、**キャッシュカードは原則として本人しか利用することが認められていません。**目を通したことがある方は少ないと思いますが、金融機関には、「キャッシュカード規定」というものがあります。規定には、通常「キャッシュカードを他人に使用させてはならない」と定められています。いくら家族であったとしても本人以外の人が利用することは規定に違反することになるのです。

　また、親の判断能力が低下した後に、子供が代わりにキャッシュカードで金銭を引き出すことは、**親が亡くなった後の「相続トラブル」の原因になる可能性もあります。**そもそも代わりに引き出す行為自体が問題視される可能性がありますし、引き出した金銭の管理がずさんだと、相続発生後の遺産分割の際に横領や使い込みを疑われ、紛争に発展するケースもあります。

　なお、親の判断能力低下後に子供がキャッシュカードで預貯金の管理を継続していたとしても、紛失した場合や磁気不良で故障した場合のキャッシュカードの再発行手続きには、必ず親本人が

手続きを行う必要があるので注意しましょう。

(5) 「預貯金」の凍結はいつ解除されるのか

　それでは、一度凍結してしまった預貯金口座はいつ解除されるのでしょうか。

　まず「**成年後見制度**」を利用した場合には凍結が解除されます。なぜなら、成年後見人が預貯金を管理することになるからです。

　成年後見制度を利用しない場合は、**預金者に相続が発生し相続手続きが完了するまでは凍結の状態が続く**ことになります。要するに、認知症となった本人が亡くなるまでは凍結は解除されないということです。もちろん、判断能力が回復すれば相続発生前でも凍結は解除されます。しかし、認知症によって低下した高齢者の判断能力を治療や投薬などによって以前のように回復させることは、現代の医学ではまだしばらくは難しいでしょう。

(6) 金融機関にもやむを得ない事情がある

　親のお金を家族が引き出すだけなのに、なぜ金融機関は応じてくれないのか、と疑問を感じる方も多いでしょう。何も自分のために使うわけではなく、親のために親のお金を使うのだから特に問題はないようにも思えます。

　しかし、金融機関にもやむを得ない事情があります。

　まず、**金融機関には顧客の預貯金を横領や経済的虐待などから守るために、本人確認や意思確認をする義務があります**。ところが、認知症などで判断能力が低下・喪失している場合、これらの確認を行うことが難しくなります。そのため、成年後見人が選任されるまで、いったん取引を停止せざるを得ないケースがあるのです。

また、判断能力が低下した顧客と取引をした場合、**金融機関が何らかの責任を追及される可能性もあります**。例えば、すでに認知症で判断能力を失っている状態にもかかわらず、預貯金の払戻しに応じてしまった場合、本人の死亡後に相続人から払戻しの「無効」を主張される、あるいは意思確認の義務に違反したなどと責任を問われるリスクがあるのです。

　今後、高齢社会がますます進展していく中で、認知症、高齢者詐欺、横領などの問題に対応しつつ、高齢の顧客とどのように取引を続けていくのかは、金融機関にとって非常に大きな課題となっています。

(7)　今後は認知症になっても預貯金が引き出せるようになる？

　認知症などによって財産が凍結してしまった場合、**家族にとって一番困るのは親の預貯金が使えなくなること**です。親の医療費、介護費用、介護施設の費用などをどこから工面するのかという切実な問題に直面することになります。

　預貯金が凍結した後にとれる手段は、**成年後見制度**しかありません。図表3-2にあるように、成年後見制度を利用するきっかけとして、最も多いのは「**預貯金等の管理・解約**」です。

　しかし、第2章で確認したように、成年後見制度を利用すると家族に一定の負担がかかります。また、様々なデメリットもあります。そのため、親の生活費を親の口座から引き出すためだけに成年後見制度を利用するのを躊躇する人が多いのが現状です。

　実際、成年後見制度の利用者数は、2020年（令和2年）12月末時点で約23万人にとどまっています。認知症高齢者数から考えると利用が進んでいないとの指摘もあります。

◆図表3−2　成年後見制度を利用するきっかけ

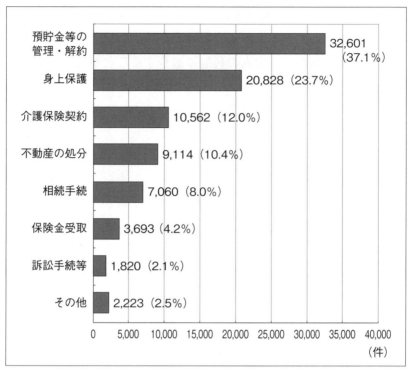

出典：最高裁判所事務総局家庭局「成年後見関係事件の概況―令和2年1月～12月―」

　このような状況を踏まえ、2021年2月18日一般社団法人全国銀行協会から「金融取引の代理等に関する考え方および銀行と地方公共団体・社会福祉関係機関等との連携強化に関する考え方について」（以下、「全銀協の考え方」）が公表されました。全銀協の考え方では、金融機関が判断能力の低下した高齢者と取引する際の対応方法や考え方などがまとめられています。

　全銀協の考え方では、認知症などによって判断能力が低下した顧客やその家族に対しては、これまでと同様、「**成年後見制度の**

利用を求めることが基本」としています。ただし、**極めて限定的な対応**として、「認知判断能力を喪失する以前であれば本人が支払っていたであろう**本人の医療費等の支払い手続きを親族等が代わりにする行為など、本人の利益に適合することが明らかである場合**に限り、依頼に応じることが考えられる」とされています。また、投資信託等の「金融商品の解約等については、より慎重な対応が求められる」としています。

　つまり、原則として成年後見制度の利用を求めることになるが、家族からのヒアリングやエビデンスなどから、入院費、医療費、施設利用料、税金など支払いの目的が明らかに本人のためである場合は、例外的に支払いに応じる可能性もある、ということです。今回公表された全銀協の考え方は、これまでの対応方法と大きく変わるものではありません。**成年後見制度が基本的な対応方法となることはこれまでと変わりません。**また、全銀協の考え方は、あくまで「考え方」と示しているにすぎないので、**すべての金融機関で一律に同様の対応がなされるとは限りません。**全銀協の考え方を受けて、今後具体的にどのような対応を行っていくのかは金融機関によって異なります。

　したがって、「預貯金の認知症対策」を親が元気なうちに講じておく重要性は今後も変わらないといえます。もしものときに家族が困らないように、しっかりと対策をしておきましょう。

(8)　親が元気なうちに口座をまとめておくと便利

　親が口座をたくさん持っていると、口座について何か手続きをする際には金融機関ごとに進めていかなければなりません。オンライン上でできる場合はよいですが、窓口に行く必要がある場合には手続きが大変です。

そのため、親が元気なうちに最寄りの金融機関などに口座をまとめておくのがお勧めです。口座の数が少ない方が管理は楽になり、この後説明する認知症対策もしやすくなります。ペイオフ（金融機関が破綻した際に、預金等の一定額しか預金保険による保護の対象にならないこと）対策として、口座を複数持っている方は、**「決済用普通預金」**（**預金保険制度により預金の全額が保護される普通預金**）に切り替えることを検討してもよいでしょう。決済用普通預金には利息がつかないというデメリットはありますが、万が一の際は預金が全額保護されるので安心です。

2　「預貯金」の認知症対策①　代理人カード／代理人届・代理人指名

(1)　代理人カードとは

◆図表3-3　代理人カードとは

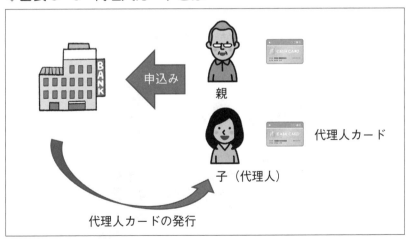

　「代理人カード」（家族カードと呼ぶこともあるようです）と

は、預金者のキャッシュカードとは別に発行される親族のキャッシュカードをいいます。親が元気なうちに代理人カードを作成しておけば、**代理人カードを持つ親族が預金者に代わり預貯金を引き出すことができます。**

　代理人カードを持つことができるのは、「本人と生計を同一にする親族」や「同居親族」に限定している金融機関がほとんどです。したがって、親が一人暮らしの場合は利用できない可能性があります。また、作成できるカードの枚数は、1枚のみのところもあれば複数枚作成が可能のところもあります。

　大抵の金融機関で代理人カードの作成は可能ですが、発行手続き・手数料・必要書類などは金融機関ごとに異なります。作成する際は事前に金融機関に確認しましょう。

　なお、代理人カードの利用開始後であっても、親本人がこれまでどおり預貯金を自分で管理することも可能です。

⑵　代理人届・代理人指名

◆図表3-4　代理人届・代理人指名とは

「代理人届」「代理人指名」とは、親が元気なうちに、口座から入出金できる代理人を指名しておく手続きをいいます。代理人は、例えば「二親等内の親族」など一定の関係性を持つ人に限定されます。代理人カードと異なり、窓口での出金に限定されることもあります。また、出金限度額が設定されることもあります。代理人ができる取引の内容は金融機関によって異なります。

なお、代理人届・代理人指名の手続きの利用後であっても、親本人がこれまでどおり預貯金を自分で管理することも可能です。

(3) 代理人カード／代理人届・代理人指名手続きの注意点

① 金融機関ごとに対応が必要となる

あくまで入出金ができるのは、**事前に手続きをした金融機関の口座に限られます**。手続きをしなかった金融機関の口座については、判断能力低下後は凍結される可能性があることに注意しましょう。

② 口座の解約ができない

代理人が口座の解約までできるわけではありません。そのため、預貯金の大部分が定期預金（貯金）の場合は、預貯金が使えなくなるおそれがあるので注意が必要です。

預貯金の認知症対策という観点からは、定期預金（貯金）は親が元気なうちに解約し、普通預金（通常貯金）にしておくと安心です。

③ 判断能力低下後の対応

金融機関によっては、**本人の判断能力が低下した後は、代理人**

による取引ができなくなることがあるようです。また、「代理人」
である法的な裏付けは、本人が代理人に入出金の事務を委任する
「委任契約」であると考えられます。詳細は後述しますが、委任
契約においては、本人保護の観点から、本人の判断能力の低下後
は、**成年後見制度に移行する**ことが**実務上推奨されています**。成
年後見制度と異なり、代理人を監督する仕組みがないからです。
判断能力低下後も代理人による取引を継続すると、本人が亡く
なった後、使途などをめぐってトラブルに発展する可能性もあり
ますので注意が必要です。

(4)　どこに依頼すればよいの？

　代理人カードの発行手続き／代理人届・代理人指名の手続き
は、口座を開設している金融機関で行います。

(5)　費用はどのくらいかかるの？

①　初期費用

　手数料は金融機関ごとに異なります。手続きを行う金融機関で
事前に確認しましょう。

②　継続的にかかる費用

　なし

◆図表3-5　日常生活自立支援事業の仕組み

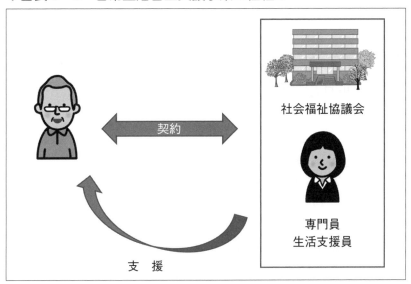

(1)　日常生活自立支援事業とは

　「**日常生活自立支援事業**」とは、認知症高齢者、知的障害者、精神障害者等のうち**判断能力が不十分な方**が地域において自立した生活を送れるよう、利用者との契約に基づき、**社会福祉協議会**が福祉サービスの利用援助、日常的な金銭管理、重要な書類の預かりなどの支援を行うものです。

　この事業は、認知症高齢者、知的障害者、精神障害者等であって、日常生活を営むのに必要なサービスを利用するための情報の入手、理解、判断、意思表示を本人のみでは適切に行うことが困難な方を対象としています。**あくまで本事業の契約の内容につい**

て理解できる判断能力を有している方が対象となります。

　したがって、**本人が契約の締結がすでにできない状態であるときは、成年後見制度を利用するしかありません。**なお、本事業を開始した後であっても、親本人がこれまでどおり預貯金を自分で管理することもできます。

⑵　日常生活自立支援事業の主なサービス内容

　日常生活自立支援事業の主なサービス内容は下記のとおりです。

---

① 福祉サービスの利用支援

・福祉サービスの手続援助
・福祉サービス利用料の支払い
・福祉サービス利用に関する情報提供・助言
・郵便物の確認・仕分け　など

② 日常生活上に必要な事務手続の支援

・住民票の届出等に関する手続きの支援
・住宅改造、居住家屋の貸借、日常生活上の契約などの支援
　　　　　　　　　　　　　　　　　　　　　　　　　　など

③ 日常的な金銭管理

・年金や福祉手当の受取手続き
・税金、公共料金等の支払い
・預貯金の払戻し・預入れ・解約のお手伝い
・通帳の保管　など

④ 書類等の預かりサービス

　年金証書、預貯金の定期証書、権利証、契約書、実印、銀行印などの預かり

---

(3) 日常生活自立支援事業の利用の流れ

　日常生活自立支援事業を利用するまでの流れは下記のとおりです。

---

① 相談受付

　まずは市区町村の社会福祉協議会へ連絡して相談をします。

↓

② 専門員による訪問とヒアリング・説明

　専門員が自宅を訪問し、状況や希望を伺い、どのような支援がどの程度必要かを確認します。

↓

③ 契約締結能力の確認

　社会福祉協議会との契約締結には、判断能力が必要となります。契約の締結が可能かどうかは契約締結審査会で審査します。

↓

④ 契約書・支援計画作成

　今後どのような援助をどのくらいの頻度で行っていくのかを本人と専門員が考えます。その後、契約内容・支援計画を本人に提案します。支援計画には、「誰が、いつ、何を、どのように援助するのか」を記載します。

↓

⑤ 契約締結

　本人と契約内容の再確認をし、契約書を取り交わします。

↓

⑥ 支援開始

　生活支援員が契約書や支援計画に基づいてサービスを提供します。

---

(4) 日常生活自立支援事業の注意点

① 契約時には判断能力が必要となる

　日常生活自立支援事業は、判断能力が不十分な方を対象としていますが、**事業内容や契約内容を理解できない方は利用できません**。そのため、認知症などによって判断能力が低下している場合には、成年後見制度を利用せざるを得ないケースもあります。判断能力の有無は、契約締結審査会において審査します。

② 対応できるのは日常的な金銭管理のみ

　高額な金銭の管理、収益物件の管理、不動産の売却など**日常的な金銭管理を超える財産管理には対応できません**。これらの場合、成年後見制度への移行が必要となります。

③ 施設入退所の手続きができない

　老人ホームなどの**施設入退所のための手続きを代理することはできません**。この場合、成年後見制度への移行が必要となります。

④ 身元保証・身元引受はできない

　施設入所、賃貸物件への入居、入院などの際に必要となる**身元保証・身元引受を行うことはできません**。身元保証人がいない場合、民間事業者が提供する身元保証サービスの利用などを検討することになります。

(5) どこに依頼すればよいの？

　日常生活自立支援事業の相談は、市区町村の社会福祉協議会に対して行います。

(6)　費用はどのくらいかかるの？

①　初期費用

なし

②　継続的にかかる費用

　各社会福祉協議会によって異なりますが、概ね生活支援員による支援１時間につき 1,000〜1,500 円、書類等の預かりサービスが１カ月 1,000 円としているところが多いようです。なお、住民税非課税世帯、生活保護世帯は利用料が減免になります。

4　「預貯金」の認知症対策③
財産管理委任契約

(1)　財産管理委任契約とは

◆図表３−６　財産管理委任契約とは

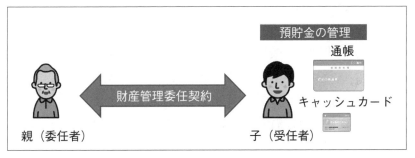

　「**財産管理委任契約**」とは、自分で財産管理を行うことが困難となった場合に備えて、**第三者に財産管理を委任する契約**をいいます。

　財産管理委任契約は、委任者（財産管理を頼む人）と受任者

（財産管理を頼まれる人）が締結します。財産管理に関すること以外にも医療、介護などの生活上の様々な事務をお願いすることができます。「**任意代理契約**」と呼ばれるときもあります。

依頼内容、代理権の範囲などは契約で自由に決定することができます。受任者は、家族だけでなく、専門家に依頼することも可能です。

財産管理委任契約を締結しておくことで、キャッシュカードや通帳の管理、預貯金の引出し、支払いなどの事務を家族や専門家が行うことができます。

なお、財産管理委任契約を開始した後であっても、親本人がこれまでどおり預貯金を自分で管理することも可能です。

(2)　認知症対策として財産管理委任契約を利用するケースは少ない

財産管理委任契約は、民法上の「委任契約」に当たります。そして、「委任者の判断能力の低下・喪失」は、代理権の消滅事由（民法111）や委任契約の終了事由（民法653）とされていません。

つまり、法律上、委任者が認知症などによって判断能力がない状態となったとしても財産管理委任契約が終了するわけではありません。前述の「全銀協の考え方」でも、「本人から親族等への有効な代理権付与が行われ、銀行が親族等に代理権を付与する任意代理人の届出を受けている場合は、当該任意代理人と取引を行うことも可能」と述べられており、本人の判断能力がない場合での財産管理委任契約（任意代理契約）の利用を可能としています。

ところが、実務上、**財産管理委任契約を認知症対策として利用することは推奨されていません**。財産管理委任契約においては、

代理人（受任者）の監督は本人（委任者）が行うのが原則であるため、認知症などによって本人の判断能力がなくなった後も財産管理委任契約を続けると、代理人の不正や横領などを誰も止められず、本人の財産に損害が及ぶリスクがあるからです。

したがって、財産管理委任契約を締結していたとしても、**本人の判断能力が低下した後は、速やかに成年後見制度に移行することが望ましい**とされています。

財産管理委任契約は、法律上は親の認知症対策となり得ます。しかし、実際の現場では認知症対策として利用されるケースは非常に少ないといえます。実際、財産管理委任契約による代理の申出をしていたとしても、本人が判断能力を喪失した場合には、代理人による取引はできなくなる金融機関が多いようです。

⑶　任意後見契約とセットで締結することが多い

実務上は、財産管理委任契約は任意後見契約とセットで締結することが多いです。

財産管理委任契約は、判断能力に問題はないが、**身体的な衰え・傷病等**により自分で財産管理を行うことが難しくなった場合の備えとして契約し、**判断能力が低下した後は速やかに任意後見契約に移行する**という形式です。

セットで契約しておくことで、認知症などによって判断能力が低下する前から代理人（受任者）に財産管理を任せることが可能となります。なお、家族信託によっても同じように判断能力が低下する前から財産管理を受託者に任せることができます。しかし、家族信託の場合は、弁護士や司法書士などの専門家に財産管理をお願いすることはできませんが、財産管理委任契約や任意後見契約では専門家に依頼することも可能です。

◆図表3−7　財産管理委任契約・任意後見契約・家族信託の比較

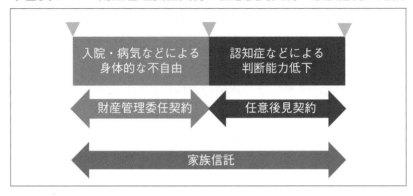

(4)　財産管理委任契約の注意点

①　受任者の監督が不十分となるおそれがある

　財産管理委任契約では、原則として委任者（本人）が受任者を監督することになります。成年後見制度と異なり、家庭裁判所や監督人による監督を受けるわけではありません。そのため、委任者の判断能力が低下した後は、受任者を適切に監督することができなくなるおそれがあります。

②　対応できない金融機関がある

　金融機関によっては、財産管理委任契約の受任者による預貯金の引出しを認めていない場合があります。また、本人の判断能力に問題がない間は引出しが可能でも、判断能力低下後は引出しができなくなる金融機関もあります。利用する際は事前に必ず確認をしましょう。

③　判断能力低下後の財産管理

　前述のように、認知症などによって本人の判断能力が低下した

後は、速やかに成年後見制度に移行するのが望ましいとされています。

(5) どこに依頼すればよいの？

　財産管理委任契約を利用する際は、弁護士などの法律の専門家に依頼することが一般的です。

(6) 費用はどのくらいかかるの？

① 初期費用

・依頼する専門家によって異なりますが、5〜10万円（税別）程度の報酬がかかります。

・公正証書で財産管理委任契約書を作成する場合には、公正証書の費用が2万円程度かかります。公証人に自宅や施設などへの出張を依頼する場合、基本手数料額が1.5倍となり、日当（1日2万円、ただし4時間以内は1万円）や交通費（実費）がかかります。

② 継続的にかかる費用

・受任者を専門家などの第三者に依頼する場合には、月額報酬（財産額に応じて2〜5万円程度）を支払うことが一般的です。

「預貯金」の認知症対策④
5 任意後見制度

(1) 任意後見制度と「預貯金」の認知症対策

　「任意後見制度」 とは、認知症などで判断能力が低下してしまった場合に備えて、**判断能力が十分あるうちに自分の後見人を自分**

◆図表3-8　任意後見と預貯金の認知症対策

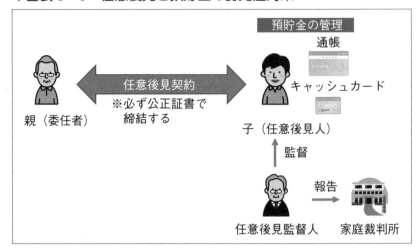

で**決めておく制度**です。任意後見人は、家族だけでなく専門家も
なることができます。法定後見制度の場合は、家庭裁判所が後見
人を決定することになりますが、任意後見制度では原則として自
分が元気なうちに決めておいた人が後見人になります。

　任意後見制度は、認知症などによって**判断能力が低下した後
に、任意後見受任者（任意後見人になる予定の人）が家庭裁判所
に申立てを行い、任意後見監督人（任意後見人を監督する人）が
選任されてから開始します。**詳細は、【第2章Ⅱ「認知症発症
「前」の対策の基本①〜任意後見制度とは〜」】をご覧ください。

　親が元気なうちに任意後見契約を締結しておくことで、将来認
知症などによって親の判断能力が低下した場合でも、**任意後見人
（子）が預貯金の引出しや各種支払い、通帳・キャッシュカード
の管理をすることができます。**そのため、預貯金を認知症による
凍結から守ることができます。具体的にどのような事務に関する
代理権を与えるのかは、任意後見契約書の中で決定します。金融

資産に関しては、例えば「銀行、証券会社等の金融機関とのすべての取引に関する事項」のように代理権目録の中に包括的に定めておくケースが多いようです。

(2)　任意後見が開始すると「預貯金」はどうなるのか

　任意後見監督人が家庭裁判所から選任され、任意後見が開始すると、**「預貯金」の管理は任意後見人が行う**ことになります。なお、法定後見と異なり、本人の権限が制限されるわけではないので、任意後見が開始した後であっても、親本人が預貯金を管理することも可能です。もっとも、判断能力が低下した後に管理をさせるのは本人保護のためには避けた方がよいでしょう。

　任意後見人が預貯金の管理を行うためには、まずは金融機関ごとに**「成年後見制度に関する届出書」**（図表3-9）を提出しなければなりません。この届出書を提出しなければ、任意後見人であったとしても預貯金の引出しなどを行うことはできません。

　届出書の提出の際は、通帳・キャッシュカードの他に、任意後見の登記事項証明書、任意後見人の印鑑証明書、印鑑届、家庭裁判所の選任審判書（確定証明書付）などの書面の提出を求められます。必要書類や届出書の様式は金融機関ごとに異なります。

　届出書の提出により、口座の名義は「被後見人●●●後見人●●●」と連名になるケースが多いです（金融機関によっては引き続き本人名義で使用を継続する場合があります）。口座の名義が変わる場合には、年金や家賃収入の振込みや公共料金の引落としなどがこれまでどおり継続されるかどうか金融機関に確認する必要があります。

　また、後見人名義のキャッシュカードが発行されるどうかは、金融機関によって対応が異なりますので注意が必要です。キャッ

シュカードの発行を認める金融機関が以前より増えているようですが、まだ発行を認めない金融機関もあります。

　加えて、上記の届出書を提出した後は、口座を持っている支店でしか取引ができなくなる金融機関があります。届出書を提出する際に確認するようにしましょう。

(3)　任意後見人は自由に「預貯金」を使えるのか

　任意後見は、本人が元気なうちに自分で後見人を決める制度であるため、任意後見人が何でも「自由」にできると誤解している方がいます。

　確かに、本人が後見人や委任事務の内容を自由に決定できますから、法定後見よりは運用に柔軟性があるといえます。しかし、任意後見も法定後見も同じ「成年後見制度」ですから、その理念はまったく同じです。つまり、任意後見も**判断能力が不十分な方の財産や生活を守り、支援していくのが制度の目的**です。

　したがって、**任意後見人であったとしても自由に預貯金を使えるわけではなく、あくまで本人の利益のために利用することが求められます**。例えば、投機的な資産運用や相続税対策のための収益物件の購入など本人にリスクのある行為はできないとされています。任意後見人の役割は、お金を増やすことではありません。低金利であっても元本が保証される安全な管理方法が求められます。また、相続税対策を任意後見人が行うことはできません。相続税は相続人が支払うべきものであり、**相続税の節税は本人の利益とはならない**からです。

　任意後見人の後見事務は、任意後見監督人によって「監督」を受けることになります。任意後見監督人は、任意後見人の後見事務が本人の利益に適っているかをチェックします。不適切な事務

◆図表3-9 成年後見制度に関する届出書

〔参考例1〕

<u>成年後見制度に関する届出書（例）</u>

年　　月　　日

銀行
支店 御中

本人	おところ	お電話（　　−　　−　　）	
	おなまえ	フリガナ	
			◯（届出印）

補助人 保佐人 成年後見人 任意後見人	おところ	お電話（　　−　　−　　）	
	おなまえ	フリガナ	
			◯（実印）〔注〕

　私（本人）は、成年後見制度に係る家庭裁判所の審判を受けましたので、貴店との取引について、次のとおりお届けいたします。
　なお、届出内容に変更があった場合には、改めてお届けいたします。
（1・2については、該当する項番・項目を◯で囲んでください。）

1．同意権（取消権）付与の審判

審判の種類	補助・保佐
同意権（取消権）の内容	・添付資料のとおり。
添付資料	登記事項証明書・審判書の銀行届出用抄本（理由部分のみを省略したもの）および確定証明書

2．代理権付与の審判

審判の種類	補助・保佐・成年後見・任意後見（任意後見監督人の選任）
代理権の内容	・添付資料のとおり。
添付資料	登記事項証明書・審判書の銀行届出用抄本（理由部分のみを省略したもの）および確定証明書

3．現在の取引の種類

4．その他

〔注〕ただし、後見人等が家庭裁判所に選任され、就任したことについては登記により公示されることから、実印および印鑑登録証明書による代理人としての意思確認は改めて行わず、後見人等から、本届出書、成年後見登記に関する登記事項証明書および犯収法が定める本人確認書類の提示・提出によるのみを受けることとしているケースも考えられます。

　詳しくは、取引銀行にご相談ください。

出典：一般社団法人全国銀行協会ホームページ

を行った場合、任意後見人を解任される可能性もあります。また、本人に損害が発生した場合には、損害賠償請求を受けることもあります。

⑷ 任意後見制度の注意点

① 継続的に費用が発生する

任意後見がいったん開始すると、任意後見が終了するまで（通常は本人が亡くなるまで）**任意後見監督人の報酬**（月額1〜3万円程度）を支払わなくてはなりません。

また、これに加えて、専門家などの第三者を任意後見人とした場合には、任意後見監督人の報酬だけでなく、任意後見契約書で定めた**任意後見人の報酬**（契約内容によりますが、月額報酬3〜5万円程度が一般的）も任意後見が終了するまでかかることになります。なお、いったん任意後見を開始すると、原則として途中でやめることはできません。

② 任意後見人には取消権がない

法定後見制度による成年後見人と異なり、任意後見人には本人が第三者と締結した契約を**法律上当然に取り消す権利はありません**。詳細は、【第2章Ⅱ「認知症発症「前」の対策の基本①〜任意後見制度とは〜」】をご覧ください。

③ 預貯金が自由に使えるわけではない

⑶のとおり、任意後見人は本人の預貯金を自由に使えるわけではありません。本人の財産を減少させないよう、適切に預貯金を管理しなければなりません。したがって、株式投資、投資信託、外貨預金など元本保証がない金融商品は利用できません。定期預

金など元本が保証される商品を利用しなければなりません。

④ 預貯金を家族だけで管理することはできない

　任意後見制度を利用した場合、**任意後見監督人（専門家）と家庭裁判所の関与を避けることはできません**。家族信託と異なり、家族だけで管理をすることはできません。

(5)　どこに依頼すればよいの？

　任意後見制度を利用する際は、弁護士などの法律の専門家に依頼することが一般的です。

(6)　費用はどのくらいかかるの？

　任意後見にかかる費用については、【第2章Ⅱ4「任意後見にかかる費用」】をご覧ください。

「預貯金」の認知症対策⑤

6　家族信託

(1)　家族信託と「預貯金」の認知症対策

　「家族信託」とは、**お金や不動産などの財産の管理や処分を信頼できる家族に託す**制度です。金融機関や士業などの専門家ではなく、「家族」を「信」じて財産管理を「託」すのが家族信託です。親が元気なうちに**家族信託**をしておけば、**親のお金を認知症による凍結から守ることができます**。なお、家族信託開始後は親本人が信託金銭を管理することはできません。

　成年後見制度とは違って、一度専門家に仕組みを作ってもらえれば、**家族だけで預貯金の管理ができるのが家族信託の一番の魅**

力です。認知症高齢者の増加に歯止めがかからない現状を考えると、今後預貯金の認知症対策として家族信託を利用する家族はますます増えていくでしょう。

　家族信託の詳細は【第2章Ⅲ「認知症発症「前」の対策の基本②～家族信託とは～」】をご覧ください。

◆図表3-10　家族信託と預貯金の認知症対策

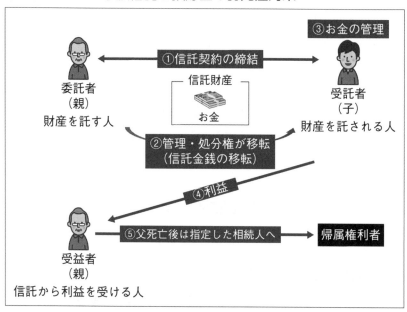

(2)　「預貯金」は家族信託できない？

　家族信託が開始されると、信託契約によって定めた金銭は、**受託者**が管理することになります。その後、委託者兼受益者である親が認知症などによって判断能力がない状態となっても、信託した金銭については凍結を回避することができます。

　ここで注意が必要なのは、**「預貯金」そのものを家族信託する**

わけではないということです。あくまで、口座の中にある現金そのものを信託します。

　これはどういうことなのでしょうか。

　金融機関に口座を開設する際には、預金者と金融機関との間に預貯金について契約を締結しています。契約の中には必ず「**譲渡禁止特約**」というものがあります。譲渡禁止特約とは、読んで字のごとく、「預貯金を譲渡してはいけません」という意味です。勝手に預貯金を他の人にあげてはいけないということです。そして、預貯金自体を家族信託してしまうと、受託者に預貯金が譲渡されることになりますので、**譲渡禁止特約に違反することになる**のです。

　したがって、預貯金そのものを家族信託するのではなく、あくまでその中にある**「現金」を家族信託する**ことになります。そのため、信託契約書に信託財産として記載するときは、「●●銀行　〇〇支店　普通　口座番号●●●」とするのではなく、「金1,000万円」のように具体的な金額を記載します。

　家族信託をすると自動的に親名義の口座が受託者名義の信託の口座に変更されるわけではありません。信託契約を結んだら、**親の口座から信託契約で定めた現金を受託者名義の信託口口座に送金する必要があります**。家族信託をしたからといって、**親の口座から受託者が送金できるわけではありません**。また、自動的に親の口座から信託口口座に現金が移るわけでもありません。

＜信託契約書の記載に注意！＞

信託財産

    （誤った記載）

×   ●●銀行●●支店　普通　口座番号●●●●●

    （正しい記載）

○   金●●●●万円　← 具体的な金額を記載する！

○   信託開始日において●●銀行●●支店　普通　口座番号●●●●●にある金銭のすべて

      ← 金額が特定できるのでこの記載でも OK！

⑶　信託契約を締結したらできるだけ早くお金を移す

　公証役場で信託契約を締結したら、まず受託者が行うことは**信託口口座を開設すること**です（詳細は後述します）。

　そして、口座の開設が完了したら、**速やかに、委託者（親）の口座から信託口口座に信託契約書で定めた金銭を送金します**。委託者（親）の口座は、当然委託者（親）にしか管理権限がありませんので、**委託者（親）自身が送金手続きを行う必要があります**。

　万が一、委託者が急な病気や事故によって判断能力を失ってしまうと、信託口口座への送金ができなくなってしまいます。これでは、家族信託した意味がなくなってしまいます。**できるだけ早く送金手続きを行いましょう。**

◆図表3−11　信託口口座への送金

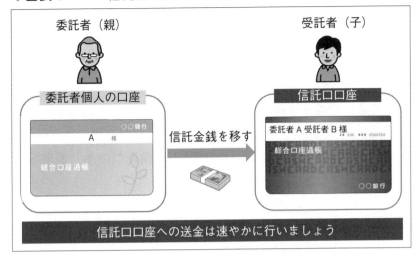

委託者（親）　　　　　　　　　　　　受託者（子）

委託者個人の口座　　　　　　　　　　信託口口座

○○銀行
A　　様

総合口座通帳

信託金銭を移す

委託者A 受託者B 様

総合口座通帳

○○銀行

信託口口座への送金は速やかに行いましょう

⑷　信託金銭は「信託口口座」で管理するのがベスト

　家族信託の受託者は、**分別管理義務**（信託法34）を負うこと
になります。分別管理義務とは、受託者個人の財産と委託者（親）
から管理を託された信託財産を分けて管理しなければならないこ
とをいいます。

　そのため、金銭を家族信託した場合、分別管理義務を果たすた
めに、新たに受託者名義の信託専用の口座を開設して信託金銭を
管理することが一般的です。

　注意しなければならないのは、新たに開設する**「口座の種類」**
です。

　信託財産の名義はあくまで「受託者」ですから、信託専用の口
座も名義は「受託者」になります。それでは、受託者名義の口座
であればどのような名義の口座でもよいのでしょうか。

　受託者個人の通常の普通預金の口座で管理する場合、口座名義

人である**受託者（子）が委託者（親）より先に亡くなってしまったとき、又は、差押えを受けたときなどに口座が「凍結」して信託した金銭が一時的に使えなくなってしまうリスク**があります。通常の口座で管理すると、その口座の中にある金銭が信託財産なのか、受託者個人の財産なのか一見見分けがつかないからです。これでは、受益者（親）が不利益を受けてしまう可能性があります。

　そこで、実務上推奨されているのが、**「信託口口座」**※を開設して信託金銭を管理する方法です。

※　信託口口座とは法律上の用語ではありません。「信託口座」「信託専用口座」などと呼ぶこともあるようです。

◆図表3−12　信託口口座

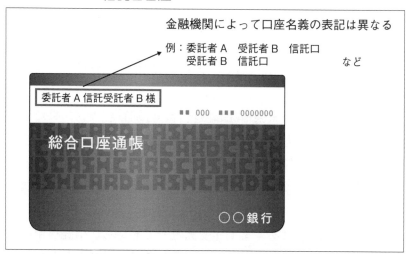

　一般的に、信託口口座とは下記のような特徴を備えている口座をいいます。

① > 特徴1 **委託者（親）と受託者（子）の両方の氏名が口座名義に付されている**

信託口口座の名義には、**委託者・受託者両名の名前**が記載されることが一般的です。

> 例：委託者A　信託受託者B
> 　　委託者A　受託者B　信託口

しかし、委託者・受託者両方の名前が付されていたり、「信託口口座」という名称が使われていても、実際は信託口口座ではない「信託口口座もどき」の場合もあるようなので注意が必要です。家族信託の手続きを依頼している専門家から事前に金融機関に確認をとってもらうと安心です。

② > 特徴2 **受託者個人の口座とは別のCIFが付されている**

信託口口座には、金融機関の内部で受託者個人の口座とは別の**CIF**（Customer Information File　顧客管理番号）が付され管理されています。そのため、受託者個人に相続、差押え、破産などがあった場合でも信託口口座が影響を受けないように別管理がなされています。

③ > 特徴3 **受託者（子）が先に亡くなってしまっても口座が凍結しない**

信託財産は受託者個人の財産ではありませんので、受託者が亡くなったとしても受託者の相続財産となることはありません。しかし、受託者の通常の口座で金銭を管理した場合、金融機関では

受託者個人名義の口座として登録されていますので、法定相続人が手続きを行い払戻しを受けた上で、後継受託者に金銭を受け渡す必要が出てくるかもしれません。

　信託口口座の場合は、受託者が先に亡くなった場合であっても、口座が凍結することはありません。信託契約書に基づき、信託口口座の名義を後継受託者に変更し、後継受託者に信託金銭の管理がスムーズに引き継がれることになります。

④　▶特徴4 **受託者（子）個人の債務についての差押えや破産の影響を受けない**

　信託財産は受託者個人の財産ではありませんので、**受託者個人の債務（借金）の債権者が信託した金銭を差し押えることはできません**。しかし、受託者の通常の口座で金銭を管理した場合、外から見ると受託者個人の財産なのか信託された金銭なのか見分けがつかず、差し押えられてしまうリスクがあります。この場合、裁判など提起し、差押えを解除しなければ信託金銭を取り戻すことができないおそれがあります。

　信託口口座の場合は、債権者の差押えの対象となることはありません。また、受託者個人が破産した場合も影響を受けることはありません。信託された金銭は確実に守られることになります。

　信託財産は、受託者個人の財産ではありませんので、受託者の相続や破産などに影響を受けることは本来あってはなりません。

　したがって、信託財産をしっかり守り、受益者の利益を保護していくためには、**「信託口口座」を利用することが実務上望ましいとされている**のです。

⑸ 「信託口口座」は必ず開設しなければならないのか

　ところが、「信託口口座」は現時点（2021年10月末）で、すべての金融機関で開設ができるというわけではありません。家族信託は本格的な利用が始まってまだ日が浅い制度です。また、金融機関側にも開設に当たり事務負担やリスクがあります。そのため、現状どの金融機関も信託口口座に対応できているわけではありません。

　したがって、家族信託を開始する際は、親が普段利用している金融機関や最寄りの金融機関で信託口口座を開設できるかどうか必ず確認しておきましょう。

　では、信託口口座を開設しないと家族信託を行うことはできないのでしょうか。**法律上は、分別管理義務が果たせるならば信託口口座の開設が必須というわけではありません。**信託口口座を開設しなくても家族信託をスタートすることは可能だとされています。

　信託口口座を開設しない場合、信託契約の締結前に新たに受託者名義の普通預金の口座を開設し、その口座の金融機関名、支店名、口座番号などを信託契約書に記載する方法をとることが多いようです。ただし、この方法による場合、外形上は信託財産には見えない（つまり金融機関からすると、受託者個人の財産なのか、信託財産なのかわからない）ので、前述のように**万が一受託者が死亡したり破産したりした場合には、口座が凍結するリスクがあります。**もっとも、法律上は、あくまで「信託財産」であるわけですから、仮に凍結されたとしても、金融機関に対して信託財産であることが証明できれば、凍結は解除されると考えられています。

　信託口口座を開設しない場合には、事前に専門家から説明を受

けてデメリットやリスクを十分に理解しておきましょう。

(6)　家族信託の受託者は信託金銭を自由に使えるのか

　受託者は、「信託目的」に従って「受益者」のために信託財産の管理を行っていかなければなりません。受託者の権限は信託目的によって制限を受けることになります。信託目的とは、信託の存在理由、つまり、信託によって成し遂げようとしている目標ということになります。同時に、信託目的は受託者の行動指針ともなります。例えば、実務上は、「受益者の安定した生活と福祉を実現するため」「円滑な財産承継を実現するため」「資産の有効活用を行うため」などのように定めることになります。

　したがって、**受託者になったからといって、受託者の判断で自由に信託金銭を利用できるわけではありません。**あくまで、受益者の利益のために信託目的に適った利用が求められることになります。例えば、受益者と受託者の利益が相反する行為や明らかに受託者の利益だけを図るような行為は認められないことになります。また、よく誤解されていることですが、受託者（子）が受益者（親）に代わって金銭を生前贈与することもできません。

　とはいえ、成年後見制度における後見人と比較すると、家族信託の受託者の方が柔軟に財産管理を行うことができるのは事実です。家族信託の場合は、家庭裁判所へ報告する必要もありません。信託契約によって、弁護士や司法書士などを信託監督人や受益者代理人に選任していなければ専門家の監督を受けることもありません。とりわけ、認知症対策に加えて、**相続税対策として「財産の有効活用」を検討している場合には、成年後見制度ではなく家族信託を利用した方がよいでしょう。**

(7) 信託金銭の金額は「ライフプラン」を決めてから考える

　家族信託の手続きをサポートする際、「**どのくらいの金銭を信託すればよいのか**」、という質問をよく受けます。預貯金の凍結対策という観点からは、親の手元にあまり多くのお金を残すよりも、信託財産として受託者の管理下に置いた方が安全です。一方で、家族信託を利用するには元気なうちに信託契約を締結しなければなりません。まだ自分で預貯金の管理ができるうちに、受託者である子供に管理権限を移すことについて、「まだ早いのでは」と躊躇する方もいます。

　このように、金額の決定はなかなか難しい問題なのですが、筆者がよくアドバイスとして伝えているのは、**親の老後の「ライフプラン」**を家族で考えながら決めるということです。例えば、将来はこういう老人ホームに入所したい、在宅介護を受けながらずっと自宅に住み続けたい、自宅を処分して子供たちの近くに引っ越したいなどといった今後のライフプランを実行していくために必要となるお金を、まずは信託しておくことがおそらく親本人としても一番納得感があるのではないでしょうか。

　なお、信託開始後に、委託者（親）の金銭を**追加信託**することが可能です。状況の変化に応じて、受託者（子）に管理をお願いする金銭を増やすことができるのです。ただし、追加信託は、新たな信託契約を締結するのと実質的には同じであるため、**委託者（親）の「判断能力」が必要とされています**。判断能力が低下した後の追加信託は、委託者（親）が亡くなった後のトラブルの要因となる可能性がありますので、十分に注意しましょう。

＜追加信託の条項例＞

第●条（信託財産の追加）

　委託者は、本信託の目的を達成するため、受託者に書面による通知をしてその同意を得た上、金銭を追加信託することができる。

(8)　家族信託の注意点

①　信託口口座の開設には様々な条件がある

　信託口口座はすべての金融機関で開設できるわけではありません。そして、信託口口座が開設できる金融機関でも、**開設には様々な条件があります**。主な開設の条件は下記のとおりです。

〈信託口口座の主な開設条件〉

- (イ)　信託契約書は**公正証書**でなければならない。
- (ロ)　信託金銭として**一定の金額以上**が設定されていなければならない。
- (ハ)　信託契約書の作成に**弁護士・司法書士などの専門家**が関与していなければならない。
- (ニ)　**口座開設の手数料を支払わなければならない。**
- (ホ)　**後継受託者を定めなければならない。**

　受託者名義のキャッシュカードの有無、インターネットバンキングの利用の可否など信託口口座であっても金融機関ごとに違いがあります。同じ信託口口座を開設する前に、事前に問い合わせをして確認しておくことが大切です。

② 年金を信託することはできない

年金を家族信託の対象とすることはできません。年金受給権の譲渡は法律で禁止されているからです。

よって、親の年金を家族信託して信託口口座で受け取ることはできません。

しかし、これでは親が認知症になってしまうと、年金を口座から引き出すことができず凍結してしまう可能性があります。

それでは、年金を凍結から守るためにはどのようにしたらよいのでしょうか。

(イ) ▶ 方法1 追加信託

例えば、2カ月に1度、親の口座に入ってくる年金を、その都度、又は定期的に追加信託することによって、信託口口座に年金を移す方法が考えられます。

しかし、追加信託も親が認知症などによって判断能力が低下した後は利用できません。追加信託をするにも委託者（親）の判断能力が必要だからです。

(ロ) ▶ 方法2 口座振替

親の年金受給口座が凍結してしまったとしても、口座から引落としができなくなるわけではありません。あくまで**口座から新たに「出金」することができなくなるだけです。**

よって、すべての支払いに対応できるわけではありませんが、施設利用料や公共料金などの定期的な出費は**「口座振替」**としておくことによって、年金を生活費として利用することが可能となります。

③ 信託した金銭の管理権限は受託者に移る

家族信託が始まると、信託契約書で定めた**信託財産については**

受託者に管理権限が移転することになります。金銭については新たに作成する受託者の信託口口座で管理します。

　したがって、親（委託者兼受益者）は、子（受託者）が管理する信託金銭を自ら管理したり、引き出すことはできなくなります。

(9)　どこに依頼すればよいの？

　弁護士などの法律の専門家に依頼することが一般的です。

(10)　費用はどのくらいかかるの？

　家族信託の費用の詳細は、【第2章Ⅲ13「家族信託にかかる費用」】をご覧ください。

7　「預貯金」の認知症対策⑥
生前贈与

◆図表3−13　生前贈与

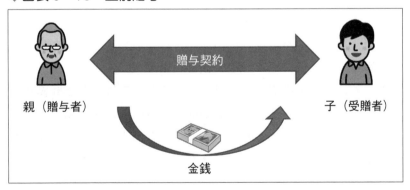

贈与契約

親（贈与者）　　　　　　　　　　　子（受贈者）

金銭

(1)　生前贈与とは

　「生前贈与」とは、不動産や金銭などの財産を元気なうちに無

償で譲渡することをいいます。2015年（平成27年）の相続税法の改正以降、**相続税対策**として生前贈与を行う人が増えています。生前に財産の一部を子供や孫に贈与しておくことで、相続財産が少なくなり相続税の節税につながります。

　生前贈与は、相続税対策の一環として行うことがほとんどですが、**預貯金の認知症対策としても一定の効果があります**。例えば、元気なうちに親の金銭の一部を子供に贈与しておくことで、万が一認知症等で親の判断能力が低下した場合であっても、贈与した金銭は子供の財産になっているので、親が認知症になっても凍結することはありません。なお、生前贈与をした後、親本人は贈与した金銭を管理することはできません。贈与をした後は「子供」の財産となるからです。

(2)　生前贈与はどのように行うのか

　生前贈与を行うためには、財産をあげる贈与者（ぞうよしゃ）と財産をもらう受贈者（じゅぞうしゃ）が**「贈与契約」**を締結する必要があります（民法549）。「契約」ですので、贈与者が一方的に財産をあげるのではなく、受贈者の方でも「もらいます」という意思表示をすることが必要となります。贈与契約の締結には、**贈与者・受贈者双方の判断能力**が必要となります。

　法律上は、「贈与契約書」の作成が必須というわけではありません（口頭で契約しても一応有効です）が、**実務上は贈与契約書を作成することが一般的**です。

　参考として、贈与契約書の例を載せておきます。

＜贈与契約書の例＞

贈与契約書

　贈与者●●（以下「甲」という）は、受贈者●●（以下「乙」という）と、下記のとおり贈与契約を締結する。

記

第１条　甲は、金●●万円を乙に贈与するものとし、乙はこれを承諾した。

第２条　甲は、第１条に基づき贈与した金銭を、令和●年●月●日までに、乙が指定する銀行預金口座に振り込むものとする。

　この契約を締結する証として、この証書２通を作成し、甲乙双方が記名捺印の上、各１通を保有するものとする。

令和●年●月●日

　（甲）　住所　●●

　　　氏名　●●

　（乙）　住所　●●

　　　氏名　●●

(3)　生前贈与では「贈与税」に注意する

　贈与税とは、生前贈与をした場合にかかる税金です。贈与税は、財産をもらった**受贈者**に課税されます。

　贈与税はすべての財産に課税されるわけではなく、夫婦や親子、兄弟姉妹などの扶養義務者から贈与を受けた生活費や教育

費、教育資金、結婚・子育て資金で一定の要件を満たすものについては、贈与税はかかりません。

贈与税の課税方法には、**「暦年課税」**と**「相続時精算課税」**の2つがあります。

① 暦年贈与

贈与税の基礎控除（**毎年110万円**までの贈与であれば贈与税が発生しない）を利用して行う贈与のことを暦年贈与といいます。「110万円」は1人当たりの控除額なので、複数人に贈与する場合には人数分の控除額分を、贈与税がかからず贈与をすることが可能です。例えば、子供3人に贈与する場合には、年間330万円までは贈与税がかからず贈与ができるということになります。

110万円を超えた場合には、受贈者（贈与を受けた人）が贈与を受けた年の翌年の2月1日から3月15日の間に贈与税の申告と納付を行わなくてはなりません。

贈与税の税率は、「一般贈与財産」と「特例贈与財産」に区分されます。

(イ) 一般贈与財産（一般税率）

(ロ)の「特例贈与財産」に該当しない場合がこれに当たります。例えば、兄弟間の贈与、夫婦間の贈与、親から子への贈与で子が未成年者の場合などがこれに当たります。

◆図表3-14　贈与税の速算表（一般贈与財産）

基礎控除後の課税価格	200万円以下	300万円以下	400万円以下	600万円以下	1,000万円以下	1,500万円以下	3,000万円以下	3,000万円超
税　率	10%	15%	20%	30%	40%	45%	50%	55%
控除額	—	10万円	25万円	65万円	125万円	175万円	250万円	400万円

出典：国税庁ホームページ

（ロ）　特例贈与財産（特例税率）

　直系尊属（祖父母や父母など）から、その年の1月1日時点において20歳※以上の者（子・孫など）への贈与がこれに当たります。例えば、祖父から孫への贈与、父から子への贈与などに使用します。

※　2022年（令和4年）4月1日以降は成年年齢引下げにより18歳となります。

◆図表3-15　贈与税の速算表（特例贈与財産）

基礎控除後の課税価格	200万円以下	400万円以下	600万円以下	1,000万円以下	1,500万円以下	3,000万円以下	4,500万円以下	4,500万円超
税　率	10%	15%	20%	30%	40%	45%	50%	55%
控除額	—	10万円	30万円	90万円	190万円	265万円	415万円	640万円

出典：国税庁ホームページ

　計算例を挙げると、贈与を受けた時点において20歳以上の子が親から「500万円」の贈与を受けた場合には、下記のような計

算となります。

> ⓐ 基礎控除後の課税価格：500 万円−110 万円＝390 万円
> ⓑ 贈与税額の計算：390 万円×15%−10 万円＝48.5 万円

② 相続時精算課税制度

　60 歳以上の父母又は祖父母から、20 歳※以上の子又は孫に対し、財産を贈与する場合において、**「2,500 万円」**までは贈与税を非課税にできる制度です。あくまで限度枠が 2,500 万円ということなので、必ずしも一度で贈与する必要はありません。何回かに分けて贈与しても問題ありません。2,500 万円を越えた場合には、一律で 20%の贈与税が課税されます。

　相続時精算課税制度は、贈与のときに贈与税はかかりませんが、**「相続の時」**に相続財産に贈与した財産も含めて相続税として**「精算」**する制度ですので、これ自体が直接節税につながるわけではありません。あくまで、いったん非課税になるのは贈与税であって、相続税は課税されることになります。

　注意が必要なのは、一度相続時精算課税制度を選択すると、①の暦年贈与制度を利用することは一切できなくなってしまうことです。どちらを利用するかについては、必ず税理士に相談しましょう。

　相談時精算課税制度を利用する場合には、贈与を受けた年の翌年の 2 月 1 日から 3 月 15 日の間に一定の書類を添付した**贈与税の申告書を提出する必要があります。**

※　2022 年（令和 4 年）4 月 1 日以降は成年年齢引下げにより 18 歳となります。

(4) 生前贈与の注意点

① 贈与税に注意する

　上記のとおり、生前贈与を行うと**贈与税**がかかる場合があります。贈与税がかかる場合には、贈与を受けた年の翌年の2月1日から3月15日の間に贈与税の申告と納付を行う必要があります。必ず事前に税理士に相談しましょう。

② 遺留分や特別受益に注意する

　贈与者（親）の財産全体のうち、受贈者（子）に生前贈与をする金銭が占める割合によっては、親が亡くなった後に他の相続人の**遺留分**（一定の法定相続人に法律上認められた最低限の取り分）を侵害する可能性があります。また、生前贈与が特別受益（相続人の中に被相続人から生前贈与などによって特別の利益を受けた者がいる場合に、その相続人の受けた贈与などの利益）に当たる場合には、相続時の遺産分割において相続人間で調整が必要となる可能性があります。

③ 判断能力低下後は生前贈与を行うことができない

　生前贈与を行うには「**贈与契約**」を締結する必要があります。贈与契約を締結するには、判断能力が必要となりますので、親が認知症等で判断能力を失った後は、生前贈与を行うことはできません。

④ 贈与した金銭は子供のものになる

　生前贈与をした金銭は**受贈者（子）の財産**となります。親が子供に金銭を贈与した後は、贈与したお金は「子供の金銭」ということになりますので、子供が親のために金銭を使ってくれる保障

はありません。また、子供が先に亡くなってしまった場合には、子供の相続人（子供の配偶者や孫など）に金銭が相続されることになります。必ずしも親が相続できるわけではありません。

(5)　どこに依頼すればよいの？

　生前贈与を行う際は、必ず贈与税について検討する必要がありますので、税理士に相談するのが一般的です。贈与契約書の作成は、弁護士などに依頼することも可能です。

(6)　費用はどのくらいかかるの？

①　初期費用

・贈与税の申告を税理士に依頼した場合には、5～10万円（税別）程度の報酬がかかります。
・贈与契約書の作成を弁護士などに依頼した場合には5万円（税別）程度の報酬がかかります。
・贈与税がかかる場合があります。

②　継続的にかかる費用

　なし

8　「預貯金」の認知症対策⑦
信託銀行の認知症サービス

(1)　信託銀行の認知症サービスとは

　認知症高齢者数の急増によって、今後「預貯金の凍結」問題が続発することが予想されています。そこで、信託銀行による認知症サービスが相次いでリリースされています。

◆図表3−16　信託銀行の認知症サービス

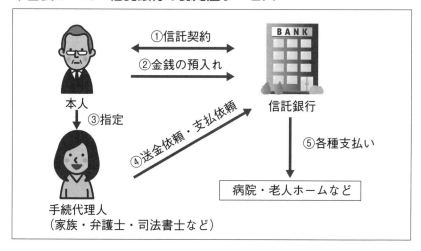

　これは家族信託と同様に、「信託」の仕組みを利用したもので
す。家族信託では、子供などの家族が受託者として金銭の管理を
行いますが、信託銀行の商品の場合は、家族ではなく、**信託銀行
が受託者として金銭の管理を行います**。なお、家族信託に対し
て、信託銀行が行っている信託は「商事信託」と呼ばれていま
す。詳細は【本章Ⅲ6「「収益物件」の認知症対策⑤　商事信託」】
をご覧ください。

　利用に当たっては、まず本人が信託銀行と信託契約を締結して
金銭の預入れを行います。同時に、信託銀行に対して送金や支払
いの依頼をする**手続代理人**を指名します。手続代理人は、一定の
親族関係を有する人、弁護士、司法書士に限定されているケース
がほとんどです。信託銀行は、手続代理人からの依頼により、医
療費、介護費、税金などを本人の口座に送金したり、病院、介護
施設などに支払ったりすることになります。

　これによって本人が認知症等で判断能力が低下してしまったと

しても、信託銀行に預けている金銭については凍結を回避できるというわけです。家族信託と異なり、家族がいない方や家族の中に受託者の候補がいない方も利用できるのが特徴です。なお、サービス開始後は親本人が信託した金銭を管理することはできません。

(2) 信託銀行の認知症サービスの注意点

① 判断能力低下後は利用できない

本人の判断能力があるうちに信託銀行に申込みをしないと利用はできません。

② 最低利用額が設定されている

信託銀行によって異なりますが、最低利用額が設定されています。事前に信託銀行に確認をしましょう。

③ 初期費用がかかる

利用開始時に預け入れる金額の1%程度（信託銀行によって異なります）を信託報酬として信託銀行に支払わなければなりません。

④ 継続的な費用がかかる

毎月信託銀行に管理報酬を支払わなければなりません。管理報酬の金額は信託銀行によって異なります。

⑤ 金銭だけが対象である

家族信託と異なり、金銭以外の財産を信託銀行に預けることはできません。

(3) どこに依頼すればよいの？

信託銀行に申込みを行います。

(4) 費用はどのくらいかかるの？

初期費用と継続的にかかる費用があります。事前に信託銀行に確認してみましょう。

9 「預貯金」の認知症対策⑧
比較表

◆図表3−17　預貯金の認知症対策　比較表

認知症対策	依頼先	預貯金を管理する人	親本人の管理	初期費用	継続費用
①代理人カード／代理人届・代理人指名	金融機関	子（※手続きした金融機関のみ）	○	金融機関ごとに異なる。	なし
②日常生活自立支援事業	社会福祉協議会	社会福祉協議会	○	なし	1時間当たり約1,000～1,500円
③財産管理委任契約	弁護士など	受任者（子又は専門家）	○	約5～10万円	なし（※専門家の場合はあり）
④任意後見制度	弁護士など	任意後見人（子又は専門家）	△	約5～10万円	あり
⑤家族信託	弁護士など	受託者（子）	×	約20～40万円	なし
⑥生前贈与	税理士など	受贈者（子）	×	約5～15万円	なし
⑦信託銀行の認知症サービス	信託銀行	信託銀行	×	信託金額の1%～	あり

「自宅」の認知症対策

1 「自宅」の凍結とは

◆図表 3−18　自宅の凍結

(1) 「自宅」の凍結により何が起こるのか

　認知症高齢者数の増加によって、預貯金の凍結と並んで深刻な問題となっているのが、「**自宅」の凍結の問題**です。自宅の凍結

とは、自宅の所有者が認知症等で判断能力を失うことによって、**自宅の売却、賃貸、リフォームなどができなくなってしまうこと**をいいます。

(2) 自宅の売却ができなくなる

　相談で最も多いのが、親の施設入居費用を捻出するため**親名義の自宅を「売却」する、空き家となった親名義の自宅を「売却」する**際に親が認知症を発症しているというケースです。

　自宅を売却するためには、親が売主として買主と**「売買契約」**を締結する必要があります。当然、売買契約も法律行為ですので、締結に当たっては売主・買主ともに判断能力が必要となります。また、売買契約以外にも不動産業者に売買の仲介をお願いする**「媒介契約」**、司法書士に登記手続きを依頼する**「委任契約」**を締結することが一般的です。これらの契約を締結するにも親に判断能力がなくてはなりません。したがって、判断能力の低下後は自宅を売却することができなくなるリスクがあります。

(3) 自宅の賃貸ができなくなる

　自宅を**賃貸**する場合も同様です。自宅を賃貸する場合には、親が貸主として借主と**「賃貸借契約」**を締結する必要があります。その際、判断能力が低下していると、賃貸借契約を締結できない可能性があります。これ以外にも、不動産業者との**「管理契約」**や**「媒介契約」**を締結する際も同様です。なお、すでに賃貸借契約を締結している場合において、賃貸借契約の内容を変更したり、契約を更新したりするにも当然貸主の判断能力が必要となります。

(4)　自宅のリフォームができなくなる

　また、最近増えているのが**自宅のリフォーム**についての相談です。老人ホームに移るよりは、住み慣れた自宅に住み続けたいと考える人は多いものです。ところが、自宅に住み続けるためには自宅の老朽化や要介護状態となったときに備えて、自宅のリフォームが必要となることがあります。自宅をリフォームするためには、まず所有者である親がリフォーム業者と「**リフォーム工事契約**」を締結しなければなりません。ここで、判断能力が低下していると工事の契約が締結できない可能性があります。さらに、リフォームには相応の費用がかかりますので、この費用を親の**預貯金口座から支払うためには判断能力が必要**となります。弊社の相談事例でも、リフォーム業者との契約は何とかできましたが、口座から前金を支払うことができずにリフォームを断念せざるを得なくなったケースがありました。

(5)　自宅凍結 "後" の手段は法定後見制度しかない

　判断能力低下後にこれらの行為をするためには、**法定後見制度**を利用する必要があります。家庭裁判所から選任された成年後見人が、親に代わって自宅の売却、賃貸、リフォームなどの契約を行うことになります。法定後見制度を利用した場合、自宅の売却や賃貸などを行うためには、家庭裁判所に対して「**居住用不動産処分の許可の申立て**」を行い、**事前に家庭裁判所の許可を得なければなりません**。法定後見制度の詳細は、【第 2 章Ⅰ「認知症発症「後」の対策〜法定後見制度とは〜」】をご覧ください。

◆図表3-19　自宅の売却・賃貸・リフォームと契約

自宅の売却	自宅の賃貸
・不動産業者との「媒介契約」	・借主との「賃貸借契約」
・買主との「売買契約」	・不動産業者との「管理契約」
・司法書士との「委任契約」	・不動産業者との「媒介契約」

自宅のリフォーム
・リフォーム業者との「工事契約」
・リフォーム業者への「支払い」

⑹　「自宅」の認知症対策で最も大切なこと

　自宅の認知症対策で最も大切なことは、認知症などによって親の判断能力が低下したときに、**スムーズに「売却」をできるようにしておくこと**です。介護費、医療費、老人ホームの入居一時金などの**老後資金を手持ちの現金で確保できない場合でも、親名義の自宅を売却すれば捻出できる可能性がある**からです。

　また、自宅が「空き家」になるのを防ぐためにも、売却できるようにしておくことは大切です。両親の入院や施設入所により「空き家」となった自宅を売却したくとも、親が認知症で売却ができず、固定資産税などの維持費を子供がずっと負担し続けているケースが増えています。自宅を空き家にしておくことで、維持費の負担以外にも、火事による延焼や倒壊など様々なリスクが家族に降りかかってきます。

　もちろん、特に自宅の認知症対策をしなかった場合でも、**法定後見制度を利用すれば自宅を売却することは可能**です（家庭裁判所の「許可」が必要となるので、確実に売却ができるとは限りません）。しかし、法定後見の場合、売却までにかなりの時間（お

よそ3カ月程度）を要することになります。また、成年後見は自宅の売却が終わっても親が亡くなるまで続きますので、家庭裁判所への定期報告、後見人・監督人の報酬など様々な負担を家族は負い続けなければならない可能性があります。

　したがって、事前対策をしっかりと行い、いざという時にすぐに親の自宅を売却できるようにしておくことが大切です。

2 「自宅」の認知症対策①　任意後見制度

◆図表3−20　任意後見と自宅の認知症対策

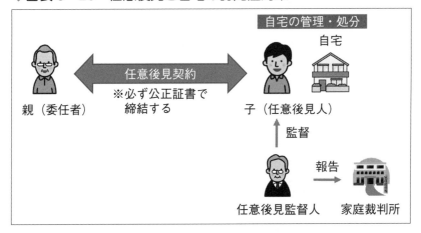

(1)　任意後見制度と「自宅」の認知症対策

　「任意後見制度」とは、認知症などで判断能力が低下してしまった場合に備えて、**判断能力が十分あるうちに自分の後見人を自分で選んでおく制度**です。任意後見人は、家族だけなく士業などの専門家を選ぶことも可能です。

　任意後見は、**親の判断能力が低下した後に家庭裁判所に対して**

「任意後見監督人選任の申立て」を行い、任意後見監督人が選任されると開始します。

　任意後見制度を利用すれば、親の判断能力が認知症等で低下した後であっても、「自宅の凍結」を回避することができます。

　任意後見制度の詳細は、【第2章Ⅱ「認知症発症「前」の対策の基本①〜任意後見制度とは〜」】をご覧ください。

(2)　任意後見が開始すると「自宅」はどうなるのか

　任意後見監督人が家庭裁判所から選任され、任意後見が開始すると、「自宅」の管理や処分などは任意後見人が行うことができます。ただし、任意後見契約によって代理権限が与えられていない場合は行うことはできません。また、後述する家族信託の場合と異なり、自宅の登記名義を任意後見人に変更する必要はありません。なお、法定後見と異なり、本人の権限が制限されるわけではないので、任意後見が開始した後であっても、親本人が自宅を管理することも可能です。もっとも、判断能力が低下した後に管理をさせるのは本人保護のためには避けた方がよいでしょう。

(3)　任意後見制度と「自宅」の売却

　任意後見人は、任意後見契約によって代理権限が付与されていれば、本人に代わって自宅の売却を行うことができます。任意後見人の代理権限は「代理権目録」によって確認できます。代理権目録の具体例は、【第2章Ⅱ2「任意後見が開始するまでの流れ」】をご覧ください。

(4)　法定後見と異なり家庭裁判所の許可は不要

　自宅を売却する際は、売却のために一般的に必要となる前述の

３つの契約（媒介契約・売買契約・委任契約）は任意後見人が締結します。

　任意後見の場合には、法定後見と異なり、自宅の売却を行う場合であっても、家庭裁判所から**「居住用不動産処分の許可」を得る必要はありません。**また、**任意後見監督人の同意も法律上は不要とされています。**

　しかし、実務上の運用としては、**事前に任意後見監督人と可能な限り相談・協議をした上で、その同意を得てから売却することが一般的です。**

　法定後見の場合に居住用不動産の許可が必要となるのは、居住用不動産を処分することが本人の生活に与える影響が大きいことから、**事前にその必要性や妥当性を家庭裁判所が審査することによって本人を保護するため**です。

　この趣旨は、当然任意後見の場合にも当てはまりますので、家庭裁判所の許可に代わって、任意後見監督人の同意を得ておくことが望ましいとされているのです。

⑸　任意後見制度と「自宅」の賃貸・リフォーム

　任意後見人は、**任意後見契約によって代理権限が付与されていれば本人に代わって自宅の賃貸・リフォームを行うことができます。**

　自宅を賃貸・リフォームする際は、前述の各種契約・手続きは任意後見人が締結・実行します。

　売却の場合と同様に、**「居住用不動産処分の許可」を家庭裁判所から得る必要はありません。**

　もっとも、任意後見監督人と相談・協議をした上で、事前に同意を得ておくのが望ましいとされています。

⑹ 任意後見制度の注意点

① 継続的に費用が発生する

　自宅の売却など任意後見を利用した当初の目的を達成したとしても、任意後見が終了するわけではありません。そのため、いったん任意後見が開始すると、本人の死亡などの事由により任意後見が終了するまで**任意後見監督人の報酬**（月額1〜3万円程度）を支払わなくてはなりません。また、これに加えて、専門家などの第三者を任意後見人とした場合には、任意後見契約書で定めた**任意後見人の報酬**も支払いを続けなければなりません。

② 事前に任意後見監督人の同意を得る

　任意後見人は、自宅の売却などに当たっては、本人に不利益を与えないようにその必要性を慎重に検討しなければなりません。したがって、**事前に任意後見監督人と相談し、同意を得てから売却を進めていきましょう。**

③ 本人の利益を最優先して自宅の管理や処分を行う

　任意後見人は、常に本人の利益を最優先に考えなければなりません。

　したがって、自宅の売却に当たっても、**本人に不利益が発生しないよう最善を尽くさなくてはなりません。**売買価格、履行条件、代金支払方法などの売却条件が、市場価格や取引慣行に照らして相当でなければなりません。手間を省くために業者に相場よりも低価格で買い取らせたりしてはいけません。また、任意後見人の親族に売却するなど利益相反に該当するような行為も原則として避けなければなりません。同様に、賃貸やリフォームの場合であっても、本人の利益のために行動することが求められます。

(7) どこに依頼すればよいの？

弁護士などの法律の専門家に依頼することが一般的です。

(8) 費用はどのくらいかかるの？

任意後見にかかる費用については、【第2章Ⅱ4「任意後見にかかる費用」】をご覧ください。

---

3 「自宅」の認知症対策②

家族信託

◆図表3−21　家族信託と自宅の認知症対策

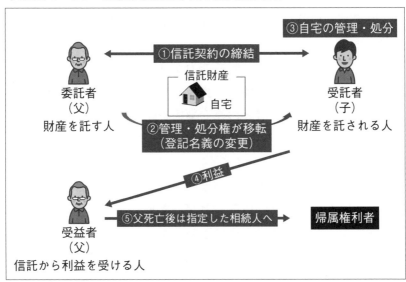

(1) 家族信託と「自宅」の認知症対策

「家族信託」とは、**不動産やお金などの財産の管理や処分を信頼できる家族に託す制度**です。金融機関、家庭裁判所、士業などの専門家にお願いするのではなく、「信」頼できる家族に財産管

理を「託」すことができるのが家族信託の大きな特徴です。家族信託は、委託者（親）と受託者（子）が信託契約を締結することによってスタートします。

　認知症による財産凍結問題の拡大を受けて、家族信託の利用者数はここ数年急増しています。家族信託では、親が所有する自宅と金銭を認知症による財産凍結から守るケースが典型的です。

　家族信託の詳細は【第2章Ⅲ「認知症発症「前」の対策の基本②〜家族信託とは〜」】をご覧ください。

(2)　家族信託したら「自宅」はどうなるのか

　親が元気なうちに家族信託を開始しておくことによって、「自宅」を管理・処分する権限を受託者である子供に移しておくことができます。

　よって、親が認知症等で判断能力が低下した後であっても、**受託者である子供が自宅の売却、賃貸、リフォームなどを行うことができます**。不動産業者との媒介契約や売買契約などの各種契約はすべて受託者が締結します。登記手続きも受託者が行うことになります。

　そして、親は**「受益者」という立場でこれまでどおり信託財産である自宅から利益を受けることができます**。受託者はあくまで受益者である親のために自宅の手続きを行うにすぎません。家族信託が開始した後も今までどおり親（受益者）は自宅に住むことができます。また、自宅を売却した場合の売買代金や賃貸をした場合の賃料は、原則としてそのまま信託財産として受益者である親の生活費などに利用されることになります。

　なお、家族信託が開始した後は、親本人が家族信託した自宅を管理・処分することはできません。

◆図表3−22　自宅の売却代金や賃料はどうなるの？

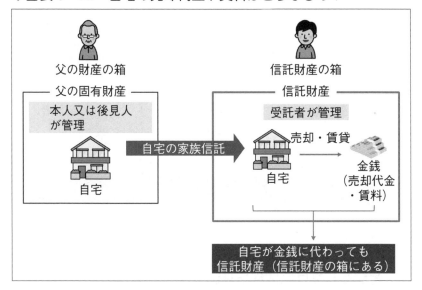

(3) 「自宅」を家族信託したら必ず「登記」を行う

　家族信託が開始したら、速やかに委託者（親）から受託者（子）に名義変更の登記を申請しなければなりません。この登記は**信託法上の義務**です。登録免許税や司法書士の費用を節約したいなどの理由で省略することはできません（信託法34②）。

◆図表3−23　家族信託と登記

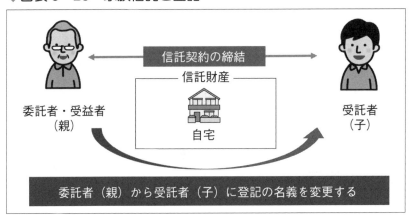

①　登記をしなければならない理由

　受託者には、信託法上「**分別管理義務**」が課せられています（信託法34）。分別管理義務とは、自分の財産と信託によって管理を託された財産を分けて管理する義務をいいます。信託法上、不動産の分別管理は「**信託の登記**」によって行うと定められています。信託の登記を行うことによって、受託者自身が所有している不動産（受託者の固有財産）と信託した不動産（信託財産）をしっかりと分けて管理することができます。**登記をする義務は信託契約によっても免除することができません**（信託法34②）。

　また、登記をしなければ**受託者に不動産の管理や処分をする権限があるということを第三者に対して証明することはできません**。そのため、登記がなされていなければ、受託者が家族信託した自宅の売却や賃貸などを行うことはできません。これでは自宅を家族信託した意味がなくなってしまいます。

② どのような登記を申請するのか

　不動産の家族信託では、**所有権移転登記**と**信託の登記**を法務局に申請する必要があります。この２つの登記は同時に申請をすることになります。

　所有者移転登記とは、信託を原因として委託者から受託者へ所有権を移転させる登記をいいます。しかし、所有権の移転登記だけですと、家族信託の内容（信託の目的や受託者の権限など）を確認することができません。

　そこで、信託の登記を同時に申請します。信託の登記は、「**信託目録**」を作成し登記簿に記録するための登記です。信託目録には主に次のような内容が記載されます。

・家族信託の当事者（委託者、受託者、受益者など）
・受託者の権限
・信託の目的
・信託財産の管理方法

---

③ 登記は信託契約締結後速やかに行う

　信託契約を締結したとしても、その後**登記をしないまま委託者（親）が認知症になってしまったら、家族信託の登記ができなくなるリスクがあります**。なぜなら、家族信託の登記は、**委託者（親）と受託者（子）が共同で申請しなければならない**からです。登記の申請を行うには判断能力が必要となります。前述のように、登記ができなければ受託者が自宅を売却や賃貸することができません。

　したがって、家族信託の契約を締結したら、できるだけ速やか

に登記申請を行いましょう。

④ 家族信託の登記簿

自宅を家族信託した場合の登記簿を確認してみましょう。

図表3-24は、実際に弊社で家族信託の登記を行った後の登記簿です。家族信託の登記によって登記すべき事項は、法律で定められています。信託契約書の内容がすべて登記されるわけではありません。登記の際は、信託契約書の内容から登記事項を正確かつ適切に抽出する必要があります。

以下、重要な部分について、順番に説明していきます。

(イ) 所有者（権利部甲区）

不動産を家族信託すると、所有権は受託者に移転します。よって、権利者（所有者）の欄には受託者の住所・氏名が記録されます。あくまで登記簿上の所有者は受託者となります。

(ロ) 信託の欄（権利部甲区）

「信託」を原因として所有者が変更されたことを表しています。また、信託目録の番号が記載されます。

(ハ) 委託者（信託目録）

委託者（親）の住所・氏名が記載されます。

(ニ) 受託者（信託目録）

受託者（子）の住所・氏名が記載されます。

(ホ) 受益者（信託目録）

受益者（親）の住所・氏名が記載されます。家族信託では、委託者と受益者は同一人物となることが多いです（これを自益信託といいます）。

◆図表 3−24　信託登記簿の具体例（一部抜粋）

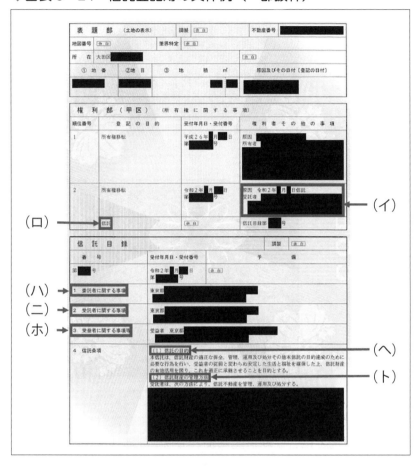

◆図表3−24　信託登記簿のつづき

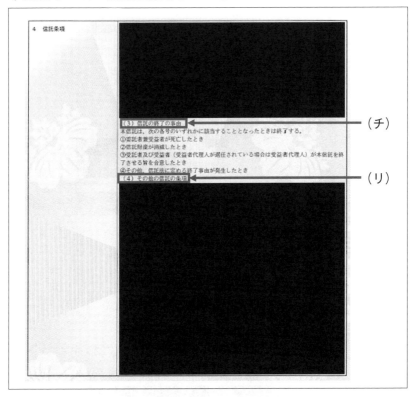

（ヘ）　信託の目的（信託目録）

　信託の目的とは、家族信託によって達成・実現しようとする目的を指します。言い換えれば、家族信託の存在理由ともいえます。また、信託目的は、受託者の行動指針ともなります。受託者は、信託目的の範囲内で不動産に対する権限を有することになります。

（ト）　信託財産の管理方法（信託目録）

　信託の目的を達成するため、受託者がどのように不動産の管理・処分をしていくのかを記載します。記載に不備があると、自

宅の売却の手続きなど家族信託を利用して行う予定だったことができなくなる可能性もあります。

(チ)　信託の終了の事由（信託目録）

信託契約書によって定めた信託の終了事由を記載します。ここに記載した事由が発生すると家族信託は終了します。

(リ)　その他の信託の条項（信託目録）

ここでは、(イ)〜(チ)で記載しなかった事項で、家族信託の設計・運営上重要な部分を記載します。家族信託の内容によって記載事項は異なりますが、下記の事項を記載することが一般的です。

> ・委託者の地位の承継に関する条項
> ・帰属権利者（家族信託が終了したときに不動産を承継する者）
> ・後継受託者（当初の受託者が事故や病気などによって受託者の任務が遂行できなくなった場合に、次に受託者になるべき者）

(4)　登記が完了したら行う手続き

①　火災保険の変更手続き

「建物」を家族信託した場合には必要となる手続きです。建物を家族信託した場合、上述のように建物の登記名義を委託者から受託者に変更しなければなりません。

そして、建物の登記名義が変更された場合、その建物を対象とした**火災保険契約の名義も委託者から受託者に変更しなければなりません**。変更手続きは「受託者」が行います。

契約の名義を変更していなかった場合には、火災などの損害が

発生した際に保険金の支払いを受けられなくなるリスクがあります。その場合、受託者が損失をてん補しなければならなくなる可能性もあります。

　名義変更には、建物の登記事項証明書や受託者の印鑑証明書などが必要となります。手続方法は保険会社によって異なりますので、信託契約を締結する前に確認しておきましょう。また、受託者の権限として火災保険の手続きができる旨を信託契約書に明記しておくようにしましょう。

②　管理組合への届出

　自宅が「マンション」であった場合に必要となる手続きです。マンションを家族信託した場合には、マンションの名義が委託者（親）から受託者（子）に変更されることになります。それに伴って、マンション管理組合の「組合員」も委託者から受託者に変更されることになります。**登記が完了したら速やかに管理組合に届出を行いましょう。**

(5)　自宅を家族信託した際にかかる税金

　自宅を家族信託したとしても、委託者＝受益者となる自益信託の場合は、**不動産取得税、譲渡所得税、贈与税はかかりません。**なぜなら、売買や贈与とは異なり実質的な所有者に変更はない（これまでどおり受益者である親が実質的な所有者である）と考えられているからです。委託者である親から受託者である子供に名義を変更することにはなりますが、受託者が不動産を取得したというわけではなく、税務上は今までどおり受益者（親）のものということになるのです。

　ただし、家族信託により登記の名義を変更することになります

ので、**登録免許税**がかかります。登録免許税の税額は、固定資産税評価額の0.4％が原則となりますが、土地については、2023年（令和5年）3月31日までは0.3％（租税特別措置法72）となっています。

(6)　家族信託した自宅を売却する際の手続き

　家族信託した自宅を売却する際の手続きは、通常の売却の場合とほぼ同じです。家族信託をしていなければ、親が行うはずだった手続きはすべて「**受託者**」が行います。

　したがって、不動産業者との「媒介契約」、買主との「売買契約」、司法書士との「委任契約」は**すべて受託者が締結する**ことになります。委託者（親）が認知症などによって判断能力がない状態であっても、売却を進めていくことができます。

　なお、自宅を売却したことによる譲渡所得は、「受益者」の所得とみなされ、受益者が確定申告・納税を行う必要があります。

(7)　家族信託した自宅を賃貸・リフォームする際の手続き

　家族信託した自宅を賃貸・リフォームする際の手続きは、通常の場合とほぼ同じです。家族信託をしていなければ、親が行うはずだった手続きはすべて「**受託者**」が行います。

　したがって、賃貸やリフォームで必要となる各種契約はすべて受託者が締結することになります。委託者（親）が認知症などによって判断能力がない状態であっても、賃貸・リフォームを進めていくことができます。

　なお、自宅を賃貸したことによる所得は、「受益者」の所得とみなされ、受益者が確定申告・納税を行う必要があります。

(8) 家族信託の注意点
① 固定資産税の納税通知書は受託者宛に届く

　固定資産税・都市計画税は毎年1月1日現在の登記簿又は固定資産税課税台帳の所有者に対して課税されます。家族信託を開始すると受託者に登記の名義を変更しますので、家族信託によって名義変更した翌年の自宅の納税通知書は、**受託者（子）の住所宛に届く**ことになります。

　しかし、固定資産税を受託者個人が支払わなければならないというわけではありません。固定資産税は信託財産である自宅に関する費用なので、信託金銭から支払うのが原則となります。

　なお、信託した自宅と同一の市区町村に受託者が自分の不動産を所有している場合には、**両方の固定資産税が同じ固定資産税の納税通知書で受託者に届く**ことになります。税額の明細は記載されていないので、しっかりとそれぞれ分けて管理するようにしましょう。

② 受託者の義務と責任

　【第2章Ⅲ「認知症発症「前」の対策の基本②〜家族信託とは〜」】で確認したように、受託者は受益者に対して**「忠実義務」**を負っています。そのため、自宅を売却する際は、受益者の利益のため、複数の業者に査定を依頼するなど少しでも高い金額で売れるよう最善を尽くさなくてはなりません。

　また、受託者は自宅の所有者として、**土地の工作物責任**（民法717）を負うことになります。これは、建物、ブロック塀などの土地の工作物が「設置又は保存に瑕疵があることによって他人に損害を生じたとき」に占有者や所有者が負う責任をいいます。自宅のブロック塀が崩れたり、屋根瓦が落ちたりして通行人に怪我

をさせてしまったというようなケースがこれに当たります。工作物責任は原則として占有者が負うことになりますが、占有者が損害の防止について必要な注意をしていた場合には、**所有者（受託者）に過失がなくても所有者（受託者）が責任を負います**。受託者の第三者に対する責任は無限責任であるため、工作物責任による損害賠償を信託財産で支払うことができなければ、受託者個人の財産で支払いをしなければなりません。

③　自宅の敷地が「借地」の場合には地主の承諾が必要となる

自宅の敷地が「**借地**」の場合には、家族信託を行う前に**地主の承諾**が必要となります。なぜなら、法律上、借地権を譲渡するには地主の承諾を要するからです。また、承諾料がかかるケースもあるので事前に地主に確認しましょう。なお、借地権が賃借権ではなく、地上権という権利の場合には地主の承諾は不要です。

④　ローンが残っている場合には金融機関の承諾が必要となる

住宅ローンなどの債務が残っており、自宅が抵当権などの担保権の対象となっている場合には、家族信託を行う前に**借入れ先の金融機関の承諾を得なければなりません**。なぜなら、金融機関との約定に担保物件の名義を変える際は事前に金融機関の承諾が必要となる旨の条項が含まれているからです。

なお、すでに完済しており、抵当権などの担保権だけが登記簿上残っているだけの場合には、金融機関の承諾は必要なく、家族信託の登記の前に担保権の抹消登記を申請することになります。

(9)　どこに依頼すればよいの？

弁護士などの法律の専門家に依頼することが一般的です。

⑽　費用はどのくらいかかるの？

　家族信託の費用の詳細は、【第2章Ⅲ13「家族信託にかかる費用」】をご覧ください。

似て非なるもの、「任意後見」と「家族信託」の違いとは？

　認知症対策において、家族信託と任意後見制度の区別はなかなか難しいものです。特にはじめて説明を聞いた方にとっては、両者は「自分で財産の管理を任せる人を決定できる」という点で同じような制度に聞こえるかもしれません。

　しかし、両者はまったく異なる制度です。主な違いは、①**開始時期**、②**財産管理を誰が行うのか**、③**財産管理の対象**、④**身上保護の権限**、⑤**家庭裁判所・専門家の関与**、⑥**初期費用**、⑦**継続的にかかる費用**です。

　まずは、「①開始時期」について確認してみましょう。**任意後見は認知症などによって判断能力が低下し、家庭裁判所に任意後見監督人選任の申立てをすることによって開始**されます。これに対して、家族信託は、原則として**信託契約の締結と同時に開始**します。信託契約の締結には、当然判断能力が必要となりますので、家族信託は判断能力がまだ十分にあるうちに開始することになります。そのため、認知症になったら財産管理を子供にお願いするのは構わないのだけれど、元気なうちからお願いするのはちょっと気が引けるなあ…という場合には、任意後見の方が合っているかもしれません。

次に、「②財産管理を誰が行うのか」についてですが、**任意後見は家族にお願いすることもできますし、専門家にお願いすることもできます**。ただし、いずれにしても任意後見人を監督する「任意後見監督人（専門家）」が必ず選任されることに注意が必要です。一方、**家族信託では、財産管理を行う受託者は家族**となります。専門家が受託者となることはできません。

　「③財産管理の対象」についても、違いがあります。任意後見の場合、財産管理の対象を「**全財産**」とすることも可能です。一方、家族信託の場合は、信託契約で定めた「**信託財産**」のみが財産管理の対象となります。

　「④身上保護の権限」（本人の福祉や介護などの手続きを行う権限）は、**任意後見人にはありますが、受託者にはありません**。

　続けて、「⑤家庭裁判所・専門家の関与」について確認しましょう。任意後見は、後見制度ですので、**開始後は家庭裁判所との関わりを避けることはできません**。また、任意後見監督人として必ず専門家が選任されますので、**専門家の関与も避けられません**。これに対して、家族信託の場合、**家庭裁判所が関与することはありません**。また、家族信託を開始するまでは専門家にサポートしてもらうのが一般的ですが、**開始後は原則として専門家が関与することはありません**（**受託者を監督したり、受益者の利益を保護するために、専門家を信託監督人や受益者代理人として定めることは可能です**）。

　「⑥初期費用」は、**任意後見よりも家族信託の方が高額**となります。費用の説明は、任意後見については【第2章Ⅱ「認知症発症「前」の対策の基本①〜任意後見制度とは〜」】、家族信託については【第2章Ⅲ「認知症発症「前」の対策の基本②〜家族信託とは〜」】をご覧ください。

　最後に「⑦継続的にかかる費用」ですが、任意後見の場合は、**任意後見監督人の報酬が月額1〜3万円程度発生します**。家族信託の場

合、原則として継続的にかかる費用はありませんが、**信託監督人や受益者代理人として専門家を選任した場合は、信託契約書で定めた報酬が発生します。**

◆図表3-25　任意後見と家族信託の比較表

比較項目	任意後見	家族信託
①開始時期	任意後見監督人の選任申立後	信託契約締結と同時
②財産管理を誰が行うのか	家族 or 専門家（弁護士・司法書士等）	家族
③財産管理の対象	全財産も可能	信託財産のみ
④身上保護の権限	あり	なし
⑤家庭裁判所・専門家の関与	関与する	関与しない ※信託監督人や受益者代理人として専門家を関与させることは可能
⑥初期費用	安い	高い
⑦継続的にかかる費用	任意後見監督人報酬が月額1～3万円程度発生	かからない ※信託監督人や受益者代理人として専門家を選んだ場合は報酬が発生

▲▲▲▲▲▲▲▲▲▲▲▲▲▲▲▲▲▲▲▲▲▲▲▲▲▲▲▲▲▲▲▲▲▲▲▲▲▲▲

4 生前贈与

◆図表3−26　生前贈与と自宅の認知症対策

(1)　生前贈与と「自宅」の認知症対策

　「生前贈与」とは、不動産や金銭などの財産を元気なうちに無償で譲渡することをいいます。

　生前贈与は、相続税対策の一環として行うことがほとんどですが、**自宅の認知症対策としても一定の効果があります。**

　例えば、親が元気なうちに自宅を子供に贈与しておくことで、万が一認知症等で親の判断能力が低下した場合であっても、自宅の凍結を回避することができます。なぜなら、生前贈与をすることで自宅は親の財産ではなく、子供の財産となるからです。

　生前贈与をした後は、子供が自宅の所有者となりますので、子供が売却等の手続きを行うことができます。なお、生前贈与した後は、親本人が贈与した自宅を管理・処分することはできません。

(2) 自宅を生前贈与するには贈与契約と登記が必要となる

　自宅を生前贈与するには、まず、贈与者（あげる人）と受贈者（もらう人）で**贈与契約**を締結します。当然、契約の締結ですから、贈与者（親）・受贈者（子）ともに**判断能力**があることが前提となります。法律上必ず必要というわけではありませんが、実務上は贈与契約書を作成するのが一般的です。

　次に、贈与者（親）から受贈者（子）に登記名義を変更するため、贈与を原因とする**所有権移転登記**を法務局に申請することになります。

(3) 自宅を生前贈与した際にかかる税金

　自宅を生前贈与すると、**贈与税・不動産取得税・登録免許税**がかかります。

① 贈与税

　贈与税については、【本章Ｉ7「「預貯金」の認知症対策⑥　生前贈与」】をご覧ください。不動産の贈与税は、相続税評価額（土地については、路線価や固定資産税評価額をベースとした額、建物については固定資産税評価額）によって計算します。不動産を贈与する場合には、贈与税が高額となる場合があります。必ず事前に税理士に相談しましょう。

② 不動産取得税

　不動産取得税とは、売買や贈与によって不動産を取得したときなどにかかる税金です。不動産取得税は、土地・建物の固定資産税評価額の4%が原則ですが、特例により2024年（令和6年）3

月31日までは、土地及び家屋（住宅）については固定資産税評価額（宅地については固定資産税評価額の2分の1）の3％とされています。その他にも特例や軽減措置がありますので、事前に税理士に確認するようにしましょう。

③ 登録免許税

登記の名義を変更するので、登録免許税がかかります。贈与の場合、土地・建物の固定資産税評価額の2％が登録免許税の税額となります。

(4) 生前贈与の注意点

① 贈与税などの税金に注意する

金銭の贈与と異なり、贈与税以外にも不動産取得税と登録免許税がかかります。事前に必ず税理士に相談するようにしましょう。

② 遺留分や特別受益に注意する

贈与者（親）の財産の総額のうち、受贈者（子）に生前贈与をする自宅の評価額が占める割合によっては、他の相続人の遺留分（一定の法定相続人に法律上認められた最低限の取り分）を侵害する可能性があります。また、生前贈与が特別受益（相続人の中に被相続人から生前贈与などによって特別の利益を受けた者がいる場合に、その相続人の受けた贈与などの利益）に当たる場合には、相続時の遺産分割において相続人間で調整が必要となる可能性があります。

③ 判断能力低下後は生前贈与を行うことができない

　生前贈与を行うには「**贈与契約**」を締結する必要があります。贈与契約を締結するには、判断能力が必要となりますので、親が認知症等で判断能力を失った後は、生前贈与を行うことはできません。

④ 贈与した自宅は子供のものになる

　生前贈与をした自宅は**受贈者（子）の財産**となります。よって、例えば、親が子供に自宅を贈与した後は、「子供の不動産」ということになりますので、子供が自由に売却などを行うことができます。子供が親のために売却代金などを使ってくれる保障はありません。また、子供が先に亡くなってしまった場合には、子供の相続人（子供の配偶者や孫など）に自宅が相続されることになります。必ずしも親が相続できるわけではありません。

⑤ 原則としてマイホーム特例（3,000万円控除）が使えなくなる

　マイホーム（居住用不動産）を売却した際は、所有期間の長短に関係なく、**譲渡所得から最高3,000万円まで控除できる特例**があります。しかし、自宅の所有権をすべて生前贈与してしまうと、この特例は適用できなくなります。ただし、受贈者（子）が同居していれば、特例を適用できる可能性があります。

　したがって、親名義のまま売却した場合や任意後見や家族信託を利用して売却した場合に比べると、所得税（譲渡所得）が高額になる可能性があります。事前に必ず税理士に相談するようにしましょう。

⑥　ローンが残っている場合には金融機関の承諾が必要とな
る

　家族信託の場合と同様です。詳細は【3「「自宅」の認知症対策
②　家族信託」】をご覧ください。

⑦　自宅の敷地が「借地」の場合には地主の承諾が必要となる
　家族信託の場合と同様です。詳細は【3「「自宅」の認知症対策
②　家族信託」】をご覧ください。

(5)　どこに依頼すればよいの？

　生前贈与を行う際は、必ず贈与税について検討する必要があり
ますので、税理士に相談するのが一般的です。贈与契約書の作成
は、弁護士などに依頼することも可能です。贈与の登記は、司法
書士に依頼することが多いでしょう。

(6)　費用はどのくらいかかるの？

①　初期費用

・贈与契約書の作成を弁護士などに依頼した場合には5万円（税
別）程度の報酬がかかります。
・贈与税の申告等の手続きを税理士に依頼した場合には10〜15
万円（税別）程度の報酬がかかります。
・所有権移転登記の手続きを司法書士などに依頼した場合には、
5〜10万円（税別）程度の報酬がかかります。
・贈与税がかかる場合があります。また、不動産取得税、登録免
許税がかかります。

② 継続的にかかる費用

　なし

5 「自宅」の認知症対策④
比較表

◆図表3-27　自宅の認知症対策　比較表

認知症対策	依頼先	自宅を管理・処分する人	親本人の管理	初期費用	継続費用
①任意後見制度	弁護士など	家族又は専門家	△	約5〜10万円	あり
②家族信託	弁護士など	家族	×	約40〜70万円	なし
③生前贈与	税理士など	家族	×	約10〜15万円〜	なし

◆図表3-28　自宅売却時の各対策の比較

比較項目	事前対策			事後対策
	任意後見	家族信託	生前贈与	法定後見
誰が売却するの？	任意後見人	受託者	受贈者	成年後見人
売却までにかかる時間	1〜2カ月程度	即時	即時	2〜3カ月程度
家庭裁判所の許可	不要（ただし、任意後見監督人の同意を得ておくのが望ましい。)	不要	不要	必要
マイホーム特例の利用可否	可能	可能	原則不可	可能

「収益物件」の認知症対策

1 「収益物件」の凍結とは

◆図表3-29　収益物件の凍結

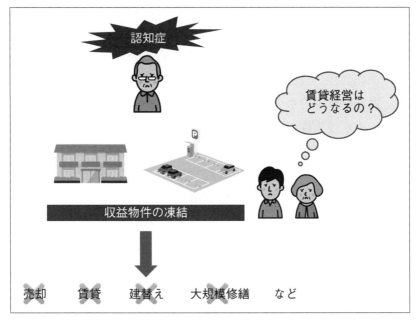

(1)　「収益物件」の凍結により何が起こるのか

　認知症高齢者数の増加によって、アパート、テナントビルなどの「**収益物件**」の**凍結**の問題で悩む家族が多くなっています。

「**収益物件」の凍結**とは、アパート、テナントビル、駐車場などの収益物件のオーナーの判断能力が認知症などを原因に低下することによって、収益物件に関する**賃貸借契約や管理委託契約の締結・更新・解除、賃料回収、原状回復工事、修繕・改修工事、リフォーム工事、売却、建替え**などができなくなってしまうことをいいます。これらの行為はすべて「**法律行為**」ですので、オーナーの判断能力がなければ行うことができません。

(2) 「収益物件」の認知症対策の重要性

収益物件は、自宅や預貯金に比べて、**所有者（オーナー）の意思決定（法律行為）が必要となる場面が多く**あります。そのため、認知症などによってオーナーの判断能力が低下すると、賃借人、管理会社、金融機関など**関係各所とのやり取りに支障をきたし、賃貸経営そのものが円滑に進まなくなるリスク**があります。

また、収益物件の適切なメンテナンスや建替えなどができず、**収益物件の価値の低下を招く**ことにもなりかねません。

したがって、**収益物件の認知症対策は、自宅や預貯金などの認知症対策に比べるとその重要性は高い**といえます。自宅の場合には、売却や賃貸などをする予定がなければ、仮に凍結したとしてもすぐ何かに影響があるわけではありません。凍結してもこれまでどおり自宅に住むことに影響はないからです。預貯金の場合も同様に、すぐ何かに使う予定がなければ、あるいは家族が立て替えるなど他から工面できれば、仮に凍結したとしても親が生活に困ることは少ないでしょう。

ところが、収益物件の場合は、一度凍結が起こると、賃貸経営そのものに深刻な影響を与える可能性があります。そのため、**収益物件を所有されている方は、元気なうちに必ず認知症対策をし**

ておくことをお勧めします。

2 「収益物件」の認知症対策①
不動産管理会社の活用

(1) 不動産管理会社の活用とは

　アパート・マンションなどの不動産オーナーの節税対策としてよく用いられるのが、**「不動産管理会社の活用」**です。これは、家族で新たに不動産管理会社を設立し、これまでは**オーナー個人がすべて受け取っていた賃料収入を、賃料又は管理料として不動産管理会社が受け取ることにより節税を図る方法**です。賃料を不動産管理会社の収入にすることによって、オーナー個人の収入が減少しますので、所得税・住民税の負担を軽減できます。また、オーナー個人の財産の蓄積を回避することができますので、将来的には相続税の軽減にもつながる可能性があります。

　また、不動産管理会社に入った収入は、オーナーやオーナーの親族などに対して役員報酬や給与として支払うことにより、給与所得控除を受けることもできます。

(2) 不動産管理会社の活用には3つの方式がある

　不動産管理会社の活用方式には下記の3つの方法があります。

① 管理運営方式

　収益物件の賃料の請求・受領、入居者の募集、入退去手続き、清掃・修繕の手配などの管理業務を不動産管理会社に委託する方式です。

◆図表3−30　管理運営方式

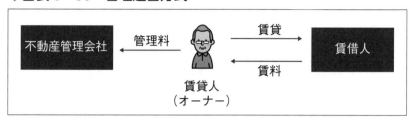

　この方式の場合、管理料（賃料の5〜10％程度が妥当とされています※1）を不動産管理会社に支払うことになります。

※1　あくまで目安であり、事業の規模、地域性、管理業務の内容等を考慮して総合的に判断します。

②　転貸方式（サブリース方式）

◆図表3−31　転貸方式（サブリース方式）

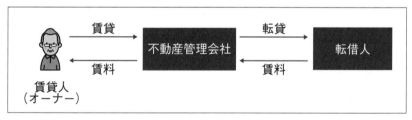

　収益物件をオーナーから不動産管理会社に賃貸し、不動産管理会社が第三者に転貸する方式です。
　この方式の場合、転借人から不動産管理会社に入ってくる賃料と不動産管理会社がオーナーに支払う賃料の差額が不動産管理会社の収入（賃料の10〜15％が妥当とされています※2）ということになります。

※2　あくまで目安であり、事業の規模、地域性、管理業務の内容等を考
　　慮して総合的に判断します。不動産管理会社は、空室リスク（仮に空
　　室である場合でもオーナーに賃料を支払う必要があります）や貸主と
　　して様々な責任を負うことから、①の方式より高い割合となります。

③　不動産所有方式

◆図表3-32　不動産所有方式

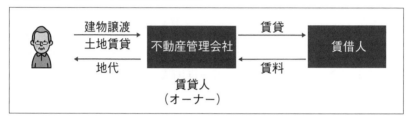

　収益物件をオーナーから不動産管理会社に売却し、不動産管理
会社が第三者に賃貸する方式です。実務上は、建物のみを不動産
管理会社に売却し、土地はオーナーから不動産管理会社に賃貸す
ることが一般的です。この方式によれば、建物の所有者は不動産
管理会社となりますので、家賃収入はすべて会社の収入となりま
す。

　節税効果の観点からみると、［不動産所有方式＞転貸方式（サ
ブリース方式）＞管理運営方式］の順番で効果が高いことになり
ます。

(3)　不動産管理会社の活用は認知症対策にも効果的

　主に節税対策として用いられる不動産管理会社の活用ですが、
収益物件の認知症対策としても一定の効果があります。

なぜなら、いずれの方式もオーナーの権限の一部又は全部を不動産管理会社に移転する効果があるからです。これによって、オーナーの判断能力が認知症などによって低下した場合であっても、方式に応じて不動産管理会社において管理事務の一部が対応できることになります。

　認知症対策としての効果の高さは、節税効果の高い順番と同じく、［不動産所有方式＞転貸方式（サブリース）＞管理運営方式］となります。

　不動産所有方式の場合には、建物の所有者は不動産管理会社となりますから、建物についてのオーナーの認知症リスクはなくなることになります。ただし、土地は引き続きオーナー個人の所有とする場合は、オーナーの判断能力が低下していると、土地の売却や建替え時の担保提供など（抵当権や根抵当権の設定契約など）ができなくなるリスクがあります。

　管理運営方式や転貸方式の場合には、あくまで建物の所有者はオーナーのままとなりますので、所有者でしか行うことができない売買や大規模修繕などについては不動産管理会社が対応することはできません。

⑷　不動産管理会社の活用の注意点

①　不動産管理会社がオーナーのすべてを代行できるわけではない

　上記のように、不動産管理会社を活用したからといって、オーナーが行う賃貸経営のすべてを代わりにできるわけではありません。そのため、認知症による凍結リスクを完全に避けられるわけではありません。

②　不動産管理会社を活用する際は必ず税理士に相談する

　不動産管理会社の利用に当たっては、税務上多くの検討事項があります。また、それぞれの方式にメリット・デメリットがあります。利用の前に必ず税理士に相談しましょう。

③　不動産管理会社の「株主」や「代表取締役」に注意する

　不動産管理会社も通常の株式会社と同様、株主総会の決議や代表取締役の決定によって、会社としての意思決定をすることになります。

　したがって、不動産管理会社の株式をオーナーが保有している場合、オーナーの判断能力の低下により、**不動産管理会社の株主総会が機能しなくなる（株主総会で何も決定できなくなる）おそれがあります**。なぜなら、判断能力が低下すると、株主としての議決権を行使できなくなるからです。株主総会が機能しなくなると、会社が身動きをとれなくなる「デッドロック」状態に陥ってしまう可能性があります。そのため、事前に株式の認知症対策を検討した方がよいケースもあります。株式の認知症対策は、【本章Ⅴ「「自社株」の認知症対策」】をご覧ください。

　また、オーナーが代表取締役である場合、判断能力低下後は、代表取締役としての業務執行ができなくなる可能性があります。この場合も、会社の意思決定ができなくなり「デッドロック」状態になるリスクがあります。そのため、事前に代表取締役の交代や共同代表制の導入を検討した方がよい場合もあります。

(5)　どこに依頼すればよいの？

　税務上の検討が必須となりますので、税理士に依頼することが一般的です。不動産管理会社の設立手続きと登記は、司法書士に

依頼することが多いでしょう。

(6) 費用はどのくらいかかるの？

① 初期費用

・税理士に依頼した場合、税理士の報酬（財産規模によって変動）がかかります。

・会社設立の費用（株式会社の場合、登録免許税、公証人手数料、司法書士の報酬など総額30万円程度）がかかります。

・不動産所有方式の場合、建物の名義変更を行うため、建物の固定資産税評価額に応じて登録免許税、不動産取得税などがかかります。

② 継続的にかかる費用

・法人が赤字であっても**法人住民税の均等割**が発生します（市区町村によって金額が違いますが、年額7万円程度）。

・税理士に会計処理や確定申告など依頼する場合には、税理士の報酬（顧問報酬、確定申告報酬）が法人の規模などに応じてかかります。

・法人から給与を支払う場合には、給与所得につき源泉徴収をする義務が生じます。また、社会保険料の負担が新たに生じる可能性があります。

◆図表3-33　管理業務委任契約と収益物件の認知症対策

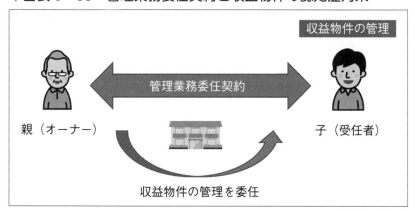

(1)　管理業務委任契約と「収益物件」の認知症対策

　オーナーの判断能力の低下に備えて、「**管理業務委任契約**」という契約を利用することがあります。管理業務委任契約とは、**収益物件の管理業務**（賃貸借契約の締結、転貸の承諾、賃料等の契約条件の変更など）を家族などに委任する契約をいいます。法律上は、「委任契約」（民法643）に当たります。契約締結後であっても判断能力がある間は、これまでどおり本人が管理業務を行うことも可能です。

　オーナーが元気なうちに管理業務委任契約を締結しておくことで、オーナーの判断能力が認知症などで低下した場合でも賃貸経営の停滞を防ぐことができます。なお、認知症などで判断能力が低下した後は、管理業務委任契約を締結することはできません。

　管理業務委任契約は、公益財団法人日本賃貸住宅管理協会（以

◆図表3-34 管理業務委任契約書のひな型（記載例）

記入例

委 任 状

住　所　東京都××区〇〇町△-△-△
氏　名　日管一郎

　私は、上記の者（以下「代理人」という。）に対し、下記の委任事項を委任し、代理権を授与します。

　この委任は、私が書面で取り消すまでの間、継続するものとし、私が後見開始の裁判を受けた場合であっても、下記の委任事項について代理人の代理権は消滅するものではなく、引き続き、代理人において代理行為を行ってください。

　契約条件については、代理人が下記の賃貸住宅管理業者と協議して決めてください。

記

【委任事項】
1　以下物件についての賃貸借契約（サブリース業者との間のサブリース原賃貸借契約を含む）の締結、転貸の承諾、賃料その他の契約条件の変更及び賃貸借契約の解除並びに修繕工事及び原状回復工事に関する請負契約の締結その他これに付随する一切の行為
2　復代理人の選任

【物件①】

名　　称	東京〇〇〇マンション
住居表示	東京都△△区××町〇-〇-〇
物件の種別	◆ 共同住宅・◇ 一戸建て・◇ その他（　　　　　　　　　　）
構　　造	◇ 木造・◆ 非木造（軽量鉄骨造）・（2）階建て・総戸数（10）戸

【物件②】

名　　称	神奈川〇〇〇マンション
住居表示	神奈川県〇〇市△△区××町 x-x-x
物件の種別	◆ 共同住宅・◇ 一戸建て・◇ その他（　　　　　　　　　　）
構　　造	◇ 木造・◆ 非木造（鉄筋コンクリート造）・（3）階建て・総戸数（15）戸

【賃貸住宅管理業者】

商　号 （名　称）		電話番号	
所在地			
賃貸住宅管理業者 登録番号	国土交通大臣（　）　　　号	登録年月日	平成　年　月　日

以　上

　平成××年 ×月 ×日

住　所　東京都△△区××町〇-〇-〇

委任者　日管父郎　㊞

出典：公益財団法人日本賃貸住宅管理協会ホームページ

下、「日管協」）でも紹介されている方法です。参考として、日管協のホームページに記載されているひな型（記載例）を載せておきます（図表3-34）。

(2) 管理業務委任契約の注意点

① 判断能力低下後は成年後見制度に移行するのが望ましい

　管理業務委任契約では、原則として委任者（本人）が受任者を監督することになります。成年後見制度と異なり、家庭裁判所や監督人による監督を受けるわけではありません。そのため、委任者の判断能力が低下した後は、受任者を適切に監督することができなくなるおそれがあります。

　したがって、本人の判断能力低下後は、**速やかに成年後見制度に移行するのが望ましい**とされています。日管協のホームページにも、「本書式による委任契約は、オーナーの財産管理全般を委任しているものではないため、認知症になった場合には、速やかに成年後見の申立てを行い、成年後見人を選任してもらい、当該成年後見人によって財産を適切に管理させる必要があります。よって、本書式はあくまでも成年後見人が選任されるまでの間にオーナーの意思確認を補完するためのものとして位置づけるのが適切といえるでしょう」と記載されています。

② 管理業務の範囲は限定的に考えるべき

　上記のとおり、管理業務委任契約は成年後見制度が開始するまでの**一時的措置**と考えられています。したがって、**委任する管理業務については必要最低限の範囲に限定する**ことが望ましいと考えられています。

(3) どこに依頼すればよいの？

弁護士などの法律の専門家に依頼することが一般的です。

(4) 費用はどのくらいかかるの？

① 初期費用

依頼する専門家によって異なりますが、5～10万円（税別）程度の報酬がかかります。

② 継続的にかかる費用

なし

---

4 「収益物件」の認知症対策③
任意後見制度

◆図表3-35　任意後見と収益物件の認知症対策

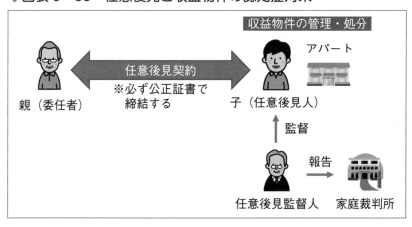

(1) 任意後見制度と「収益物件」の認知症対策

任意後見制度を利用すれば、収益物件のオーナーの判断能力が

低下した後であっても、任意後見人による財産管理が可能です。したがって、「**収益物件**」の凍結を回避することができます。

　なお、法定後見と異なり本人の権限が制限されるわけではないので、任意後見が開始した後であっても、親本人が収益物件を管理することも可能です。もっとも、判断能力が低下した後に管理をさせるのは、本人保護のため避けた方がよいでしょう。

　任意後見制度の詳細は、【第2章Ⅱ「認知症発症「前」の対策の基本①〜任意後見制度とは〜」】をご覧ください。

(2)　任意後見制度が開始すると「収益物件」はどうなるのか

　任意後見監督人が家庭裁判所から選任され、任意後見が開始すると、**「収益物件」の管理や処分などは任意後見人が行うことができます**。ただし、任意後見契約によって代理権限が与えられていない場合は行うことはできません。また、後述する家族信託の場合と異なり、収益物件の登記名義を任意後見人に変更する必要はありません。

　収益物件の処分（賃貸借契約の締結・解除、売買契約の締結、抵当権などの担保権の設定など）を行う場合であっても、**家庭裁判所の許可や任意後見監督人の同意を得る必要はありません**。

　もっとも、任意後見人は、**善管注意義務**（職業上や社会通念上、客観的に期待される程度の注意義務）を負い、常に本人（オーナー）の利益に適うように行動することを求められますので、任意後見人自身や第三者の利益になるような処分行為を行うことはできません。本人に損害が発生した場合には、損害賠償責任を問われたり、任意後見人を解任される可能性があります。

　したがって、事前に処分の必要性や妥当性について任意後見監

督人と十分に協議し、事前に承認を得ておくことが望ましいとされています。

(3)　任意後見制度の注意点

①　本人の利益を最優先しなければならない

　任意後見人は、常に本人の利益を最優先に考えなければなりません。したがって、収益物件の管理や処分などを行う際は、**本人に不利益が発生しないよう最善を尽くさなくてはなりません**。例えば、売却を行う場合には、売買価格、履行条件、代金支払方法などの売却条件が、市場価格や取引慣行に照らして相当である必要があります。手間を省くために業者に相場よりも低価格で買い取らせたりしてはいけません。任意後見人の親族に売却するなど利益相反に該当するような行為も原則としてしてはいけません。

②　任意後見人が何でもできるわけではない

　任意後見人は**収益物件に関するあらゆる行為が自由にできるわけではありません**。例えば、相続税対策として金融機関から借入れをして新たにアパート建設を行うなど、本人にリスクが及ぶ可能性がある行為は、原則としてできないと考えられています。なぜなら、相続税は、本人が亡くなった後に「相続人」が支払うべきものなので、相続税の節税対策は本人にとって利益がないと判断される可能性が高いからです。

③　代理権目録を具体的に記載する

　収益物件の場合、大規模修繕、建替え、借入れなど本人に大きな影響を与える行為を任意後見人が代わりに行う可能性があります。したがって、任意後見監督人との事前協議がスムーズに進む

ように、想定される行為についてはできるだけ具体的に代理権目録に記載しておくと安心です。また、賃貸経営に関する本人の希望や意見などをライフプランとして残しておくことも効果的です。

(4) どこに依頼すればよいの？

弁護士などの法律の専門家に依頼することが一般的です。

(5) 費用はどのくらいかかるの？

任意後見にかかる費用については、【第2章Ⅱ4「任意後見にかかる費用」】をご覧ください。

---

5 「収益物件」の認知症対策④
家族信託

(1) 家族信託と「収益物件」の認知症対策

収益物件は、自宅や預貯金と比べると、オーナーの意思決定を要する機会が頻繁にあり、また、賃借人などの関係者が多数います。そのため、収益物件の凍結は賃貸経営に深刻な影響を及ぼします。

そこで、親が元気なうちに**家族信託を開始し、収益物件の凍結を回避しようとする家族が増えています。**なお、家族信託が開始された後は、親本人が信託した収益物件を管理することは原則としてできません。

家族信託の詳細は【第2章Ⅲ「認知症発症「前」の対策の基本②〜家族信託とは〜」】をご覧ください。

◆図表3-36　家族信託と収益物件の認知症対策

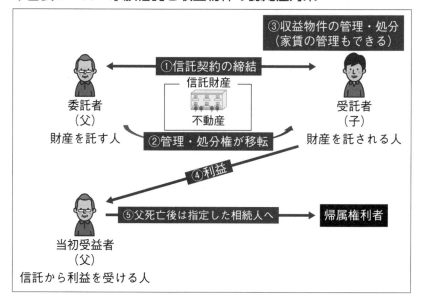

③収益物件の管理・処分
（家賃の管理もできる）

①信託契約の締結

信託財産

不動産

委託者
（父）
財産を託す人

②管理・処分権が移転

受託者
（子）
財産を託される人

④利益

当初受益者
（父）
信託から利益を受ける人

⑤父死亡後は指定した相続人へ

帰属権利者

(2)　家族信託したら「収益物件」はどうなるのか

　家族信託によって、**収益物件の名義は受託者（子）に変更さ**
れ、受託者において管理や処分を行うことが可能となります。親
（オーナー）の判断能力が認知症などによって低下した場合で
あっても、賃貸借契約や管理委託契約の締結・更新・解除、賃料
回収、原状回復工事、修繕・改修工事、リフォーム工事、売却、
建替えなどはすべて受託者が代わりに行うことができます。した
がって、**収益物件の凍結によって賃貸経営が停滞することはあり**
ません。

(3)　「家賃」収入も受託者が管理できる

　収益物件を家族信託すると、その後発生する**収益物件の家賃収**

入も「信託財産」として受託者が管理できます。そのため、家賃収入の凍結も家族信託によって防止することができます。家賃収入は、実務上受託者が「信託口口座」において管理することが推奨されています。信託口口座について、【本章Ⅰ6「「預貯金」の認知症対策⑤　家族信託」】をご覧ください。

(4)　「収益物件」を家族信託したら必ず「登記」を行う

　家族信託が開始したら、速やかに委託者（親）から受託者（子）に名義変更の登記を申請しなければなりません。この登記は**信託法上の義務**です（信託法34②）。登記手続きの詳細は【本章Ⅱ3「「自宅」の認知症対策②　家族信託」】をご覧ください。

(5)　登記が完了したら行う手続き

①　火災保険の変更手続き

　収益物件の登記名義が変更された場合、その収益物件を対象とした火災保険契約の名義も委託者から受託者に変更しなければなりません。変更手続きの詳細は【本章Ⅱ3「「自宅」の認知症対策②　家族信託」】をご覧ください。

②　賃借人などへの通知

　前述のとおり、家族信託を行うことにより収益物件の名義が委託者から受託者へ変更されることになります。したがって、**通常のオーナーチェンジの際と同様に、受託者に名義変更された旨を**賃借人などへ通知しなければなりません。

　自己管理であった場合には、信託の登記完了後、速やかに委託者・受託者連名で**オーナーが受託者に変更したこと及び家賃の振込先が信託口口座に変更となったこと**を書面で賃借人に通知しま

す。

　管理会社にお願いしている場合には、まずこれらを管理会社に書面で通知をし、その後委託者・受託者・管理会社と連名で賃借人に対して書面で通知します。

(6)　家族信託したら敷金はどうなるのか？

　家族信託した収益物件の「敷金」はどうなるのでしょうか。

　敷金とは、家賃の滞納や入居中の不注意又は故意で発生した汚損、毀損の修繕費の担保として、事前に賃借人から預かっておく金銭です。あくまで「担保」として預かっているだけなので、賃貸借契約が終了し引渡しを受けた場合には、残額を精算して**オーナーから賃借人に敷金を返還しなければなりません**（敷金返還債務）。この敷金返還債務は、家族信託と同時に「賃貸人」の立場となる「受託者」に引き継がれることになります。

　よって、家族信託の開始後は、敷金の管理や返還についても受託者が行うことになります。

(7)　ローン付きの収益物件を家族信託する場合は要注意！

　収益物件の家族信託で注意しなければならないのが、**ローンが残っているケース**です。

　収益物件は金融機関から借入れして建築することが一般的です。そのため、認知症対策の開始時には、まだローンの返済が続いているということがよくあります。

　ローンが残っている場合、家族信託の手続きが複雑になります。また、金融機関の対応によっては家族信託できない場合があります。

実務上、主な注意点は下記の２つとなります。

① 事前に金融機関の承諾を得なければならない

　ローンが残っているということは、通常その収益物件には抵当権等の担保権が設定されています。そして、借入れの際の金融機関との担保権設定契約書において、担保権が設定されている不動産の名義を変更する際は、事前に**金融機関の承諾を得なければならない**とされていることが一般的です。承諾を得ずに名義を変更した場合には、一括弁済を求められる可能性があります。

　したがって、ローン返済中の収益物件を家族信託する場合には、**必ず事前に金融機関の承諾を得た上で行わなくてはなりません。**

② 債務（ローン）の引き継ぎをどうするのか検討しなければならない

◆図表３-37　収益物件の家族信託と債務（ローン）

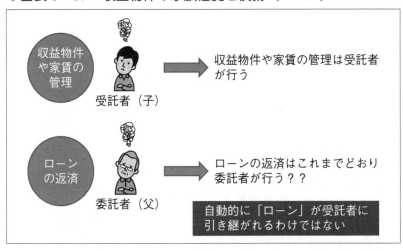

家族信託の対象とできる財産は、"財産的価値"があるもので
なければならないため「**債務**」を**家族信託することはできません**。

　そのため、収益物件を家族信託したとしても、**金融機関の債務
（ローン）についてはこれまでどおり委託者が負うことになるの
が原則**です。受託者はあくまで収益物件の管理や処分ができるだ
けであり、ローンの返済は委託者が受託者から家賃の給付を受け
て行うことになります。

　ところが、このままでは、**委託者の判断能力が低下した場合、
金利の変更などの条件変更、一括返済、リスケ、借換えなどの
ローンに関する諸手続きを行うことができなくなってしまいま
す**。なぜなら、ローンの手続きを行うことができるのは債務を
負っている**委託者だけ**だからです。

　そこで、ローンの手続きも受託者ができるようにするために
は、別途債務を委託者から受託者に移転する手続き（債務引受と
信託財産責任負担債務とする信託行為）を行う必要があります。

　まず、委託者から受託者への「**債務引受**」を行う必要がありま
す。債務引受には、「免責的債務引受」（委託者の債務をすべて受
託者が引き受ける）と「重畳的（併存的）債務引受」（委託者を
債務者に残し、受託者が連帯債務者として債務を引き受ける）が
あります。どちらになるかは金融機関の方針などによって決定し
ます。

　次に、信託行為（信託契約）において、受託者が引き受けた債
務を「**信託財産責任負担債務**」（受託者が信託財産に属する財産
をもって履行する責任を負う債務）とするように定めなければな
りません。なお、信託財産責任負担債務は、信託財産だけでな
く、受託者の固有財産も責任財産となります（つまり、信託財産
で支払いができなければ、受託者個人の財産で支払いをしなけれ

ばなりません）。

　これら２つの手続きを行うことによって、**ローンに関する諸手続きも受託者が行うことができるようになります。**

(8)　すべての金融機関が対応しているわけではない

　しかし、信託口口座の開設と同様、**すべての金融機関でローン付きの収益物件の家族信託が認められるわけではありません。**

　そのため、家族信託を断念するか、別の金融機関でローンを借り換えるかを検討しなければならないケースもあります。

　ローン付きの不動産を家族信託する場合、法務上・税務上多くの検討点を要します。また、実務の運用・解釈や金融機関の対応も現時点では一律ではありません。必ず事前に専門家に相談するようにしましょう。また、家族信託を始める前に借入れ先である金融機関との事前の相談・協議が必須となります。

(9)　受託者が「借入れ」することはできるのか？

　家族信託した収益物件について大規模修繕、リフォームなどを行う際に、受託者が金融機関から借入れをすることはできるのでしょうか。

　信託契約書において受託者の借入権限が明記されていれば、法律上は可能です。信託契約によって定められた借入れの権限に基づいて、受託者が新たに行う借入れを**「信託内借入」**といいます。

　信託内借入によって金融機関から受託者が借入れをした債務は、前述の信託財産責任負担債務となります。

　しかし、信託内借入は、**現時点ではすべての金融機関で対応が可能というわけではありません。**対応できる金融機関であっても

様々な融資条件が付されている場合もあります。

　信託内借入を検討している場合には、家族信託を開始する前に借入予定の金融機関と綿密に打ち合わせをしておくことが大切となります。

⑽　収益物件の家族信託の注意点

①　固定資産税の納税通知書は受託者宛に届く

　家族信託によって名義変更した翌年の収益物件の納税通知書は、受託者（子）の住所宛に届くことになります。

　詳細は【本章Ⅱ3⑻「家族信託の注意点」】をご覧ください。

②　受託者の義務と責任

　収益物件の受託者は、法律上様々な義務や責任を負います。

　詳細は【本章Ⅱ3⑻「家族信託の注意点」】をご覧ください。

③　収益物件の敷地が「借地」の場合には地主の承諾が必要となる

　収益物件の敷地が「借地」の場合には、家族信託を行う前に地主の承諾が必要となります。

　詳細は【本章Ⅱ3⑻「家族信託の注意点」】をご覧ください。

④　損益通算ができなくなる

　受益者の不動産所得の金額の計算上、信託した不動産から生じた「損失」がある場合には、その損失はなかったものとみなされます（租税特別措置法41の4の2）。

　したがって、**家族信託の対象とした収益物件の「損失」と家族信託の対象としなかった収益物件の「利益」を通算することがで**

きません。また、損失の繰越しもできません。ただし、**同一の信託契約の中であれば損益通算は可能**とされています。

◆図表3−38　損益通算のイメージ

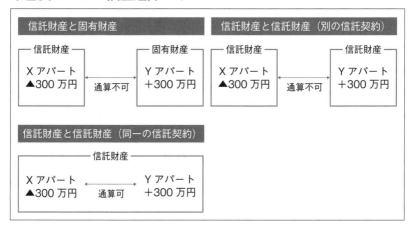

⑤　新たに税務上の手続きが必要となる

　収益物件の家族信託を行うと、税務上新たに下記の書類の提出が必要となります。

　㈪　「信託の計算書」「信託の計算書合計表」の提出

　信託財産がアパートや駐車場などの「収益」が発生する財産である場合には、受託者は、毎年1月31日までに、「信託の計算書」「信託の計算書合計表」を税務署に提出しなければなりません。ただし、信託財産の収益が年間で合計3万円以下の場合には提出は不要（確定申告を要しない配当等が含まれている場合には、3万円以下でも提出が必要）です。

　㈭　「信託から生ずる不動産所得に係る明細書」の提出

　受益者の確定申告の際に、通常の添付書類に加えて「信託から

生ずる不動産所得に係る明細書」を提出しなければなりません。

　なお、確定申告は今までどおり受益者が行うことになります。なぜなら、信託財産から発生する収益や費用については、税法上は実質的な所有者である「受益者」に帰属することになるからです。

⑴　どこに依頼すればよいの？
　弁護士などの法律の専門家に依頼することが一般的です。

⑿　費用はどのくらいかかるの？
　家族信託の費用の詳細は【第2章Ⅲ13「家族信託にかかる費用」】をご覧ください。

6　「収益物件」の認知症対策⑤
商事信託

◆図表3−39　商事信託と収益物件の認知症対策

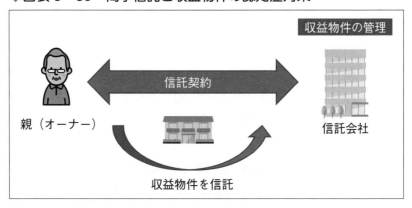

(1) 商事信託とは

　「商事信託」とは、信託銀行や信託会社などの受託者が**「業として」**行う信託をいいます。「業として」とは、収益や報酬を得るために不特定多数に対して反復・継続的に行うことをいいます。商事信託を行うには、**信託業法上の免許又は登録が必要**となります。例えば、投資信託、特定贈与信託、生命保険信託などがこれに当たります。商事信託には、「管理型信託」と「運用型信託」の２つの種類があります。管理型信託は、委託者の指図により信託財産の管理又は処分を行う信託をいいます。運用型信託とは、受託者が自らの裁量で信託財産の運用などを行う信託をいいます。管理型信託よりも運用型信託の方が受託者の権限が広範です。

◆図表３−40　商事信託のイメージ

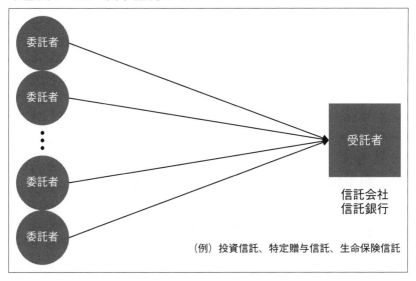

◆図表3−41　家族信託のイメージ

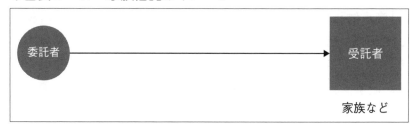

(2)　商事信託と家族信託の違い

　これに対して、**「家族信託」**とは、家族などの受託者が「業と
して」は行わない信託をいいます。「民事信託」という言葉もあ
りますが、ほぼ同じような意味となります。家族（正確にいえ
ば、業として行わないということであれば知人でも受託者になる
ことは可能です）が「業として」行わないのであれば信託業法上
の免許や登録がなくても信託を行ってもいいですよ、というのが
家族信託ということになります。なお、弁護士や司法書士などの
士業は家族信託の受託者になることはできないとされています。
　つまり、**家族信託は、「家族」が受託者として行う信託**です
が、**商事信託とは信託銀行や信託会社などの「プロ」が行う信託**
ということになります。

(3)　商事信託と「収益物件」の認知症対策

　家族信託は「家族」が受託者になることを前提としていますの
で、**受託者を任せることができる家族がいないと利用できない**と
いうデメリットがあります。
　そこで、受託者が見つからず家族信託を利用できないケース
で、選択肢として挙げられるのが**「商事信託」の利用**です。商事

信託を利用すれば、監督官庁の監督の下、**信託会社や信託銀行が**受託者として信託財産を管理していくことになります。

商事信託によって、収益物件の賃貸管理、運用、賃料の回収、修繕計画、金融機関とのやり取りなど**賃貸経営全般を受託者である信託会社等に任せることができます**。オーナーの判断能力が認知症等で低下した場合であっても、収益物件の凍結を回避することができます。また、家族信託ではなかなかスムーズにはいかない担保付不動産の信託や信託内借入であっても、商事信託であれば円滑に進めることができます。

オーナーは、賃貸経営を信託会社等に任せながら、信託配当（賃料収入）を得ることができるのです。

(4) 商事信託の特徴

商事信託の最大の特徴は、**「信託が安全・確実に運営されること」**にあります。家族信託の受託者は「個人」ですので、当然先に事故などで亡くなってしまったり、病気になってしまったりして受託者の任務を遂行できなくなるリスクがあります。

これに対して、商事信託の受託者となる信託銀行や信託会社は「法人」ですので、このようなリスクがありません。仮に倒産した場合でも、法律上、信託財産はしっかりと保護される仕組みになっています。

また、家族信託の受託者は、信託監督人などの監督機関を設置しなければ、受益者が受託者を監督していくことになりますので、監督体制は十分とはいえません。一方、信託会社や信託銀行の場合は、監督官庁の厳しい監督下に置かれていますので、**監督体制は家族信託に比べると格段に充実しています**。

◆図表3−42　商事信託と家族信託の比較

	家族信託	商事信託
メリット	信託目的、財産管理の方法など信託の内容を希望に応じて自由に設計できる。	信託会社等に任せることで財産管理の負担を軽減できる。安定した信託を運営できる。
デメリット	受託者の監督機能が弱い。新しい制度ゆえに実務上不確定な部分もある。	信託報酬などの管理コストがかかる。家族信託に比べると、柔軟性にやや欠ける部分がある。
受託者の権限	受託者の権限は広範。内容は、信託契約によって自由にカスタマイズできる。	管理型信託か運用型信託かによって権限の範囲は異なる。家族信託に比べると、権限の範囲は限定的。
対象財産	原則として財産的価値があるものであれば可能。ただし、例外あり（農地と年金は不可）。	原則として金銭や収益性がある不動産に限定されている。
ランニングコスト	受託者の報酬や信託監督人などの報酬を設定しなければ、ランニングコストはかからない。	信託報酬が発生する。金額は信託会社・信託銀行によって異なる。

(5)　商事信託の注意点

①　すべての収益物件が対象となるわけではない

　商事信託の場合、一定の収益性があるテナントビルやアパートなどに対象を限定していることがほとんどです。他にも、信託会社ごとに様々な条件があります。事前に問い合わせし、信託ができるかどうかを確認する必要があります。

②　信託報酬等がかかる

　家族信託では、受託者の報酬を無報酬とするケースが多いです
が、商事信託の場合は、信託会社や信託銀行に信託報酬が発生し
ます。

③　家族信託に比べ柔軟性に欠ける面がある

　家族信託は、委託者の希望・ライフプラン、家庭の状況に合わ
せて、自由自在にカスタマイズが可能です。一方、商事信託の場
合は、ある程度枠が決められた商品設計がなされているため、や
や柔軟性に乏しい側面があります。

(6)　どこに依頼すればよいの？

　信託会社や信託銀行に依頼します。

(7)　費用はどのくらいかかるの？

　信託会社や信託銀行によって異なります。

7　「収益物件」の認知症対策⑥
　生前贈与

(1)　生前贈与と「収益物件」の認知症対策

　「**生前贈与**」とは、不動産や金銭などの財産を元気なうちに無
償で譲渡することをいいます。

　相続税対策として、収益物件を相続人に生前贈与する方法がよ
く用いられています。例えば、親名義の収益物件を生前に子供に
贈与しておくことで、その後の収益物件の家賃収入は「子供」の
収入になりますので、資産の蓄積を防ぎ、**相続税の軽減**につなが

◆図表3-43　生前贈与と収益物件の認知症対策

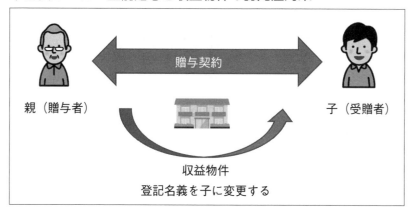

ります。一方で、子供は家賃収入を**相続税の納税資金**にできると
いうメリットがあります。実務上は、「建物」のみを贈与する
ケースが多いようです。

　子供に生前贈与をすることで、収益物件は**「子供の財産」**とい
うことになります。その後、親が認知症などによって判断能力を
失ってしまったとしても、収益物件が凍結することはありま
せん。子供が自分の財産として収益物件を管理していくことにな
ります。ただし、建物のみを贈与した場合、土地については引き
続き「親の名義」となりますので、親の判断能力が低下した後
は、土地の売却や建替え時の金融機関の担保提供など（抵当権や
根抵当権の設定契約など）ができなくなるリスクがあります。

　なお、贈与ではなく、時価による「売買」（子供が親から買い
受ける）によっても同様の効果が得られます。どちらの方法で行
うかは主に税務上のメリット・デメリットを考慮して判断するこ
とになりますので、事前に必ず税理士に相談しましょう。

(2) 収益物件を生前贈与するには贈与契約と登記が必要となる

　贈与契約と登記手続きが必要となります。詳細は【本章Ⅱ4「「自宅」の認知症対策③　生前贈与」】をご覧ください。

(3) 収益物件を生前贈与するとどんな税金がかかるの？

　収益物件を生前贈与すると、**贈与税・不動産取得税・登録免許税**がかかります。

　詳細は【本章Ⅱ4「「自宅」の認知症対策③　生前贈与」】をご覧ください。

(4) 生前贈与の注意点

① 贈与税などの税金に注意する

　金銭の贈与と異なり、贈与税以外にも不動産取得税と登録免許税がかかります。自宅の生前贈与と異なり、収益物件の場合は税金が高額になることが予想されます。事前に必ず税理士に相談するようにしましょう。

② 遺留分や特別受益に注意する

　詳細は【本章Ⅱ4「「自宅」の認知症対策③　生前贈与」】をご覧ください。

③ 判断能力低下後は生前贈与を行うことができない

　詳細は【本章Ⅱ4「「自宅」の認知症対策③　生前贈与」】をご覧ください。

④　贈与した収益物件は自分のものではなくなる

　詳細は【本章Ⅱ4「「自宅」の認知症対策③　生前贈与」】をご
覧ください。

⑤　ローンが残っている場合には金融機関の承諾が必要とな
　る

　詳細は【本章Ⅱ3「「自宅」の認知症対策②　家族信託」】をご
覧ください。

⑥　負担付贈与に注意する

　収益物件の贈与と同時に預かり敷金やローンなどの債務を受贈
者が引き継ぐ場合は、**負担付贈与**（もらう人に債務の返済などの
一定の負担を負わせる贈与）に該当します。負担付贈与の場合、
贈与する際の収益物件の評価額が**「時価」**（通常の贈与では「固
定資産税評価額」、一般的に固定資産税評価額は時価より低い）
となり、贈与税が高額となる可能性があります。また、贈与者に
所得税（譲渡取得）や住民税が課税されるケースもあります。事
前に必ず税理士に相談しましょう。

⑦　収益物件の敷地が「借地」の場合には地主の承諾が必要
　となる

　詳細は【本章Ⅱ3「「自宅」の認知症対策②　家族信託」】をご
覧ください。

(5)　どこに依頼すればよいの？

　収益物件を贈与する場合、税務上の検討点・注意点が多くあり
ますので、税理士に依頼するのが一般的です。贈与契約書の作成

は、弁護士などに依頼することも可能です。贈与の登記は、司法書士に依頼することが多いでしょう。

(6) 費用はどのくらいかかるの？

・贈与契約書の作成を弁護士などに依頼した場合には5万円（税別）程度の報酬がかかります。

・贈与税の申告等の手続きを税理士に依頼した場合には10～15万円（税別）程度の報酬がかかります。

・所有権移転登記の手続きを司法書士などに依頼した場合には、5～10万円（税別）程度の報酬がかかります。

・贈与税がかかる場合があります。また、不動産取得税、登録免許税などがかかります。

8 比較表

◆図表3−44　収益物件の認知症対策　比較表

認知症対策	依頼先	収益物件を管理する人	親本人の管理	初期費用	継続費用
①不動産管理会社の活用	税理士	不動産管理会社	○ （※所有方式除く）	約30万円〜	あり
②管理業務委任契約	弁護士など	受任者 （子又は専門家）	○	約5〜10万円	なし
③任意後見制度	弁護士など	任意後見人 （子又は専門家）	△	約5〜10万円	あり
④家族信託	弁護士など	受託者（子）	×	約50〜100万円	なし
⑤商事信託	信託会社など	受託者 （信託会社など）	×	信託会社・物件の規模などにより異なる。	あり
⑥生前贈与	税理士など	受贈者（子）	×	約10〜15万円	なし

IV 「有価証券」の認知症対策

1 「有価証券」の凍結とは

◆図表3−45　有価証券の凍結

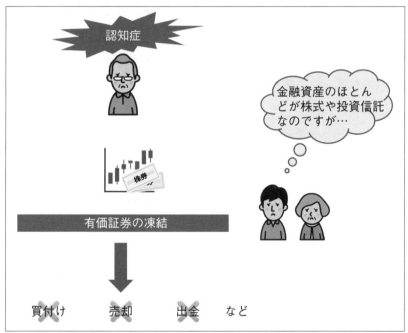

(1)　「有価証券」の凍結により何が起こるのか

　預貯金や不動産だけでなく、**株式、投資信託**などの有価証券の**凍結**に関する相談も急増しています。

例えば、「父親の認知症が進行してしまい、証券会社との取引ができなくなってしまった」「寝たきりの母親が持っている投資信託を売却したい」というようなケースが多いです。

　もちろん、**「有価証券」の取引を行うにも「判断能力」が必要**となりますので、親の判断能力が低下した後は、取引ができなくなるリスクがあります。たとえ家族であったとしても、親の代わりに取引や管理を継続できるわけではありません。これは預貯金や不動産の場合と同様です。

　そして、親の判断能力が低下してしまった後にとりうる手段は、他の財産の場合と同様、**法定後見制度しかありません。**

　預貯金と異なり、株式や投資信託などは日々価格が変動していくものです。したがって、マーケットの情勢に応じて柔軟に取引ができるように、事前に対策を講じておく必要性は高いといえるでしょう。

　なお、中小企業の「自社株」の認知症対策については【本章Ⅴ「「自社株」の認知症対策」】をご覧ください。

⑵　事前に売却しておくことも考えられる

　有価証券の認知症対策では、預貯金と比べるととりうる選択肢は多くありません。例えば、有価証券を家族信託することも法律上は可能ですが、証券の信託口口座の開設に対応している証券会社はまだまだ非常に少ないのが現状です（詳細は後述します）。

　このため、**事前に売却して現金化しておくというのも１つの選択肢**として考えられます。もちろん、事前に売却するかどうかは、親の意向やマーケットの状況などを考慮して慎重にその是非やタイミングを判断しなければなりません。しかし、認知症対策という観点からは、管理がしやすく、対策の選択肢も増えること

から、事前に売却してしまうケースもあります。

◆図表3−46　代理人登録制度と有価証券の認知症対策

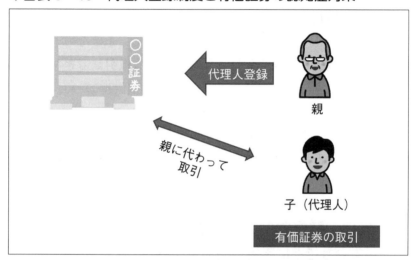

(1)　代理人登録制度と「有価証券」の認知症対策

　「代理人登録制度」とは、事前に子供などの家族を代理人として登録しておくことで、親に代わって代理人が残高照会・取引内容の確認、発注、各種書類の代筆等を行うことができる制度です。なお、親の判断能力の低下後は、この制度を申し込むことはできません。

　利用の流れとしては、本人が所定の申込書を証券会社に提出し、その後代理人が証券会社の担当者と面談する方法をとっている証券会社が多いようです。

　代理人登録により、本人に代わって代理人が様々な手続きを行

うことができますが、信用取引、FX、オプション取引など本人
にとってリスクが大きい取引や口座の解約などは代理人ではでき
ないとされているようです。なお、代理人登録をしたとしても、
本人による取引もこれまでどおり行うことが可能です。

(2) 判断能力の喪失後も利用できるのか

　代理人登録制度は、本人の判断能力があることを前提に、代理
人が各種取引を代行する制度とされています。そのため、**本人が
判断能力を喪失した場合には、代理人による取引はできなくなる**
のが一般的です。証券会社によっては、意思確認のため、本人と
定期的に面談しているところもあるようです。

　したがって、本人の判断能力が低下した場合、本人保護の観点
からも、速やかに**成年後見制度に移行する方が望ましい**といえる
でしょう。

(3) 代理人登録制度の注意点

① 証券会社ごとに手続方法が異なる

　代理人登録制度は、証券会社によって手続方法が異なります。
事前に口座を保有している証券会社に確認しましょう。

② 代理人がすべての手続きをできるわけではない

　前述のように、代理人は本人にリスクのある一定の取引や口座
の解約などはできないとされています。

③ 判断能力低下後の対応

　本人の判断能力が低下した後は、代理人による取引を継続する
のではなく、成年後見制度への移行が推奨されています。

⑷　どこに依頼すればよいの？

　代理人登録制度は、口座を開設している証券会社にて行います。

⑸　費用はどのくらいかかるの？

①　初期費用

　手数料は証券会社ごとに異なります。手続きを行う証券会社に事前に確認しましょう。

②　継続的にかかる費用

　なし

3 「有価証券」の認知症対策②
任意後見制度

◆図表３−47　任意後見と有価証券の認知症対策

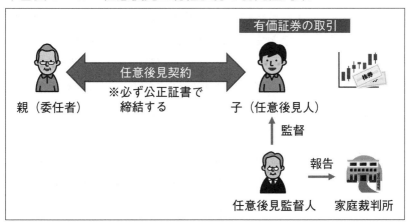

(1) 任意後見制度と「有価証券」の認知症対策

「任意後見制度」とは、認知症などで判断能力が低下してしまった場合に備えて、**判断能力が十分にあるうちに自分の後見人を自分で決めておく制度**です。

任意後見制度を利用すれば、親の判断能力が認知症等で低下した後であっても、**任意後見人が証券会社における各種手続きや取引を継続**することができます。任意後見人に対して、具体的にどのような行為に関する代理権を与えるのかは、任意後見契約によって決定します。

任意後見制度の詳細は、【第2章Ⅱ「認知症発症「前」の対策の基本①〜任意後見制度とは〜」】をご覧ください。

(2) 任意後見制度が開始すると「有価証券」はどうなるのか

任意後見監督人が家庭裁判所から選任され、任意後見が開始すると、**「有価証券」の管理などは任意後見人が行う**ことができます。ただし、任意後見契約によって代理権限が与えられていない場合は行うことができません。なお、法定後見と異なり、本人の権限が制限されるわけではないので、任意後見が開始した後であっても、親本人が管理することは可能です。もっとも、判断能力が低下した後に管理をさせるのは本人保護のためには避けた方がよいでしょう。

任意後見人が有価証券の管理を行うためには、預貯金の場合と同様に、まずは証券会社に**「成年後見制度に関する届出書」**を提出しなければなりません。詳細は、【本章Ⅰ5「「預貯金」の認知症対策④　任意後見制度」】をご覧ください。

(3)　任意後見人は自由に証券取引ができるのか

　任意後見が開始すると、証券口座は任意後見人によって管理されることになりますが、本人と同じように何でも自由に取引ができるわけではありません。

　後見制度における財産管理は、**本人に不利益が発生しないよう財産を守ること**を主な目的としています。**本人の金融資産を増やすことが目的ではありません。**

　よって、任意後見人が新たに株式や投資信託などの元本割れの可能性がある金融商品を購入することはできないとされています。

　もっとも、後見が開始する前から本人が有していた株式や投資信託などをそのまま保有し続けるのは問題ないとされています。ただし、その場合でも価格の変動に注意を払うなど財産が減少しないようにしなければなりません。また、マーケットの状況、配当収入の金額などを考慮して、任意後見人の判断で売却することもできるとされていますが、事前に任意後見監督人の同意を得た上で行うのが望ましいとされています。

(4)　任意後見制度の注意点
①　任意後見人には取消権がない

　法定後見の成年後見人と異なり、任意後見人には本人が第三者と締結した契約を**法律上当然に取り消す権利はありません。**

　よって、本人が詐欺などの消費者被害にあった場合、任意後見では速やかに本人の救済ができない可能性があります。

　詳細は【第2章Ⅱ6「任意後見のメリットとデメリット・注意点」】をご覧ください。

② 任意後見人が自由に取引できるわけではない

任意後見人は、任意後見監督人の監督の下、後見制度の趣旨に従って、**本人の利益のために適切に株式や投資信託などを管理しなければなりません**。また、前述のように、本人にリスクのある金融商品を新たに購入することは認められません。

(5) どこに依頼すればよいの？

弁護士などの法律の専門家に依頼することが一般的です。

(6) 費用はどのくらいかかるの？

任意後見にかかる費用については、【第2章Ⅱ4「任意後見にかかる費用」】をご覧ください。

「有価証券」の認知症対策③

4 家族信託

(1) 家族信託と「有価証券」の認知症対策

「家族信託」とは、**不動産やお金などの財産の管理や処分を信頼できる家族に託す**制度です。家族信託の詳細は【第2章Ⅲ「認知症発症「前」の対策の基本②～家族信託とは～」】をご覧ください。

有価証券を家族信託することによって、委託者（親）の判断能力が認知症等で低下した場合であっても、**受託者（子）によって取引を継続していくことができます**。

認知症高齢者数の増加に伴って、有価証券を家族信託したいというニーズは高まっています。親の判断能力が低下した後であっても、**成年後見制度では行うことが難しいとされている新たな取**

◆図表3-48　家族信託と有価証券の認知症対策

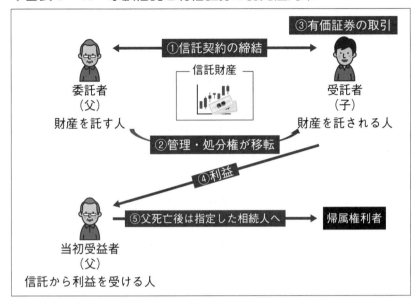

引や運用を家族信託によって受託者（子）ができるようにしてお
きたいという声が高まっています。

　ところが、現時点では、実際に有価証券を家族信託している
ケースはまだまだ少ないのが現状です。

(2)　すべての証券会社で「証券」の信託口口座を開設できるわけではない

　法律上、財産的価値があるものであれば家族信託することが可
能とされています。

　したがって、有価証券を家族信託の対象とすることも可能で
す。

　そして、受託者は、分別管理を徹底するため証券の**「信託口口**

座」において有価証券を管理する必要があります。信託口口座についての詳細は【本章16「「預貯金」の認知症対策⑤　家族信託】をご覧ください。

　ところが、金銭の信託口口座を開設できる金融機関に比べて、**証券の信託口口座を開設できる証券会社はまだ少ないのが現状です**。また、口座を開設できる証券会社であっても、**一般口座での**開設としてしか対応していない、**インターネット取引ができない**など様々な制約があります。

　そのため、法律上は可能であるにもかかわらず、**家族信託を断念せざるを得ないケース**も見受けられます。この場合、前述の代理人登録制度や任意後見制度などの他の方法を検討することになります。また、**売却して「金銭」として家族信託**を行う方法も考えられます。

　今後、ニーズの高まりを受けて、信託口口座の開設に対応する証券会社が増えていくことが期待されています。

(3)　証券の信託口口座には様々な開設条件がある

　証券の信託口口座には、証券会社ごとにそれぞれ開設条件が設けられています。主な条件は次のとおりです（すべての証券会社で設けられているわけではありません）。

- ・信託契約書の作成に**弁護士・司法書士などの専門家**が関与していること
- ・**公正証書**により作成された信託契約書であること
- ・委託者、受託者、受益者が**国内居住者**であること
- ・受託者が委託者兼受益者の**三親等内の親族**であること

> ・後継受託者の定めがあること
> ・法定相続人全員の同意があること
> ・後継ぎ遺贈型受益者連続信託ではないこと
> ・信託財産が委託者の財産の一定割合の範囲内であること

⑷　証券の信託口口座は「一般口座」となる

　証券の信託口口座は、「一般口座」となります。特定口座や NISA 口座での開設はできません。そのため、取引報告書・残高報告書によって年間の収益を計算し、**受益者が確定申告を行う必要があります**。また、支払調書も受益者宛に発行されます。

⑸　今後は「商事信託」も選択肢に

　2021 年 9 月より、ある証券会社によって業界で初めて商事信託を利用した信託サービス（家族ではなく、信託会社が受託者として有価証券を管理する）がリリースされました。有価証券を家族信託する際は様々なハードルがありますので、今後は商事信託の利用も広がっていく可能性があります。

⑹　家族信託の注意点

①　信託口口座に移管できない金融商品もある

　信託契約によって家族信託の対象にしたとしても、**信託口口座を開設する証券会社で取り扱っている金融商品でなければ移管することができません**。必ずしもすべての金融商品を移管できるわけではないことには注意が必要です。移管できない商品がある場合、受託者の分別管理義務違反となる可能性があります。事前に必ず証券会社に確認をしましょう。

②　受託者があらゆる取引をできるわけではない

　証券会社によって異なりますが、受託者が取引できる内容が限定されていることが一般的です。例えば、信用取引など受益者にとってリスクが大きい取引は認められていないことが多いです。

③　株式の保有期間がリセットされる

　家族信託を行うことによって、株式の名義が受託者に変更されることになります。したがって、**株式の保有期間がリセットされ、株主優待などが受けられなくなる可能性があります。**

④　受益者（親）が取引することはできなくなる

　家族信託が開始すると、**信託財産については受託者に管理権限が移転する**ことになります。信託の対象とした有価証券は、委託者（親）の証券口座から受託者が管理する信託口口座に移管されることになります。

　そのため、これまでのように**受益者（親）が自ら買付け、売却などを行うことはできなくなります。**

(7)　どこに依頼すればよいの？

　弁護士などの法律の専門家に依頼することが一般的です。

(8)　費用はどのくらいかかるの？

　家族信託の費用の詳細は、【第2章Ⅲ13「家族信託にかかる費用」】をご覧ください。

「有価証券」の認知症対策④

生前贈与

◆図表3−49　生前贈与と有価証券の認知症対策

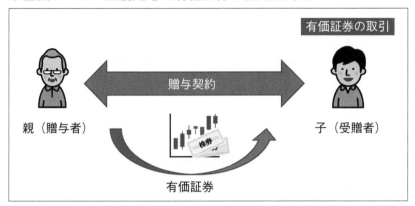

(1)　生前贈与と「有価証券」の認知症対策

　「**生前贈与**」とは、不動産や金銭などの財産を元気なうちに無償で譲渡することをいいます。有価証券の場合、価格が下がっているときに贈与ができれば、将来の相続税の軽減につながる可能性があります。また、贈与した後は、株式などの配当は受贈者（子）の財産となりますので、贈与者（親）の財産の蓄積を防ぐことができます。

　生前贈与は、相続税対策の一環として行うことがほとんどですが、**有価証券の認知症対策としても一定の効果があります。**元気なうちに親の有価証券を子供に贈与しておくことで、万が一認知症等で親の判断能力が低下した場合であっても、有価証券の凍結を回避することができます。なお、生前贈与を行った後は、有価証券は受贈者（子）の財産となりますので、贈与者（親）が取引を行うことはできません。

(2)　生前贈与はどのように行うのか

　生前贈与を行うためには、財産をあげる贈与者（親）と財産を
もらう受贈者（子）が**「贈与契約」**を締結する必要があります
（民法549）。詳細は、【本章17「「預貯金」の認知症対策⑥　生
前贈与」】をご覧ください。

　また、有価証券を贈与する場合には、**証券会社所定の手続きが
必要となります**。贈与契約書や移管依頼書などの提出を求められ
ることが一般的です。なお、受贈者も証券会社に口座を保有して
いなければなりません。

(3)　生前贈与では「贈与税」に注意する

　他の財産の場合と同様、贈与税に注意しましょう。特に有価証
券の場合、財産評価など専門的な知識が必要となります。**必ず事
前に税理士に相談しましょう**。贈与税の概要は、【本章17「「預
貯金」の認知症対策⑥　生前贈与」】をご覧ください。

(4)　生前贈与の注意点

　金銭を贈与する場合と同様です。詳細は【本章17「「預貯金」
の認知症対策⑥　生前贈与」】をご覧ください。

(5)　どこに依頼すればよいの？

　金銭を贈与する場合と同様です。詳細は【本章17「「預貯金」
の認知症対策⑥　生前贈与」】をご覧ください。

(6)　費用はどのくらいかかるの？

　金銭を贈与する場合と同様です。詳細は【本章17「「預貯金」
の認知症対策⑥　生前贈与」】をご覧ください。

6 比較表

◆図表3−50　有価証券の認知症対策　比較表

認知症対策	依頼先	有価証券を取引する人	親本人による取引	初期費用	継続費用
①代理人登録制度	証券会社	代理人	○	あり	なし
②任意後見制度	弁護士など	任意後見人（子又は専門家）	△	約5〜10万円	あり
③家族信託	弁護士など	受託者（子）	×	約30〜50万円	なし
④生前贈与	税理士など	受贈者（子）	×	約5〜15万円	なし

V 「自社株」の認知症対策

1 「自社株」の凍結とは

◆図表3−51 自社株の凍結

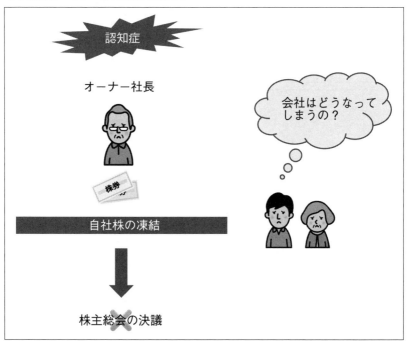

(1) 「自社株」とは

株式を発行することによって資金を調達し、事業を運営してい

る法人を「**株式会社**」といいます。会社に出資し、株式の発行を受けた人を「**株主**」といいます。また、会社に対する権利や地位を「**株式**」といいます。

よく、会社は誰のものなのか、という議論がされていますが、法律上は「**株主**」**のもの**ということになります。なぜなら、株式会社は「株主」の出資によって成り立っているからです。会社は「代表取締役」（社長）のものだと誤解している人も多いですが、会社は株主が所有していることになります。

そして、「**自社株**」とは、文字どおり**自分が出資をして設立した会社の株式**をいいます。例えば、自分が経営する会社の株式、自分が所有する不動産を管理する資産管理会社の株式などが典型例といえます。

(2) 「株主」の権利とは

法律上、株主の権利として下記の3つが規定されています（会社法105）。

① 剰余金の配当を受ける権利

出資者である株主として出資割合に応じて会社の利益の一部を受け取る権利をいいます。

② 残余財産の分配を受ける権利

会社が解散したときに、残った会社の財産を受け取る権利をいいます。

③ 株主総会で議決権を行使する権利

会社の基本的方針や重要事項を決定する株主総会において、議

題に賛否を示す権利をいいます。原則として出資割合に応じて議決権を持つことになります。

　①の剰余金の配当を受ける権利と②の残余財産の分配を受ける権利を**自益権**、③の株主総会で議決権を行使する権利を**共益権**といいます。

(3)　オーナー社長が認知症になると会社はどうなるの？

　日本にある会社のほとんどが「**中小企業**」です。そして、中小企業の多くは、**社長（代表取締役）がすべて（又は大部分）の株式を所有**しています（いわゆる、「オーナー社長」）。

　オーナー社長の判断能力が認知症などによって低下すると、会社には下記の２つの深刻な問題が起きる可能性があります（なお、オーナー社長個人の財産も凍結のリスクにさらされるのは言うまでもありません）。

①　株主総会の決議ができなくなるおそれがある

　まず、株主総会の決議ができなくなるおそれがあります。株主の判断能力が認知症などによって低下すると、株主総会において**「議決権」が行使できなくなる可能性がある**からです。株主の判断能力がない状態で株主総会の決議が行われた場合には、決議が無効となるリスクもあります。

　株式会社の最高意思決定機関は、株主で構成される「**株主総会**」です。株主総会においてすべてあるいは大部分の株式を有するオーナー社長が議決権を行使できないとなると、株主総会で決議を行うことができず、**会社に関する重要な意思決定ができなくなる可能性があります**。

＜株主総会の決議が必要となる主な事項＞

・役員の選任・解任
・役員の報酬の決定・承認
・定款の変更
・増資、減資
・合併、分割、事業譲渡など
・会社の解散

② 代表取締役（社長）の職務が遂行できなくなるおそれがある

　認知症などによって判断能力が低下すると、**代表取締役として職務を遂行することは困難となります**。そのため、代表取締役の意思表示を通して行われる会社の日常業務（取引先、金融機関との契約・やり取りなど）が停滞するリスクがあります。

　会社の体制によっては、オーナー社長の判断能力が失われた後は、**株主総会の決議ができず、新しい代表取締役を選ぶことができなくなる可能性もあります**。したがって、事前の対策として、共同代表制（代表取締役を複数置く）を導入するのも一案です。

　また、判断能力の低下が進行していると、代表取締役を「辞任」することが難しい場合もあります。なぜなら、辞任するにも判断能力が必要となるからです。辞任ができない場合には、任期満了による退任、解任、成年後見制度の利用などが考えられます※。

※　取締役が後見開始の審判を受けると、委任契約の終了事由（民法653三）に該当し、取締役を退任することになります（代表取締役も退任

することになります)。認知症などによって判断能力が低下しても、自動的に退任となるわけではありません。

(4) 事業承継対策もできなくなる

オーナー社長の判断能力が低下すると、**事業承継対策**を行うことも難しくなります。

事業承継には、①**親族内承継**（親族を後継者にする方法）、②**企業内承継**（社内の役員や従業員を後継者にする方法）、③**第三者承継**（M&A などによって第三者に会社を承継させる方法）があります。どの方法を採用するにしても、オーナーが所有している株式を後継者などに贈与又は譲渡することが必要になります。

したがって、判断能力の低下後は、株式の贈与契約や譲渡契約が締結できず、事業承継対策を行うことが困難となります。

(5) "デッドロック"を防ぐために「自社株」を凍結から守る

オーナー社長が認知症などによって判断能力を失ってしまった場合、会社は、言うなれば**"デッドロック"状態に陥る可能性があります。**

デッドロック化を防ぐために最も大切なことは、**「自社株」を凍結から守ること（オーナー社長が認知症などによって判断能力を失っても議決権を行使できるようにしておくこと）**です。ひとたび自社株の凍結が発生してしまうと、法定後見制度を利用するしかありません。その場合、家庭裁判所から選任された成年後見人が議決権を行使することになります。弁護士や司法書士などの専門家が成年後見人として議決権を行使する可能性もあります。

自社株の凍結対策によって、オーナー社長に万が一のことが

あった場合でも、株主総会が正常に機能し意思決定できる対策となっていれば、**会社がデッドロック状態になることを回避することができます。**

2 「自社株」の認知症対策①
任意後見制度

◆図表3−52　任意後見と自社株の認知症対策

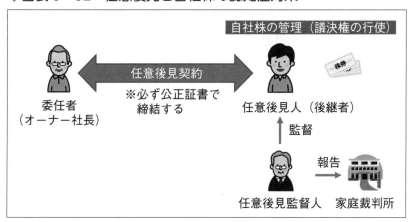

(1)　任意後見制度と「自社株」の認知症対策

　「**任意後見制度**」とは、認知症などで判断能力が低下してしまった場合に備えて、**判断能力が十分にあるうちに自分の後見人を自分で決めておく**制度です。自社株の認知症対策では、後継者を任意後見受任者とすることが多いでしょう。詳細は【第2章Ⅱ「認知症発症「前」の対策の基本①〜任意後見制度とは〜」】をご覧ください。

　任意後見制度を利用することで、認知症などによってオーナー社長の判断能力が低下してしまった場合でも、任意後見人が議決

権を代わりに行使することが可能となります。したがって、**自社株の凍結**、ひいては**会社のデッドロックを避けることができます**。

　なお、任意後見が開始したとしても代表取締役を自動的に退任することにはなりません。任意後見の開始は、委任契約の終了事由（民法653三）とはなっていないからです。そのため、会社の定款に任意後見が開始した際は取締役を退任するなどの規定を設けておくことが望ましいとされています。

(2)　任意後見が開始すると「自社株」はどうなるのか

　任意後見が開始すると、自社株は任意後見人によって管理されますので、任意後見人が株主としての権利を行使していくことになります。ただし、任意後見契約によって代理権限が与えられていない場合は行使することができません。なお、法定後見と異なり、本人の権限が制限されるわけではないので、任意後見が開始した後であっても、オーナー本人が議決権を行使することも可能です。もっとも、判断能力が低下した後に行使させるのは適切な会社経営のためには避けた方がよいでしょう。

(3)　任意後見制度の注意点
①　議決権の行使は慎重に行う

　議決権は、**会社経営の意思決定に関わる**非常に重要な権利です。そのため、その行使は**慎重に行われるべき**だとされています。また、行使の際はできる限り**オーナー社長本人の意向を尊重するように努める**ことが望ましいと考えられています。

② 代理権目録の記載に注意する

　任意後見が開始したからといって、必ずしも任意後見人が株式の議決権を行使できるとは限りません。任意後見人の代理権は、任意後見契約で定められた代理権目録の範囲内に限定されます。

　よって、任意後見人が議決権を代理行使するためには、単に代理権目録に「財産の管理」と記載されているだけでは不十分です。**「株主権の行使」や「○○株式会社の議決権の行使」などとしっかりと明記しておく必要**があります。また、管理対象財産にオーナー社長が保有する株式も入れておきましょう。

③ 定款の確認を必ず行う

　会社によっては、定款によって**議決権行使の代理人資格を株主に限定している**場合があります。この場合、任意後見人が株主でないと議決権を行使できないということになりますので、**任意後見契約の締結と同時に定款変更の手続きを行う**必要があります。

(4) どこに依頼すればよいの？

　弁護士などの法律の専門家に依頼することが一般的です。

(5) 費用はどのくらいかかるの？

　任意後見にかかる費用については【第2章Ⅱ4「任意後見にかかる費用」】をご覧ください。

◆図表3−53　家族信託と自社株の認知症対策

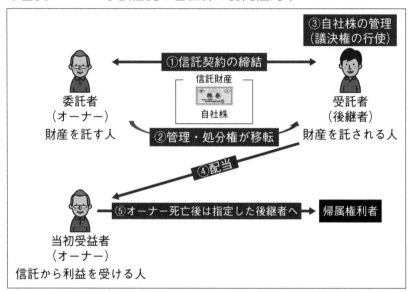

(1)　家族信託と「自社株」の認知症対策

　「**家族信託**」とは、**不動産やお金などの財産の管理や処分を信頼できる家族に託す**制度です。

　財産的価値があるものであれば信託の対象とすることが可能ですので、もちろん**「自社株」を家族信託することも可能です**。自社株を家族信託した場合には、受託者が自社株を管理し議決権を行使していくことになりますので、**自社株の凍結を回避することができます**。

　自社株の家族信託では、**現オーナー社長を委託者兼受益者、後継者を受託者とする**ケースが一般的です。

家族信託の詳細は【第2章Ⅲ「認知症発症「前」の対策の基本
②〜家族信託とは〜」】をご覧ください。

⑵　家族信託したら「自社株」はどうなるのか

自社株を家族信託すると、法律上の株主は**「受託者」**というこ
とになります。

そのため、株主総会において**議決権を行使**するのも**「受託者」**
ということになります。家族信託開始後は、委託者であるオー
ナー社長は議決権を行使することができません。

また、剰余金の配当を行う場合には、いったん株主である受託
者に対して配当が行われることになります。その後、受益権に基
づく給付として受益者であるオーナーに受託者から交付されるこ
とになります。

⑶　「自社株」の家族信託には会社の"承認"が必要となる

中小企業の株式は、「**譲渡制限株式**」であることがほとんどで
す。譲渡制限株式とは、譲渡する際に株主総会や取締役会などの
承認を得なければならない株式をいいます。

家族信託をすると、**委託者から受託者に株式が譲渡**されること
になりますので、会社法又は定款の定めに従って、**事前に承認**を
得なければなりません。

⑷　株主名簿の変更手続きが必要となる

信託契約を締結し家族信託が開始した後は、委託者と受託者は
**株主名簿の名義を「受託者」に変更し、自社株が信託財産である
旨を明記する**よう会社に対して請求します。

株主名簿に記載又は記録されることで、**受託者は分別管理義務**

を果たすことになり、また、自社株が受託者によって管理されていることを**第三者に対抗できる**ことになります。

　また、株主名簿の変更により、法人税申告書別表二「同族会社の判定に関する明細書」の株主の記載も変更することになります。

⑸　家族信託の開始後も受託者に「指図」ができる

◆図表3−54　指図権者の定め

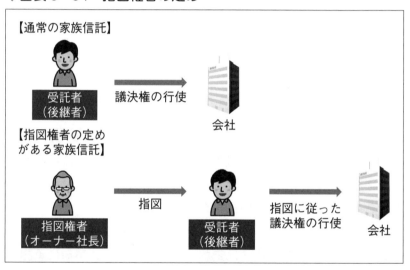

　家族信託を開始すると、株主が受託者ということになりますので、オーナー社長は株主としての権利行使ができなくなります。

　しかし、まだすべてを後継者である受託者に任せるのは不安だと考えるオーナー社長もいるでしょう。家族信託はオーナー社長が元気なうちに信託契約を締結しなければ利用することができませんので、このような不安を感じるのは無理もありません。

そこで、自社株の家族信託でよく利用されているのが、**「指図権者」の定め**です。指図権者とは、**信託財産の管理、運用などの方法を受託者に対して指図できる権限を有する者**をいいます。この指図権者を信託契約において委託者（オーナー社長）に設定しておくことによって、家族信託開始後も、オーナー社長が自社株の議決権の行使について具体的な指図を受託者に対して行うことができます。そして、オーナー社長が認知症などで判断能力を喪失した後は、受託者が自らの判断に基づいて議決権を行使していくことになります。

　指図権者の定めは、自社株の認知症対策を行いつつ、オーナー社長の指示に従い「会社経営」を経験させながら、後継者を育成していきたいような場合に非常に有効です。

(6)　家族信託の注意点

①　事業承継税制の適用外となる

　非上場株式を信託した場合には、**事業承継税制**※**の適用を受けることができません。**認知症対策だけでなく、事業承継対策も同時に検討した上で、家族信託を利用するかどうか決定しましょう。

※　非上場株式についての贈与税、相続税の納税猶予・免除制度。

②　指図権者の権限の範囲を具体的に規定する

　指図権については、信託業についての法律である信託業法には規定がありますが、信託法上には規定はありません。また、事業承継を円滑に進め、後継者をきちんと育成するためには、指図権者の権限の範囲が広すぎるのは適切でないという指摘もありま

す。

　したがって、指図権者の権限やその内容について、できる限り具体的に（例えば、指図できる事項を限定するなど）定めることが望ましいとされています。

(7)　どこに依頼すればよいの？

　弁護士などの法律の専門家に依頼することが一般的です。

(8)　費用はどのくらいかかるの？

　家族信託の費用の詳細は【第2章Ⅲ13「家族信託にかかる費用」】をご覧ください。

4　「自社株」の認知症対策③
商事信託

◆図表3-55　商事信託と自社株の認知症対策

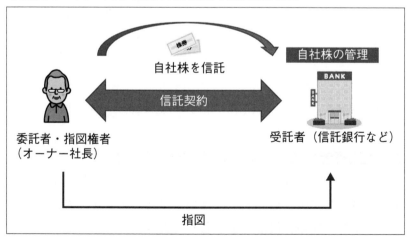

(1) 商事信託と「自社株」の認知症対策

　自社株の信託は、家族信託だけでなく商事信託で行うことも可能です。一部の銀行や信託銀行で「自社株承継信託」などの名称でサービス提供されています。商事信託の詳細は【第3章Ⅲ6「「収益物件」の認知症対策⑤　商事信託」】をご覧ください。

(2) 商事信託したら「自社株」はどうなるのか

　基本的な仕組みは家族信託の場合と同じです。信託開始後、株主は受託者である銀行や信託銀行となります。

　また、指図権者としてオーナー社長が設定され、議決権行使について受託者に指図をするのが一般的です。

(3) 商事信託の注意点
① 事業承継税制の適用外となる

　非上場株式を信託した場合には、事業承継税制※の適用を受けることができません。認知症対策だけでなく、事業承継対策も同時に検討した上で、商事信託を利用するかどうか決定しましょう。

※　非上場株式についての贈与税、相続税の納税猶予・免除制度。

② 信託報酬などの手数料がかかる

　信託設定時の報酬、信託期間中の管理報酬などを受託者である銀行や信託銀行に支払う必要があります。

(4) どこに依頼すればよいの？

　銀行や信託銀行に依頼します。

(5) 費用はどのくらいかかるの？

依頼する銀行や信託銀行によって異なります。事前に確認をしましょう。

生前贈与

◆図表3−56　生前贈与と自社株の認知症対策

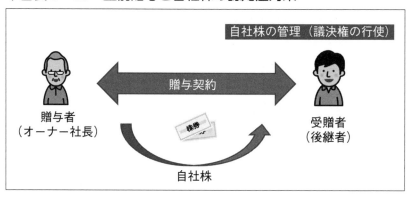

(1) 生前贈与と「自社株」の認知症対策

「**生前贈与**」とは、不動産や金銭などの財産を元気なうちに無償で譲渡することをいいます。自社株の場合、評価額が下がっているときに贈与ができれば、将来の相続税の軽減につながる可能性があります。

生前贈与は、相続税対策の一環として行うことがほとんどですが、**自社株の認知症対策としても一定の効果があります**。元気なうちにオーナー社長の自社株を後継者に贈与しておくことで、万が一認知症等でオーナー社長の判断能力が低下した場合であっても、自社株の凍結を回避することができます。生前贈与を行った

後は、自社株は後継者の財産となりますので、オーナー社長が議決権を行使することはできません。

　なお、後継者に自社株を売却した場合も同様の効果があります。

(2)　生前贈与はどのように行うのか

　生前贈与を行うためには、財産をあげる贈与者（オーナー社長）と財産をもらう受贈者（後継者）が**「贈与契約」**を締結する必要があります（民法549）。詳細は、**【本章Ⅰ7「「預貯金」の認知症対策⑥　生前贈与」】**をご覧ください。

　また、贈与契約に加えて、贈与する自社株が**「譲渡制限株式」**の場合には、会社法又は定款の定めに従って、**事前に承認**を得なければなりません。

(3)　生前贈与では「贈与税」に注意する

　他の財産の場合と同様、贈与税に注意しましょう。特に自社株の場合、株価の評価、事業承継税制の適用など専門的な知識が必要となります。**必ず事前に税理士に相談しましょう。**贈与税の概要は、**【本章Ⅰ7「「預貯金」の認知症対策⑥　生前贈与」】**をご覧ください。

(4)　生前贈与の注意点

　金銭を贈与する場合と同様です。詳細は**【本章Ⅰ7「「預貯金」の認知症対策⑥　生前贈与」】**をご覧ください。

(5)　どこに依頼すればよいの？

　金銭を贈与する場合と同様です。詳細は**【本章Ⅰ7「「預貯金」**

の認知症対策⑥　生前贈与】をご覧ください。

⑹　費用はどのくらいかかるの？

①　初期費用

・贈与税の申告を税理士に依頼した場合には、5～10万円（税別）
　程度の報酬がかかります。自社株の評価や事業承継税制の手続
　きを依頼した場合には別途報酬がかかります。

・贈与契約書の作成を弁護士などに依頼した場合には5万円（税
　別）程度の報酬がかかります。

・贈与税がかかる場合があります。

②　継続的にかかる費用

　なし

---

6 「自社株」の認知症対策⑤
属人的株式の活用

⑴　属人的株式と「自社株」の認知症対策

　法律上、「株式会社は、株主を、その有する株式の内容及び数
に応じて、平等に取り扱わなければならない」（会社法109①）
とされています。これを**「株主平等の原則」**といいます。ここで
ポイントになるのは、単純に平等に扱えばよいというわけではな
く、あくまで「株式の内容及び数に応じて」平等に扱うというこ
とです。

　つまり、「1株の株主」と「10株の株主」を比較した場合、10
株の株主は1株の株主の10倍の議決権と配当をもらえる、とい
うことです。

◆図表3−57　属人的株式と自社株の認知症対策

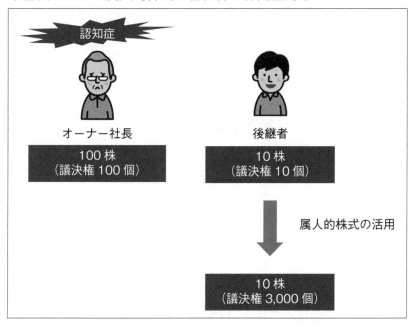

　しかし、この株主平等の原則には例外が認められており、「非公開会社」（定款においてすべての株式について譲渡制限が付けられている株式会社）においては**株主ごとに異なる取扱いを行う旨を定款で定めることができる**とされています（会社法109 ②）。

　この定めがなされている株式を**「属人的株式」**といいます。特定の「人」に着目して、人ごとに内容や扱いを変えることから「属人的」と呼ばれているようです。会社の危機を救うということで、「ヒーロー株」と呼ぶこともあります。

　この属人的株式を利用して、自社株の認知症対策を行うことがあります。例えば、「株主A（オーナー社長）の判断能力が失われた場合には株主B（後継者）の議決権は●個になるものとす

る」などと定款に定めることによって、オーナー社長の判断能力が認知症などで喪失した場合であっても、後継者の議決権によって、会社がデッドロック状態になることを回避できます。

　中小企業の多くは、上記の「非公開会社」に該当しますので、属人的株式の発行によって認知症対策を行うことができます。

(2)　属人的株式を設定する方法

　属人的株式を設定するには、会社の**定款にその内容を定めなければなりません**。定款を変更するには、**株主総会の決議**が必要ですが、この定めは他の株主に非常に大きな影響を与える可能性がありますので、通常の定款変更の決議（特別決議）よりも厳格な**特殊決議**（総株主の半数以上であって、総株主の議決権の4分の3以上の多数で決議すること）が必要となります。

＜属人的株式の定めの定款記載例＞

第●条

　株主Bは、株主Aに下記に定める事由が生じている場合に限って、その保有する株式1株につき300個の議決権を有するものとする。

①　株主Aの判断能力が認知症、事故などその他の事由により失われた場合

②　…

③　…

　※　株主Aがオーナー社長、株主Bが後継者

---

(3) 属人的株式の活用の注意点

① 属人的株式の内容を何でも自由に設定できるわけではない

　非公開会社であれば、属人的株式の内容として何でも自由に設定できるわけではありません。目的の正当性、手段の必要性・相当性を欠くとして、属人的株式の定めを公序良俗に反し無効とした判決もあります（東京地裁立川支部平成25年9月25日判決・「金融・商事判例」1518号54ページ）。この判決では、「会社法109条2項の属人的定めの制度についても株主平等原則の趣旨による規制が及ぶと解するのが相当」とされています。

　属人的株式の定めを設ける際は、事前に弁護士などの専門家に相談しましょう。

② 税務上の評価方法が定まっていない

　税務上、属人的株式の評価方法は明確に定まっていないとされています。属人的株式の定めを設ける際は、事前に税理士に相談しましょう。

③ オーナー社長の判断能力の喪失後は設定できない

　属人的株式の定めを設定するには、株主総会によって定款変更の決議をしなければなりません。株主総会の決議を行うには、当然株主であるオーナー社長が判断能力を有していることが必要です。

　したがって、**オーナー社長の判断能力喪失後**は、**属人的株式の定めの設定はできません**。

④　オーナー社長以外にも株主が存在する必要がある

　属人的株式の定めとは、「株主ごとに異なる取扱い」を定める
ものです。したがって、オーナー社長以外にも後継者候補などの
他の株主がいることが前提となります。

⑤　属人的株式は譲渡されると権利内容は消滅する

　属人的株式は、その**株式を保有する人が譲渡**などによって**株主
でなくなると、権利内容が消滅します。**特定の株主だけ「異なる
取扱い」をするのが属人的株式であるからです。

(4)　どこに依頼すればよいの？

　属人的株式の定めを設ける際は、弁護士などの専門家に依頼す
ることが一般的です。

(5)　費用はどのくらいかかるの？

　弁護士などの専門家に依頼した場合には20〜30万円（税別）
程度の報酬がかかります。

比較表

◆図表3−58 自社株の認知症対策 比較表

認知症対策	依頼先	議決権を行使する人	オーナー社長による行使	初期費用	継続費用
①任意後見制度	弁護士など	任意後見人（後継者）	△	約5〜10万円	あり
②家族信託	弁護士など	受託者（後継者）	×（ただし、指図権）	約30〜50万円	なし
③商事信託	信託銀行など	受託者（信託銀行など）	×（ただし、指図権）	信託銀行などにより異なる。	あり
④生前贈与	税理士など	受贈者（後継者）	×	約5〜15万円	なし
⑤属人的株式の活用	弁護士など	後継者	×	約20〜30万円	なし

1 「生命保険」の凍結とは

◆図表3-59　生命保険の凍結

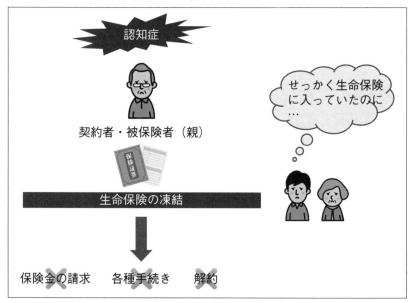

■ 「生命保険」の凍結とは

　生命保険の契約者や被保険者などの判断能力が認知症などによって低下した場合、契約に関する手続きや保険金の請求などができなくなることで生命保険も「凍結」するリスクがあります。他の財産と同様、事後的にとれる手段は**「法定後見制度」**しかあ

りません。

　生命保険の凍結により、想定される事態と事前対策は下記のとおりです。

①　契約の有無や契約内容の確認が困難となる

　生命保険の契約の有無や内容などに関する確認や問い合わせは、原則として**「契約者」**が行います。

　したがって、契約者の判断能力が認知症などによって低下した場合には、**生命保険会社に対してこれらの確認などを行うことが困難**となります。

　事前の対策として、**「家族登録制度」「契約者変更」「生命保険契約照会制度」「任意後見制度」**などの利用が考えられます。

②　保険に関する手続きや変更・解約などが困難となる

　保険に関する手続きや変更・解約は、原則として**「契約者」**が行います。

　したがって、契約者の判断能力が認知症などによって低下した場合には、**生命保険会社に対してこれらの手続きを行うことが困難**となります。

　事前の対策として、**「契約者代理制度」「契約者変更」「任意後見制度」**などの利用が考えられます。

③　保険金の請求が困難となる

　保険金の請求は、原則として**「受取人」**が行います。

　したがって、受取人の判断能力が認知症などによって低下した場合には、**保険金の請求を行うことが困難**となります。

　事前の対策として、**「指定代理請求制度」「受取人の変更」「任**

意後見制度」「生命保険信託」などの利用が考えられます。

2 指定代理請求制度

◆図表3−60　指定代理請求制度と生命保険の認知症対策

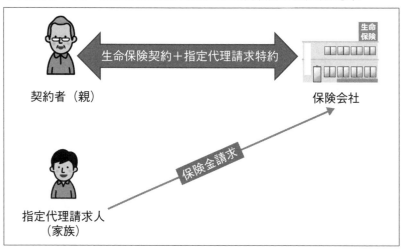

(1)　指定代理請求制度と「生命保険」の認知症対策

　「指定代理請求制度」とは、被保険者本人に傷害又は疾病により意思表示ができないなど特別な事情があり、**保険金等の請求ができない場合に、契約者があらかじめ指定した代理人が被保険者に代わって、保険金等を請求できる制度**です。指定代理請求人の指定に当たっては、あらかじめ契約者が被保険者の同意を得て行う必要があります。

　この制度を利用しておけば、被保険者が認知症等で判断能力を喪失している場合にも、**指定代理請求人によって保険金等の請求**

が可能となります。

⑵　指定代理請求制度の手続き・対象など

　契約時に**指定代理請求特約**を付加して指定代理請求人を指定しておくことが一般的です。契約途中でも指定代理請求人の指定や変更は可能です。なお、後述する「契約者代理制度」の導入に伴い、指定代理請求特約を「被保険者代理特約」という名称に変更している保険会社もあるようです。

　指定代理請求人として指定できるのは、被保険者の戸籍上の配偶者、被保険者の直系血族、被保険者と同居又は生計を一にしている被保険者の三親等内の親族などに限定されます。指定できるのは１人だけです。

　請求の対象となる保険金は、入院給付金、手術給付金、高度障害保険金、特定疾病保険金、リビング・ニーズ特約保険金、介護保険金・介護年金など、**被保険者が受取人になっているもの**です。ただし、年金保険などは対象外としている保険会社もありますので注意しましょう。

　また、契約者と被保険者が同一の場合には、「保険料払込免除特約」（３大疾病・身体障害・要介護状態などにより一定の状態になったとき、以後の保険料の払込みが免除される特約。要件などは生命保険会社によって異なります）による保険料免除の請求も指定代理請求人によって可能とされています。

　請求の手続きなどは保険会社ごとに異なります。事前に確認をしておきましょう。なお、火災保険や傷害保険の場合には、「代理請求人制度」という同様の制度があります。

(3) 指定代理請求制度の注意点

① 指定代理請求人を誰にするかは慎重に選ぶ

　指定代理請求人は、被保険者に代わって保険会社に保険金等を請求することができます。被保険者が知らぬ間に保険金を請求し、受け取ることも可能です。したがって、指定代理請求人の選定は慎重に行いましょう。

② 誰の口座に振り込まれるのかを事前に必ず確認する

　指定代理請求人が、被保険者の代わりに保険金等を請求する場合、指定代理請求人の口座又は被保険者の口座に保険金等が振り込まれることになります（取扱いは保険会社によって異なります）。

　認知症などによって判断能力を喪失している被保険者の口座に振り込まれた場合には、預貯金口座の凍結により、せっかく振り込まれた保険金等が使えないという事態も考えられます。**誰の口座に振り込まれるのか事前に必ず保険会社に確認しておきましょう**。

③ 成年後見が開始している場合には代理請求ができない

　任意後見や法定後見がすでに開始している場合には、指定代理請求人による請求はできません。成年後見人がいる場合には、成年後見人から代理請求を行うことになります。

(4) どこに依頼すればよいの？

　保険会社に対して手続きを行うことになります。

⑸ 費用はどのくらいかかるの？

費用はかかりません。

---

3 「生命保険」の認知症対策②
契約者代理制度

◆図表3−61　契約者代理制度と生命保険の認知症対策

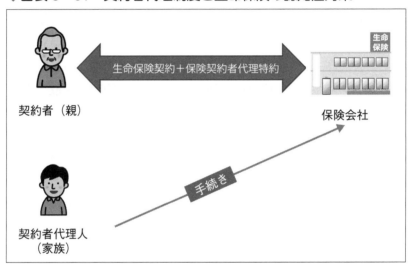

⑴ 契約者代理制度と「生命保険」の認知症対策

「契約者代理制度」とは、契約者が認知症などによって契約に関する手続きの意思表示ができない場合などに、**あらかじめ指定された契約者代理人**が所定の手続きを行うことができる制度です。

この制度を利用しておけば、契約者が認知症等で判断能力を喪失している場合にも、**契約者代理人によって各種手続きを行うことが可能**となります。

(2) 契約者代理制度の手続き・対象など

　契約時に**保険契約者代理特約**を付加して契約者代理人を設定しておくことが一般的です。契約途中でも契約者代理人の設定や変更は可能です。

　契約者代理人として設定できるのは、契約者の戸籍上の配偶者、契約者の直系血族、契約者の三親等内の親族などに限定されます。設定できるのは1人だけです。また、家族間のトラブルを防止するため、契約者代理人は死亡保険金（給付金）の受取人と同一人を設定するよう推奨されています。

　契約者代理人ができる手続きは、住所変更、保険料の払込方法の変更、保険金額等の減額、解約などです。契約者と受取人が同一人であれば、契約者代理人が死亡保険金（給付金）を受け取ることも可能とされています。

　契約者代理人が手続きを行う際は、保険会社所定の診断書や請求書などを提出する必要があります。

◆図表3-62　指定代理請求制度と契約者代理制度

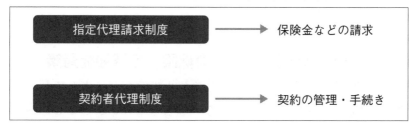

| 指定代理請求制度 | ➡ | 保険金などの請求 |
| 契約者代理制度 | ➡ | 契約の管理・手続き |

(3) 契約者代理制度の注意点
① すべての保険会社で利用できるわけではない

　契約者代理制度は、認知症高齢者の増加を受けて、一部の保険

会社において最近提供が開始されたサービスです。現時点ではすべての保険会社で利用できるわけではありません。

② 契約者代理人がすべての手続きをできるわけではない

契約者代理人ではできない手続きもあります。例えば、**契約者変更、受取人変更、告知を要する契約内容の変更**（保険金額の増額、保障の付加など）を行うことはできません。

(4) どこに依頼すればよいの？

保険会社に対して手続きを行うことになります。

(5) 費用はどのくらいかかるの？

費用はかかりません。

---

4 「生命保険」の認知症対策③
家族登録制度

◆図表3−63　家族登録制度と生命保険の認知症対策

契約者（親）　　　　　　　家族登録制度の申込み　　　　　　保険会社

(1) 家族登録制度と「生命保険」の認知症対策

「**家族登録制度**」とは、契約内容の確認、給付金の手続書類の送付依頼、災害時などの保険会社とのやり取りなどを契約者が**事**

前に登録した「家族」ができるようにしておく制度です。契約時でも契約後でも申込みが可能です。

　契約内容の照会などは、原則として契約者本人しか行うことができません。そのため、契約者本人の判断能力が認知症などによって低下した場合には、保障内容など契約の詳細を知ることができなくなる可能性があります。

　家族登録制度を利用しておけば、万が一の際は、あらかじめ登録した家族が代わりに契約内容の照会などを行うことができます。

　指定代理請求制度と同様、登録できる家族は契約者と一定の親族関係を有する者に限定されています。登録できる家族の人数は、保険会社によって異なります。利用の際は、事前に保険会社に確認をしておきましょう。

(2)　家族登録制度の注意点
①　保険金等の請求はできない
　家族登録制度を利用したとしても、登録した家族が保険金等の請求をできるわけではありません。あくまで契約内容の確認や手続書類の送付依頼などができるだけです。家族が保険金等の請求を行うためには、「指定代理請求制度」を利用する必要があります。

②　契約の変更や解約はできない
　家族登録制度によって事前に登録された家族は、契約内容の変更や解約を行うことはできません。

(3)　どこに依頼すればよいの？
　保険会社に対して手続きを行うことになります。

⑷ 費用はどのくらいかかるの？

費用はかかりません。

5 契約者変更

◆図表3−64　契約者変更と生命保険の認知症対策

契約者（親）　　　　　　　　　　　　　保険会社

⑴ 契約者の変更と「生命保険」の認知症対策

生命保険の契約者の判断能力が認知症などによって低下した場合、**受取人の変更、保障内容の見直し、解約などの手続き**ができなくなるおそれがあります。

そこで、事前に**「契約者変更」**をしておく方法が考えられます。相続対策や子供の成人・独立などを契機に契約者の変更を行うケースが一般的ですが、認知症対策としても一定の効果があります。

契約者の変更をするためには、保険会社所定の手続きが必要となります。手続方法については、事前に保険会社に確認をしておきましょう。

⑵ 契約者変更の注意点

① 被保険者と生命保険会社の同意が必要となる

生命保険の契約者を変更するには、**被保険者と生命保険会社の**

同意が必要となります。

② 贈与税に注意する

　生命保険の契約者を変更したとしても、**変更の時点では税金はかかりません**。ただし、満期保険金や解約返戻金を受け取った時点で、保険料負担者と受取人が異なる場合には、**贈与税の課税対象**になります。

(3)　どこに依頼すればよいの？

　保険会社に対して手続きを行うことになります。

(4)　費用はどのくらいかかるの？

　費用はかかりません。

---

6 「生命保険」の認知症対策⑤
受取人の変更

◆図表3−65　受取人の変更と生命保険の認知症対策

契約者（親）　　　　　受取人の変更の手続き　　　　　保険会社

(1)　受取人の変更と「生命保険」の認知症対策

　生命保険の受取人の判断能力が認知症などによって低下した場合、**保険金等の請求**ができなくなるおそれがあります。
　そこで、事前に**「受取人の変更」**をしておく方法が考えられま

す。特に受取人の判断能力がすでに低下している場合には、他の家族への変更を検討してみましょう。なお、生命保険の受取人を変更したとしても、変更の時点で税金はかかりません。

(2) 受取人の変更の注意点

① 被保険者の同意が必要となる

生命保険の受取人を変更するには、**被保険者の同意**が必要となります。

② 受取人の範囲は限定されている

生命保険の受取人は、原則として配偶者と二親等内の血族（祖父母、父母、兄弟姉妹、子、孫）に限定されています。

(3) どこに依頼すればよいの？

保険会社に対して手続きを行うことになります。

(4) 費用はどのくらいかかるの？

費用はかかりません。

「生命保険」の認知症対策⑥

7 任意後見制度

(1) 任意後見制度と「生命保険」の認知症対策

「**任意後見制度**」とは、認知症などで判断能力が低下してしまった場合に備えて、**判断能力が十分にあるうちに自分の後見人を自分で決めておく制度**です。

元気なうちに任意後見制度を締結しておくことで、判断能力が

低下した後であっても、**任意後見人から保険金等の請求、契約内容の照会・変更などが可能となります。**

任意後見制度の詳細は【第2章Ⅱ「認知症発症「前」の対策の基本①〜任意後見制度とは〜」】をご覧ください。

◆図表3−66　任意後見と生命保険の認知症対策

(2)　任意後見制度の注意点
①　代理権目録に権限をしっかり記載する

任意後見人は、任意後見契約で定められた代理権目録の範囲内で代理権を有します。したがって、任意後見人が保険金等の請求などを行う場合には、**代理権目録**にこれらの権限が記載されている必要があります。

②　契約内容の変更や解約には注意する

任意後見人は、常に本人の利益のために行動しなければなりません。したがって、契約内容の変更や解約などの手続きを行う際は、**任意後見監督人に相談の上、本人の利益に適っているかどう**

か慎重に判断するようにしましょう。

(3) どこに依頼すればよいの？

弁護士などの法律の専門家に依頼することが一般的です。

(4) 費用はどのくらいかかるの？

任意後見にかかる費用については、【第2章Ⅱ4「任意後見にかかる費用」】をご覧ください。

---

8 「生命保険」の認知症対策⑦
生命保険信託

(1) 生命保険信託と「生命保険」の認知症対策

「生命保険信託」とは、通常の生命保険契約と同時に信託契約を締結することにより、**死亡保険金の管理や交付を信託会社などに任せておくサービス**をいいます。生命保険信託では、「生命保険金を受け取る権利」を信託会社などに信託します。そのため、**信託会社などが死亡保険金の受取人（受託者）**となり、**契約者（委託者）が事前に定めた家族（受益者）に対して、事前に定めた金銭が定期的に交付されていく**ことになります。

一般的に、死亡保険金は受取人（受益者）が「一括」で受け取ることになりますので、**受取人（受益者）にしたい家族が死亡保険金を自分でしっかり管理できるかどうか不安な場合、生命保険信託はとても有用な制度**です。

例えば、夫が亡くなったときにすでに受取人である妻が認知症であった場合、妻が保険金の請求を行うことは困難となる可能性があります。また、預貯金口座に一括で入金された保険金を自分

◆図表3−67　生命保険信託と生命保険の認知症対策

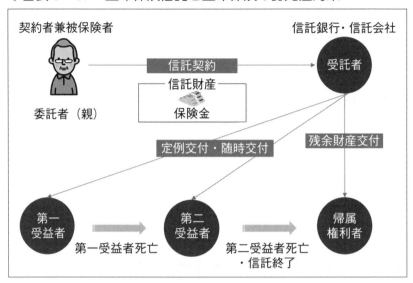

では適切に管理できなくなるリスクもあります。このような場合、生命保険信託を利用することによって、妻に代わって信託会社などが保険金の管理を行い、事前に契約で定めたとおりに保険金を交付していきます。また、交付開始の手続きなどは指図権者に任せることができますので、受取人（受益者）が認知症等で判断能力が低下した状態であっても安心です。

(2)　生命保険信託の特徴

　生命保険信託には、次のような特徴があります。

①　生命保険金の「管理」や「交付」は信託会社が行う

　通常の生命保険の場合、契約者が亡くなった際には、保険金が保険会社から一括で受取人（受益者）に支払いがなされることに

なります。

　しかし、受取人（受益者）がご自身で財産の管理を行うのが難しい場合、保険金を直接受け取った後に**適切な管理を行っていけるのか**、という問題があります。例えば、受取人（受益者）が認知症高齢者、未成年者、障害者である場合などがこれに当たります。

　生命保険信託を利用することにより、いったん生命保険金は信託会社などに支払われることになります。その後、あらかじめ定められた金額が、信託会社などから受取人（受益者）に定期的に交付されることになります。例えば、「毎月10万円を生活費として口座に振り込む」と定めておけば、信託銀行などから毎月そのとおりに交付がなされていくことになります。

　生命保険金の交付方法には、あらかじめ交付する金額、頻度、期間などを定めておく**「定例交付」**と、急な出費に対応するための**「随時交付」**というものがあります。定例交付により日常の生活費を定期的に交付することができます。定例交付の金額は、例えば、大学卒業までは月8万円、社会人になったら月10万円のように、受取人（受益者）の年齢やライフステージに応じて変更する設定をしておくことができます。また、随時交付により医療費・介護費・学費・相続税などの臨時の支出に対応するための金銭を交付することができます。信託終了時には、余った生命保険金を慈善団体などに寄付することも可能です。

　生命保険金の交付の際の手続きに不安がある場合には、**「指図権者」**を事前に定めておくことにより、受取人（受益者）の代わりに諸手続きを指図権者が行うことが可能です。指図権者には、親族だけでなく、後見人、弁護士法人、司法書士法人などを選ぶことが可能です。

②　次の受取人（第二受益者）を定めておくことができる

　通常の生命保険の場合、契約者が亡くなり生命保険金が受取人（受益者）に支払われた後は、その金銭は「受取人の財産」となります。したがって、それを何に使うのか、あるいは誰に残すのかは受取人自身が決めることになります。

　これに対して、生命保険信託では、**最初の保険金の受取人（第一受益者）が亡くなった後は、次の受取人（第二受益者）に保険金を交付するように定めておくことができます**。例えば、妻を第一受益者として毎月 10 万円ずつ交付がなされるように設定し、妻が亡くなった後は、第二受益者である子供に一括で交付するということが可能となります。

　つまり、生命保険信託によって、**後継ぎ遺贈型受益者連続信託**（第 2 章 Ⅲ 12「後継ぎ遺贈型受益者連続信託とは」参照）が可能となります。

(3)　生命保険信託と家族信託

　生命保険信託と家族信託はともに「信託」を利用した制度ですが、下記の相違点があります。

　まず、**生命保険信託の対象は「金銭（生命保険金）」に限定されますが、家族信託の対象は、金銭には限定されません**。不動産の管理・承継については、生命保険信託では対応ができません。

　次に、**生命保険信託**は、信託会社などの信託業の免許を持つ**「法人」が受託者**として財産管理を行うのに対して、**家族信託**は、家族などの**「個人」が受託者**となるケースがほとんどです。信託が長期間に及ぶケースの場合（例えば、障害を持つ子供やひきこもりの子供のために家族信託を利用するような場合）、家族信託のみを利用すると受託者が病気や事故などで財産管理ができ

なくなるリスクが高まります。そこで、**家族信託と生命保険信託を同時に利用**することも考えられます。金銭（保険金）については信託会社などに管理を任せ、不動産などは家族信託で管理を行うことで、生命保険信託により家族信託のデメリットを一部補うことが可能となります。

(4)　生命保険信託の注意点
①　すべての生命保険会社で利用できるわけではない
　生命保険信託はすべての生命保険会社で利用できるわけではありません。現時点では、一部の生命保険会社でしか利用できません。

②　保険料以外の費用がかかる
　生命保険信託は、通常の生命保険契約に加えて、「信託契約」を締結する必要があります。信託契約締結時の事務手数料、委託者の死亡により金銭信託が開始されるときの手数料、金銭信託開始から終了までの管理報酬などがかかるのが一般的です。手数料は保険会社によって異なります。

(5)　どこに依頼すればよいの？
　生命保険信託を取り扱っている保険会社に対して、手続きを行うことになります。

(6)　費用はどのくらいかかるの？
　保険会社所定の手数料がかかります。

「生命保険」の認知症対策⑧

生命保険契約照会制度

◆図表 3−68　生命保険契約照会制度と生命保険の認知症対策

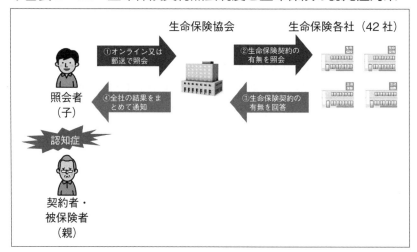

(1)　生命保険契約照会制度と「生命保険」の認知症対策

　高齢化が一段と進展する中で、家族が亡くなったり、認知症を発症した場合などに、**生命保険契約の有無**がわからずに保険金などを請求できないケースが増えています。そこで、2021 年 7 月 1 日より一般社団法人生命保険協会（以下、「協会」）が窓口となり**生命保険契約照会制度**が開始されました。

　「生命保険契約照会制度」とは、契約者・被保険者が亡くなった場合や認知症などで判断能力が低下している場合において、法定相続人、法定代理人、三親等内の親族などからの照会を協会が受け付け、照会対象者に関する**生命保険契約の有無**について一括して生命保険各社に調査依頼を行い、生命保険各社における調査

結果をとりまとめて照会者に回答する制度です。

　この制度を利用することで、契約者・被保険者が認知症等で判断能力を喪失している場合にも、**家族が保険契約の有無を調べることができます**。照会の対象は、協会に加盟している生命保険会社（42社　※2021年7月現在）において、生命保険協会が照会を受け付けた日現在、有効に継続している個人保険契約、となります。

　生命保険契約照会制度は、照会対象者が**死亡**又は**判断能力が低下した場合**（災害時は行方不明の場合も含む）に利用できます。

　ここでは、「判断能力が低下した場合」に利用することを前提として説明します。

(2)　生命保険契約照会制度の利用方法など

①　制度を利用できる人

　照会対象者の判断能力が低下している場合に、本制度を利用できる人は下記のとおりです。

㈄　照会対象者の法定代理人又は任意後見制度に基づく任意代理人

㈅　照会対象者の任意代理人[※1][※2]

㈆　照会対象者の三親等内の親族及びその任意代理人[※2]

※1　㈄において定める任意後見制度に基づく任意代理人を除きます。ただし、法定代理人又は任意後見制度に基づく任意代理人が選任されている場合には、この規定で定める任意代理人からの照会申出は受け付けません。

※2　任意代理人の範囲は、弁護士、司法書士その他照会対象者の財産
　　管理を適切に行うために照会対象者にかかる生命保険契約の有無
　　を照会するにふさわしいと協会が認めた者とされています。

②　照会の申請方法

協会に対して、**インターネット又は郵送**により申請します。電話やメールでの申請はできません。

③　照会者への回答内容

照会対象者が契約者又は被保険者となっている生命保険契約について、協会が照会者に対して、**照会対象者にかかる生命保険契約の有無**について回答します。

④　照会申請に必要な書類

照会者の本人確認書類、代理権を確認する書類などに加えて、**協会所定の診断書**（※後見人からの照会の場合は不要）を提出する必要があります。

(3)　生命保険契約照会制度の注意点

①　生命保険契約の有無以外は照会できない

生命保険契約照会制度を利用しても、「**生命保険契約の有無**」が照会できるだけです。生命保険契約の種類の調査や保険金等の請求の代行などはできません。

②　すべての保険契約を照会できるわけではない

財形保険契約及び財形年金保険契約、支払いが開始した年金保

険契約、保険金等が据え置きとなっている保険契約は対象外とされています。また、共済契約や損害保険契約も対象外となります。

⑷　どこに依頼すればよいの？

協会に対して手続きを行うことになります。

⑸　費用はどのくらいかかるの？

照会1件当たり3,000円（税込）の利用料がかかります。

◆図表3−69　生命保険の認知症対策　比較表

認知症対策	依頼先	契約の有無の確認	契約内容の確認など	諸手続き変更・解約	保険金等の請求	初期費用	継続費用
①指定代理請求制度	保険会社	−	−	×	○	なし	なし
②契約者代理制度	保険会社	−	○	○	△	なし	なし
③家族登録制度	保険会社	−	○	×	×	なし	なし
④契約者変更	保険会社	−	○	○	△	なし	なし
⑤受取人の変更	保険会社	−	×	×	○	なし	なし
⑥任意後見制度	弁護士など	○	○	○	○	約5〜10万円	あり
⑦生命保険信託	保険会社	−	−	−	○	あり	あり
⑧生命保険契約照会制度	一般社団法人生命保険協会	○	×	×	×	照会1件につき3,000円（税込）	なし

第4章

認知症対策の前に必ず確認！
基本事例10選

◤はじめに

　本章では、第3章で解説した**「財産別の認知症対策」**が実際に
どのように利用されるのかについて、具体的な事例を通して学ん
でいきましょう。これまで筆者が相談を受けた中で、認知症対策
を始める前に必ず知っておいてほしい**基本的な「典型事例10選」**
を取り上げます。

　ぜひご自身のご家族のことを想像しながら読んでみてくださ
い。各対策の詳細は、第3章をご覧ください。

　なお、本書は**「認知症対策」**に特化した書籍ですので、同時に
相続対策を行った事例であっても、相続対策に関する詳しい説明
はあえて省略しております。

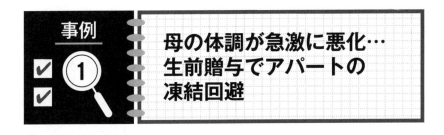

事例
1

母の体調が急激に悪化…
生前贈与でアパートの
凍結回避

1 家族関係

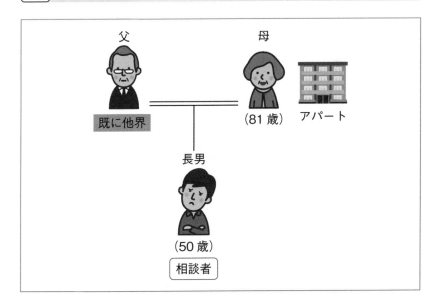

父
既に他界

母
（81歳）

アパート

長男
（50歳）
相談者

2 相談者

長男（50歳）

3 相談の概要と問題点

　母の持病が急激に悪化し、ここ1〜2カ月で判断能力が失われてしまう可能性があると医師からいわれています。このままでは、母が所有しているアパートの管理事務（賃貸借契約の締結・更新、修繕など）ができなくなり、アパートが「凍結」してしまうリスクがあります。事前に何らかの対策を行うことが急務ですが、残された時間はあまりありません。

 4 本事例の認知症対策

生前贈与

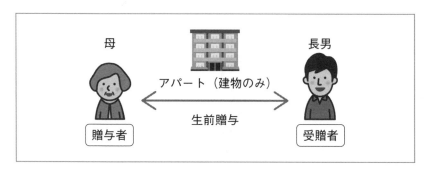

 5 本事例の解説とポイント

(1) 家族信託を開始するには時間がかかる

　本事例では、アパートの認知症対策として**「生前贈与」**を行いました。贈与税、登録免許税などの移転コストが高額となるた

め、敷地は対象とせず建物のみを生前贈与の対象としました。

　生前贈与によって、アパートの所有者は母親から長男に変更されますので、今後はアパートの管理は長男が行うことができます。なお、アパートの敷地については母親の名義のままですので、母親の判断能力が低下した後は、土地に関する売買契約、建物建替え時の金融機関の担保設定手続きなどができなくなるリスクがあります。

　当初は、相談者としては、「家族信託」を対策の第一候補に考えていました。ところが、**家族信託は金融機関や公証役場との調整に時間を要する**ことから、**最もスピーディーに実行できる生前贈与**を行うことになりました。生前贈与は、母親と長男で「贈与契約」を締結すればすぐに効力が発生しますので、家族信託よりも早くスタートすることができます。

◆図表４−１　家族信託を開始するまでにかかる時間

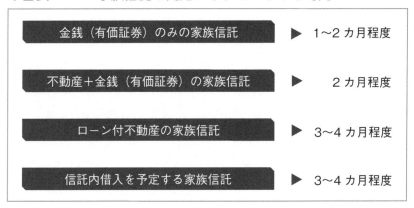

金銭（有価証券）のみの家族信託	▶　1～2カ月程度
不動産＋金銭（有価証券）の家族信託	▶　　2カ月程度
ローン付不動産の家族信託	▶　3～4カ月程度
信託内借入を予定する家族信託	▶　3～4カ月程度

（2）　認知症対策はできるだけスピーディーに進める

本事例のようにギリギリのタイミングで始めなければならない

場合はもちろんですが、**認知症対策はできるだけスピーディーに進めていくのが鉄則**です。高齢者の場合、一見健康そうに見えても健康状態が急変することはよくあるからです。

⑶　生前贈与を行う際は必ず税理士に相談を

生前贈与を行う際には贈与税などの税金に注意しなければなりません。対策を実行する前に必ず税理士に相談しましょう。

事例
②

兄弟が不仲で家族信託は
断念…
任意後見で財産凍結回避

1 家族関係

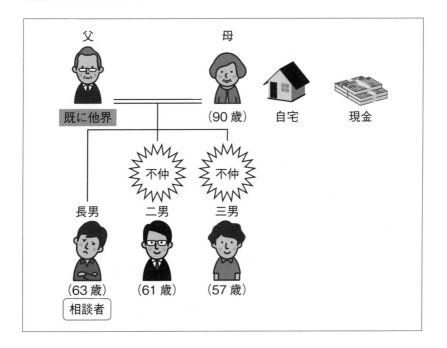

2 相談者

長男（63歳）

3 **相談の概要と問題点**

　相談者の母親は自宅で一人暮らしをしています。相談者は独身で子供はいません。母の財産は、父から相続した自宅と現金があります。母の健康状態は今のところ良好ですが、年齢的にいつ何が起きてもおかしくありません。今後、母が入院したときや介護が必要となったときのために、母が判断能力を喪失しても、母の預貯金や自宅を相談者が管理・処分できるようにしておきたいと考えています。

　なお、3年前の父の相続の際に、二男・三男と相談者の間で遺産分割の内容をめぐって揉めてしまい、家族の仲は良好ではありません。また、対策を進めるに当たって二男と三男に話をするつもりはありません。

4 **本事例の認知症対策**

任意後見制度

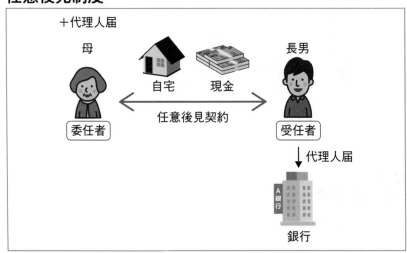

5 本事例の解説とポイント

(1) 家族仲が悪い場合、家族信託の利用はお勧めできない

本事例は、自宅と預貯金の認知症対策として「**任意後見制度**」を利用しました。家族信託も利用できないことはありませんが、本事例では断念しました。なぜなら、「**家族仲が良好ではない**」からです。

家族信託は、委託者と受託者が信託契約を締結すれば開始することができます。しかし、将来の相続トラブルなどを避けるために、実務上は「**推定相続人の同意**」を得た上で進めていくことが推奨されています。本事例では、父の相続を契機に不仲となってしまった二男と三男から同意をもらうことは不可能でした。

推定相続人の同意は法律上必須ではありませんが、全員の同意を得ずに家族信託を行う場合には、同意しなかった人にとって不利益にならないよう（例えば、遺留分に配慮するなど）細心の注意を払いましょう。また、リスクや対応策について必ず事前に専門家に相談するようにしましょう。

(2) 後継受託者を定めておくことが望ましい

また、当初の受託者が急な病気や事故などで信託事務ができなくなってしまう事態に備えて、「**後継受託者**」を決めておくことが望ましいとされています。しかし、今回の事例では、長男には配偶者や子供はおらず、二男や三男に依頼することもできないので、長男に万が一のことがあると受託者が不在となってしまいます。この点も家族信託を断念するに至った理由の一つです。

⑶　任意後見であれば専門家とも契約できる

　そこで、母親と長男との間で**任意後見契約**を締結することになりました。また、長男の不測の事態に備えて、念のため弊社とも任意後見契約を締結しました。家族信託と異なり、任意後見であれば司法書士や弁護士などの専門家に任意後見受任者をお願いすることもできます。

　今後、母親の判断能力が低下した際は、任意後見受任者である長男が、家庭裁判所に対して**「任意後見監督人選任の申立て」**を行うことによって任意後見が開始することになります。任意後見が開始すると、長男が任意後見人として母親の財産を管理することになります。

⑷　代理人届の手続き

　本事例では、任意後見と同時に母の預金口座がある金融機関に**「代理人届」**の手続きをしました。これにより、母の判断能力の低下後、任意後見がスタートするまでの間、暫定的に長男が母親のために預金の入出金を行うことができます。

事例
3

両親の老後資金を
「家族信託」で守る

1 家族関係

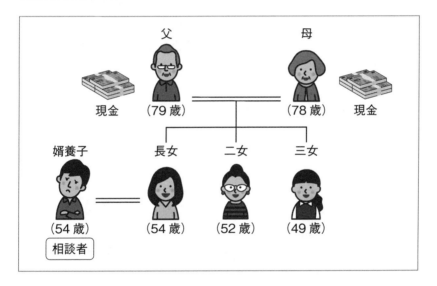

2 相談者

婿養子（54歳）

3 相談の概要と問題点

相談者は長女の婿養子です。両親だけでなく、妻の妹たちから

も非常に信頼が厚く、何かと頼りにされています。

　両親ともに十分に金融資産を有しており、老後資金に不安はありません。相談者が心配しているのは**金融資産の凍結**です。今のところ判断能力に問題はありませんが、両親ともに親族に認知症の人が多いので、将来の発症が懸念されています。

　昨年父親が持病で入院した際の入院手続きや支払手続きなどを相談者が行いましたが、その際に預貯金の引出しや支払いに非常に苦労しました。また、母親は以前相談者と長女が不在の際に、詐欺被害に遭いそうになったことがあります。

　両親が元気なうちに認知症対策を開始したいと考えています。

 ## 4 本事例の認知症対策

家族信託

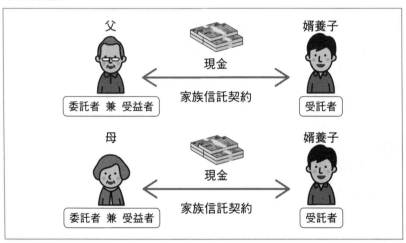

5　本事例の解説とポイント

(1)　家族信託のメリットは認知症対策だけではない

　本事例は、預貯金の認知症対策として「**家族信託**」を行いました。

　家族信託がスタートした後は、信託した金銭は受託者が「**信託口口座**」で管理することになります。そのため、両親の判断能力が認知症などによって低下した場合であっても、預貯金の凍結を回避することができます。

　判断能力が低下しなかった場合であっても、家族信託を利用して受託者が両親の金銭を管理しておくメリットがあります。

　まず、本事例の相談者も一度経験しているように、判断能力がある状態であっても、家族が老親の預貯金を引き出すのは容易ではありません。高齢者を狙った詐欺被害が後を絶たず、金融機関の本人確認・意思確認が以前より厳格となっているからです。**家族信託を利用しておけば、受託者が金銭をスムーズに引き出すことができます**。

　また、**詐欺被害から両親の預貯金を守ることも可能**です。信託財産とした金銭は受託者が信託口口座で管理しているので、仮に両親が騙されたとしても被害を抑えることができます。

(2)　売却する可能性が低い自宅は家族信託しなくてもよい

　本事例では、当初両親が住んでいる自宅も家族信託の対象としたいという話がありました。しかし、相談者夫妻も同居しており、今後自宅を売却する可能性は低いことから、自宅は家族信託の対象外となりました。このように、将来自宅を処分する可能性

が低いのであれば、必ずしも信託財産に含める必要はありません。自宅を含めると登録免許税や専門家報酬がその分高くなりますので、自宅を家族信託するかどうかは慎重に検討しましょう。

(3)　受託者は同一人でなくてもよい

　父の家族信託と母の家族信託で受託者を同一人にしなければならないわけではありません。例えば、一方を相談者、もう一方を長女のように、別々の人が受託者になることも可能です。

事例 4

自宅は「家族信託」、
お金は「信託銀行の認知症
サービス」で守る

1 家族関係

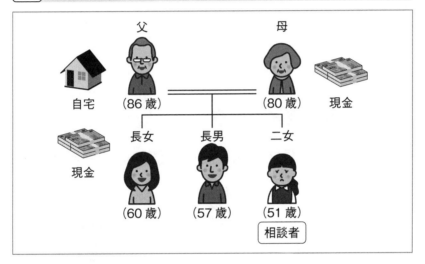

父（86歳）　母（80歳）
自宅　　　　　　　　　　　　　現金

長女（60歳）　長男（57歳）　二女（51歳）
現金　　　　　　　　　　　　　相談者

2 相談者

二女（51歳）

3 相談の概要と問題点

　相談者は、独身で両親と自宅で暮らしています。長女も長男も
それぞれ結婚して家庭があり、またそれぞれ遠方に住んでいるこ
とから今後の両親の面倒は相談者がみていく予定です。

相談者が最も心配しているのは、**父の財産凍結**です。父は昔から持病があり、最近も入退院を繰り返している状況なので、判断能力の低下や喪失が懸念されます。また、現在の自宅が郊外にある大きな一戸建なので、維持・管理が非常に大変です。そのため、最寄り駅に近くもう少しコンパクトな物件が見つかり次第、住替えを予定しています。それまで父が元気でいられるかどうか（判断能力を維持できるかどうか）を相談者はとても心配しています。

　母はまだまだ元気ですが、今回のタイミングで同時に対策ができたらと考えています。

 4 **本事例の認知症対策**

家族信託＋商事信託（信託銀行の認知症サービス）

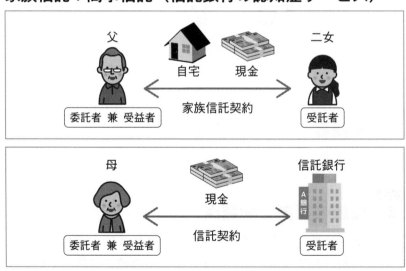

5 本事例の解説とポイント

(1) 父の認知症対策
① 家族信託で住替えの手続きも受託者ができる

　本事例では、父を委託者、二女（相談者）を受託者とする家族信託を行いました。信託財産は自宅と金銭としました。今後、自宅と金銭の管理・処分は受託者として二女が行うことになります。

　家族信託開始後、ほどなくして、両親の希望どおりの良い物件が駅の近くに見つかりました。そこで、自宅を売却して、その売却代金で新しい物件を購入しました。自宅の管理・処分権限は受託者である二女にありますので、**売却の契約手続きは二女（受託者）が父の代わりに行うことができます**。また、**新しい物件の購入の契約手続きも二女（受託者）が行うことができます**。

　自宅が売却されて売却代金（金銭）に変わったとしても、信託財産として受託者がそのまま管理をすることができます。そのため、売却代金で新たに不動産を購入する手続きも二女（受託者）ができるのです。

　このように、家族信託によって、**住替えの手続き（不動産の売却と購入）** を受託者が行うことが可能です。

◆図表4-2　受託者による売却・購入のイメージ

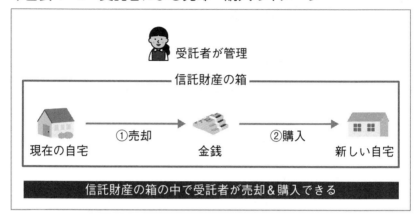

②　家族信託で親の手続き負担を軽減できる

　本事例では、住替え時は父の判断能力にまだ問題はなかったので、父が契約手続きを進めていくことも不可能ではありませんでした。

　しかし、不動産の売却と購入を同時に行う場合、手続きは非常に煩雑です。また、手続きのため何度も外出をしなければなりません。高齢者の方にとって大きな負担となるのは間違いありません。

　今回は家族信託によりすべての手続きを二女（受託者）が代わりにできたので、持病を持つ父の負担を大きく軽減することができました。

　このように親が元気なうちに家族信託を始めておけば、**親の財産管理の負担を大幅に軽減**することができます。

(2) 母の認知症対策

① 家族信託だけが選択肢ではない

母は不動産を所有しておらず、財産は預貯金だけでした。当初は、母についても二女を受託者として家族信託を行う予定でした。ところが、家族会議において、父の財産に加えて母の預貯金も管理することは二女にとって負担になるのではという話になりました。

そこで、母については**信託銀行の認知症サービス**を利用することになりました。万が一母が認知症になったとしても、信託銀行に信託した金銭については凍結を回避することができます。

金融機関の認知症サービスは今後ますます充実していくことが予想されます。財産が金銭だけの場合、家族信託だけでなく、信託銀行などのサービスを利用することも一案です。なお、金融機関のサービスでは自宅を信託することはできません。

② 認知症対策は両親同時に行うのがベスト

80歳を超えてくると、健康な方であってもいつ何が起きても不思議ではありません。筆者の相談事例でも、父の認知症対策だけを行ったら、急に母が倒れて財産が凍結してしまった…というケースが何度かありました。本事例のように両親の認知症対策は同時に進めておくのが安心です。

事例 5

相続対策も同時にできる!
「生前贈与」で
自宅の認知症対策

1 家族関係

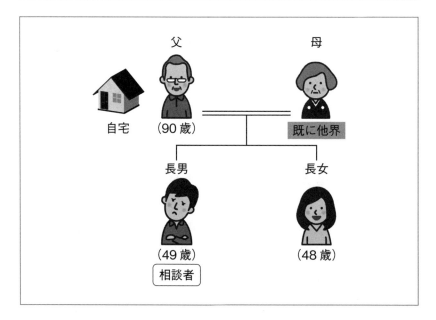

父
自宅 （90歳）

母
既に他界

長男
（49歳）
相談者

長女
（48歳）

2 相談者

長男（49歳）

3 相談の概要と問題点

　相談者の家族と父は自宅で同居をしています。母は10年前に他界しました。父はまだ健康面に問題はありませんが、さすがに90歳となり最近は衰えを隠すことができません。長女は結婚して地方に住んでいます。

　自宅はかなり古くなってきているので、近い将来、新しく建て替える予定があります。その際、銀行から長男が借入れを行う必要があるので、土地の所有者として父が銀行と担保権の設定契約を締結する必要があります。

　しかし、建替え時に父の判断能力が低下していると、金融機関から借入れができず、建替えができなくなるおそれがあります。そこで、父の判断能力があるうちに、認知症対策を行いたいと考えています。

4 本事例の認知症対策

生前贈与

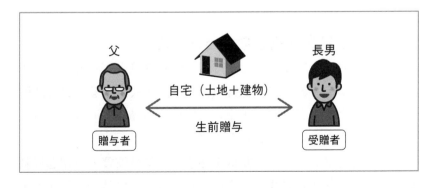

5 **本事例の解説とポイント**

本事例では、家族信託、任意後見、生前贈与の３つを比較検討した上で、**生前贈与**を行いました。

(1)　家族信託を利用しなかった理由

本事例では、建替えのために将来長男が借入れを行う予定です。借入れ時において、土地の担保権の設定契約時に父の判断能力が低下した場合に備えて、土地を家族信託しておくという方法が考えられます。

しかし、受託者（長男）自身の債務を担保するためには、信託財産（土地）に担保権を設定することが**受託者の忠実義務や善管注意義務に違反する可能性があるとの指摘があります**。なぜなら、担保権を設定することが受益者（父）の利益にならない可能性が高いからです。また、借入れ予定の金融機関に事前に相談をしたところ、信託した物件を担保にしたケースがその金融機関ではまだなく対応が難しいとのことでした。

これらの理由から、本事例では家族信託の利用は断念しました。

(2)　任意後見を利用しなかった理由

任意後見制度を利用したとしても、**任意後見人（長男）が、本人（父）名義の不動産に担保権（抵当権）を設定することは原則としてできない**とされています。家族信託の場合と同様に、本人に利益があるとはいえないからです。

また、任意後見の場合、**制度上必ず任意後見監督人が家庭裁判所によって選任されます**。任意後見監督人は、弁護士や司法書士

などの専門家が選ばれますので、任意後見が終了するまで月額1～3万円程度の報酬がかかります。相談者は費用がずっとかかり続けることを避けたいとの意向でした。

　これらの理由から、本事例では任意後見の利用は断念しました。

(3)　相続時精算課税制度を利用した贈与

　そこで、本事例では、税理士にも相談の上、**相続時精算課税制度を利用して生前贈与**をする方法をとりました。この制度を利用することで、贈与する財産が2,500万円までであれば贈与税はかかりません（登録免許税や不動産取得税はかかります）。本事例では、土地・建物の評価額は2,500万円以下でしたので、贈与税がかからずに贈与を行うことができました。また、現時点での財産総額から考えると、将来相続税がかかることもありません。

コロナ禍の外出自粛で
父の老衰が…
「家族信託」でアパートを
守る

1 家族関係

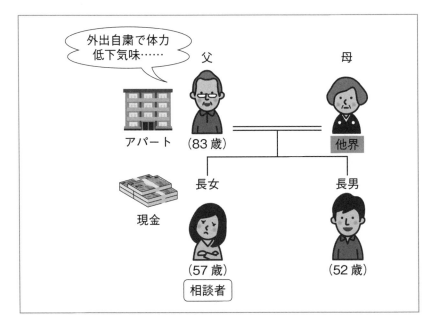

2 相談者

長女（57歳）

3 相談の概要と問題点

　相談者は父と同居している長女です。父は祖父から相続したアパートを1棟所有しています。立地はよいのですが古い建物で、近い将来に大規模修繕、建替え、売却のいずれかを選択する必要があると不動産会社からいわれています。

　しかし、昨今の新型コロナウイルスの感染拡大による外出自粛で、父の体力が日ごとに低下しています。徐々に衰えてきていることを父本人も実感しているようです。

　そこで、父がまだ元気なうちに認知症対策を行うことになりました。

4 本事例の認知症対策

家族信託

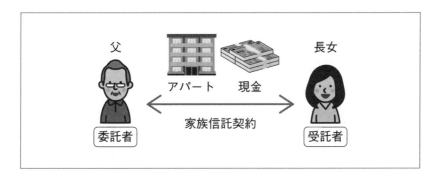

5 **本事例の解説とポイント**

(1) 家族信託で賃貸経営は受託者に任せることができる

　本事例では、アパートの認知症対策として**家族信託**を行いました。

　家族信託によって、**今後のアパートの管理業務や賃貸経営を受託者（長女）が行えるようになります**。認知症などによって父の判断能力がなくなった場合でも、賃貸経営が滞ることはありません。

　アパートの賃料収入も信託口口座において受託者が管理することになります。父の判断能力低下の影響を受けることなく、賃料を父の生活費として使うことができます。

　家族信託を開始した翌年、アパートを売却することになりました。売却時、父の判断能力はかなり低下しており、家族信託をしていなければスムーズな売却は難しかったようです。売却によって父が生涯安心して生活できるだけの金銭を手にすることができました。売却代金は、今後も受託者（長女）が信託口口座で受益者（父）のために管理を続けていきます。

(2) 外出自粛による判断能力の低下

　新型コロナウイルスの蔓延防止のために始まった「**外出自粛**」によって、**高齢者の認知能力の低下が早まっている**という指摘があります。外出ができなくなることでコミュニケーションの機会などが少なくなっていることが主な要因だと思われます。

　認知症対策や相続対策を始めるために、久しぶりに家族が親と面会したところ、判断能力が急激に低下しており、もはや対策ができない状態だったというケースが増えています。できるだけ早期に認知症対策を開始しましょう。

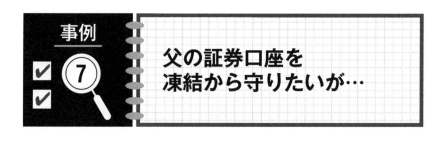

事例 7

父の証券口座を
凍結から守りたいが…

1 家族関係

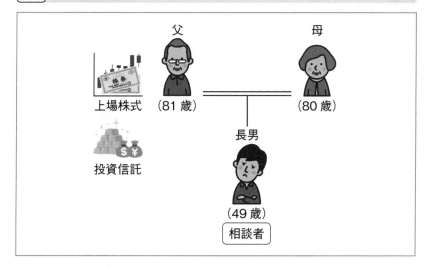

上場株式

投資信託

父
（81歳）

母
（80歳）

長男

（49歳）

相談者

2 相談者

長男（49歳）

3 相談の概要と問題点

　相談者の父は、若い時から株や投資信託の取引が大好きで金融
資産の大部分を有価証券で保有しています。父は、一昨年脳梗塞

で倒れ、しばらく入院しました。幸いにもほとんど後遺症はありませんでしたが、相談者は再発を心配しています。

　万が一、脳梗塞を再発し判断能力を失ってしまった場合には、父の金融資産の大部分が凍結してしまうことになります。

　そこで、相談者は父の有価証券について認知症対策を行うことを検討しています。

 4　本事例の認知症対策

任意後見＋家族信託

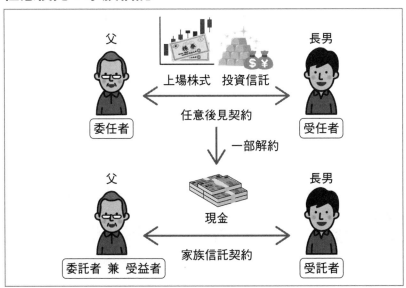

5 **本事例の解説とポイント**

(1) 有価証券を家族信託するケースはまだ少ない

　本事例では、当初は家族信託を検討していました。ところが、父が取引をしていた証券会社では、**証券の信託口口座の開設に対応していませんでした**。また、開設可能な証券会社で信託口口座を開設するにしても、口座が**一般口座**となってしまうなどのデメリットがありました。

　そこで、有価証券のまま家族信託することは断念し、**一部を売却した上で、「金銭」として家族信託をする**ことにしました。そうすることで、金銭として家族信託した部分については、父が判断能力を失ったとしても受託者（長男）が管理することが可能となります。

　このように、証券の信託口口座が開設できないなどの理由で有価証券の家族信託を断念するケースも今のところ少なくありません。

(2) 家族信託と任意後見の併用

　売却しなかった有価証券の認知症対策については、**任意後見制度**を利用することにしました。このように、家族信託と任意後見制度を併用することで、信託財産は家族信託で、家族信託しなかった財産（信託財産以外の財産）は任意後見によって、認知症対策を行うことが可能となります。

◆図表4-3　家族信託と任意後見の併用

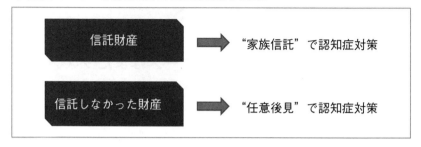

事例
8

「不動産管理会社」を利用してまとめて認知症対策＆相続税対策

1 家族関係

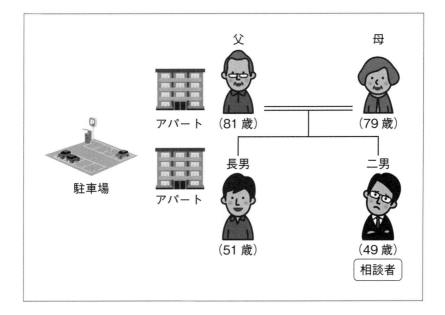

父 (81歳)　母 (79歳)

アパート

アパート

駐車場

長男 (51歳)　二男 (49歳)

相談者

2 相談者

二男（49歳）

相談者の父は、アパートや駐車場などの複数の収益物件を所有しています。80歳を過ぎ、そろそろ本格的に相続税対策を行っていきたいと考えています。アパートについては、今後大規模修繕や管理委託契約の解除や更新などを行う可能性があるので、判断能力の低下に備えて認知症対策も同時に行いたいと考えています。長男は自分で会社を経営しているため、父の賃貸経営は相談者が承継する予定です。

4 本事例の認知症対策

不動産管理会社の活用

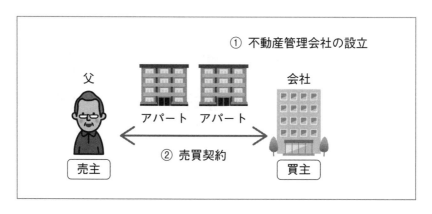

5 本事例の解説とポイント

(1) 家族信託は相続税対策にはならない

　本事例では、当初は家族信託の利用も検討していました。しかし、家族信託そのものに将来の相続税を軽減する効果がないことや損益通算ができなくなることを理由に、**不動産管理会社を利用した対策（不動産所有方式）**を行うことになりました。

　この方法によれば、**建物の所有権は新たに設立する不動産管理会社に移転される**ことになりますので、アパートに関する父の認知症対策として一定の効果があります。ただし、土地は引き続き父の所有となるので、父の判断能力が低下した場合には、土地の売却や建物建替え時の担保提供（抵当権や根抵当権の設定契約）ができなくなるリスクは依然残ります。

　対策に当たっては、まずは不動産管理会社を新たに設立するところから開始します。その後、父を売主、不動産管理会社を買主とする売買契約を締結し、父から不動産管理会社へ建物の所有権を移転します。今後は建物のオーナーは父ではなく、不動産管理会社ということになります。

　したがって、今後の家賃収入は**不動産管理会社の収入**になりますので、父個人の収入が減少し、所得税・住民税の軽減につながります。また、父個人の財産の蓄積を回避することができますので、将来の相続税を軽減できる可能性もあります。

(2) 必ず税理士に相談する

　不動産管理会社を利用して対策を行う場合には、税務上多くの検討事項があります。事前に必ず税理士に相談しましょう。

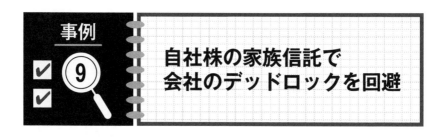

事例
✓ ⑨ ✓

自社株の家族信託で会社のデッドロックを回避

1 家族関係

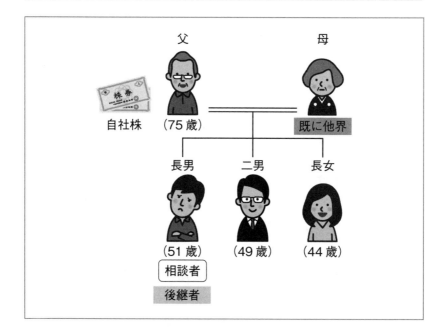

父
自社株 （75歳）

母
既に他界

長男
（51歳）
相談者
後継者

二男
（49歳）

長女
（44歳）

2 相談者

長男（51歳）

3 **相談の概要と問題点**

　相談者は父が創業した不動産会社で取締役として働いています。敏腕社長だった父も75歳となり、最近さすがに衰えが目立つようになりました。今後は長男である相談者に会社経営を引き継がせると決めていますが、まだ数年は現役でいたいようです。二男は会社員、長女は専業主婦であるため、今後会社の経営に関わる気はありません。

　相談者は、会社の全株式を持っている父が急な病気や認知症等によって判断能力を失い、会社の経営に影響が出ることを懸念しています。

4 **本事例の認知症対策**

家族信託

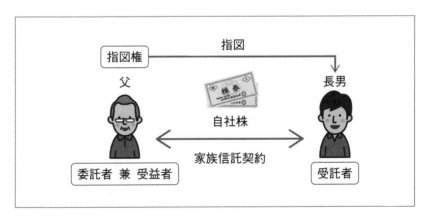

5 本事例の解説とポイント

(1) 家族信託で会社のデッドロックを防ぐ

　会社の全株式を保有する父が認知症などによって判断能力を喪失すると、株主として議決権を行使できなくなります。議決権の行使ができなくなると、**株主総会で決議ができず、会社の重要な意思決定ができなくなる可能性**があります。また、**代表取締役として職務を遂行することも困難となります**。そのため、代表取締役の意思表示を通して行われる会社の日常業務（取引先、金融機関との契約・やり取りなど）が停滞するリスクがあります。これがいわゆる会社の"デッドロック"の問題です。

　そこで、本事例では、オーナー社長である父を委託者兼受益者、後継者である長男を受託者として、父が保有する自社株を対象として**家族信託**を行いました。家族信託をしておけば、株主としての議決権は受託者である長男が行使することになりますので、父が認知症などによって判断能力を喪失した場合であっても、会社のデッドロックを避けることができます。

(2) 現役の間は指図権を活用する

　本事例のように、信託契約によって父に「**指図権**」を設定することによって、父が現役で働ける間は、**議決権の行使について受託者（長男）に対して指図を行う**ことが可能です。指図権を利用することで、長男に後継者教育を行いつつ、同時に判断能力喪失時のリスクヘッジもすることが可能となります。

　なお、父が判断能力を喪失し指図権を行使できなくなった場合には、受託者が議決権を行使することになります。

事例 ⑩

相続人が認知症…
「家族信託+遺言」で
認知症対策+相続対策

1 家族関係

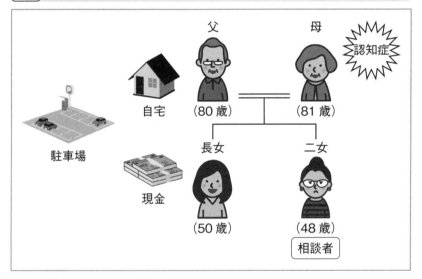

2 相談者

二女（48歳）

3 相談の概要と問題点

　相談者の父は、自宅で1人暮らしをしています。母は重度の認

知症を患っており近くの高齢者施設で暮らしています。相談者は
父の自宅の近くに住んでいるので、1人で暮らす父を心配して頻
繁に自宅を訪ねています。長女は遠方に住んでいます。母が施設
に入ってから父は入退院を繰り返すようになり、特に最近は体調
が優れないようです。また、父は愛妻家だったので、新型コロナ
ウイルスの影響で施設に行っても母と面会できないことが精神的
に堪えているようです。

　相談者が心配しているのは、父が認知症を発症した場合や亡く
なってしまった場合です。特に、父が亡くなった場合の相続手続
きについて不安を感じています。

 ## 4 本事例の認知症対策

家族信託＋遺言

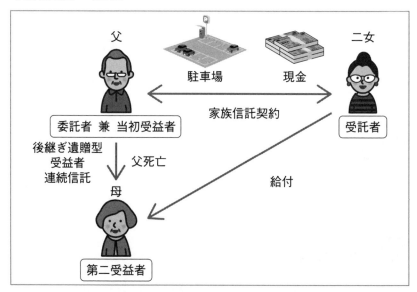

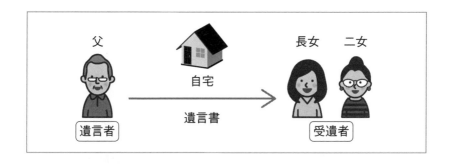

父 自宅 長女 二女
遺言者 遺言書 受遺者

5 本事例の解説とポイント

(1) 相続人が認知症だと遺産分割できない可能性がある

　本事例において、何も対策をしないまま父が亡くなってしまった場合、どのような事態が起こるのでしょうか。

　相続発生により父の財産が凍結することになります。遺産分割協議を行い、相続手続きが完了するまで凍結は解除されません。

　ここで問題となるのは、**「遺産分割協議」**です。遺産分割協議とは、相続人の間で行う遺産分けの話合いのことをいいます。遺産分割協議も「法律行為」であるため、**相続人に判断能力がなければ遺産分割協議は無効となるおそれがあります。**

　よって、**重度の認知症によって判断能力を喪失している母は、遺産分割協議を行うことができず、このままでは父の財産について相続手続きを進めていくことはできません。**

(2) 遺産分割協議を行うには法定後見制度を利用するしかない

　遺産分割協議を進めていくためには、法定後見制度を利用し、

母の「成年後見人」を家庭裁判所から選任してもらう必要があります。そして、成年後見人が母に代わって遺産分割協議に参加することになります。

　法定後見制度では、家族ではなく弁護士・司法書士などの専門家が成年後見人に選任される可能性もあります。長女や二女が成年後見人となったとしても、長女や二女も相続人であるため、母の後見人として遺産分割協議を行うことは**利益相反行為**となり（【プラスワンアドバイス❹】参照）、別途家庭裁判所から**特別代理人**を選任してもらう必要があります。

　また、成年後見制度を利用して遺産分割協議を行う場合には、**原則として被後見人（母）に「法定相続分」を相続させなければなりません。**本事例ですと、母に成年後見人を付けた場合には、父の財産の2分の1（法定相続分）を母に相続させなければならないということになります。

(3)　相続人が認知症である場合は事前対策が必須

　このように、相続人の中に認知症等で判断能力を喪失している人がいる場合、**相続手続きが非常に煩雑になります。**よって、親が元気なうちに事前の対策を講じることが必須といえるでしょう。

　本事例では下記の対策を行いました。これにより遺産分割協議をする必要がなくなり、父が亡くなった際の相続手続きをスムーズに進めていくことができます。

①　家族信託（後継ぎ遺贈型受益者連続信託）

　父を委託者兼当初受益者、第二受益者を母、受託者を二女とする**家族信託**を行いました。信託財産は、駐車場と金銭にしまし

た。

　家族信託を利用することによって、父の判断能力が低下した場合でも信託財産については凍結を回避できます。父の希望としては、自分と母が存命中は自宅を売らないでほしいとのことだったので、信託財産に自宅は加えませんでした。

　また、愛妻家である父は、預金が少ない母の生活を心配しており、自分が亡くなった後の駐車場収入は母のものとしてほしいとの希望を持っていました。そこで、父（当初受益者）が亡くなった場合、**信託は終了せずに母（第二受益者）のために家族信託が継続**するように設計しました。（後継ぎ遺贈型受益者連続信託）。これによって、受託者（二女）が駐車場を管理しながら第二受益者（母）に駐車場収入を給付することが可能となります。

　なお、駐車場などの財産を遺言書によって「母」にそのまま相続させてしまうと、**父が亡くなり、母が相続した瞬間に財産が「凍結」**してしまうので注意が必要です。母はすでに自分で自分の財産を管理できる状態ではないからです。家族信託であれば、受託者に管理を任せながら、受益者は利益だけを受け取ることができます。

②　遺言書

　信託財産以外の財産（自宅など）承継先を決定しておくために、**遺言書**を作成しました。遺言書と家族信託の準備をしておくことで、父の財産の承継先はすべて事前に決定することになりますので、**父が亡くなったときに遺産分割協議をする必要はなくなります**。したがって、**成年後見制度を利用することなく、相続手続きをスムーズに進めることが可能**となります。

プラスワン
アドバイス 08

おひとりさまの認知症対策

　一般的に「おひとりさま」とは、配偶者や親族との死別・離別により同居する人がいない方を表すとされています。文字どおり推定相続人や親族が誰もいない方だけではなく、何らかの理由でこれらの人と縁遠くなっている方を含みます。

　おひとりさまは、主に下記の３つに分類することができます。

・推定相続人や親族がいるが仲が悪いケース
・推定相続人や親族がいるが迷惑をかけたくないと思っているケース
・推定相続人や親族が誰もいないケース

　それでは、おひとりさまが認知症対策を行う場合にはどのような点に注意したらよいのでしょうか。

❶　通常のケースに比べて選択肢が少ない

　おひとりさまの場合、認知症などによって判断能力が低下しても、親族などのサポートを受けるのが難しいことがほとんどです。

　したがって、サポートをしてくれる親族などが周りにいることが前提となっている認知症対策（家族信託など）を利用することは難しいといえます。

　第三者（弁護士や司法書士などの専門家や民間企業など）に財産管理を依頼することが可能な「任意後見制度」「商事信託」などが主な選択肢となってくるでしょう。

❷ 身元保証、死後事務委任などの他の対策も並行して行う

おひとりさまの場合、身上保護、身元保証、葬儀、納骨などの家族が通常行うような事務も第三者に依頼しておく必要があります。

よって、認知症対策と同時に次の対策も検討するようにしましょう。

(イ) 見守り契約

身近に頼れる親族・知人がいない場合に、第三者に定期連絡や定期訪問をお願いすることで健康状態や生活状況に変わりがないか確認してもらう契約です。

(ロ) 死後事務委任契約

死後の医療費・施設利用料等の支払い、葬儀、納骨、埋葬、法要などの手続きを第三者に依頼しておく契約です。

(ハ) 尊厳死宣言書

回復の見込みのない末期状態になった場合に備えて、延命治療を控え又は中止し、人間としての尊厳を保たせつつ、死を迎えることを宣言しておく書面です。

(ニ) 身元保証契約・身元引受契約

入院や高齢者施設への入所の際に必要となる、「身元保証人」や「身元引受人」を第三者にお願いしておく契約です。

(ホ) 遺言書

亡くなった際に残された財産を誰にどのように承継させるかを生前に決めておく書面です。

おひとりさまの対策は、通常のケースに比べて多岐にわたることが一般的です。元気なうちから対策をはじめておくことが大切です。参考として対策の全体図を載せておきます。

◆図表 4-4　おひとりさま対策の全体図

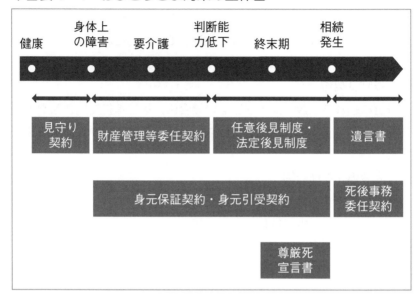

著者略歴

元木　翼（もとき　つばさ）
司法書士法人ミラシア・行政書士法人ミラシア　代表社員
司法書士・行政書士
千葉商科大学特別講師
一般社団法人 OSD よりそいネットワーク　理事

1983 年生まれ。早稲田大学教育学部英語英米文化学科卒業。
大手司法書士法人支店長などを経て、2017 年開業。相続、遺言、後見、家族信託などが専門。相談実績は累計 1,500 件を超え、家族信託については日本トップクラスの組成件数を誇る。豊富な経験・事例を基に、"オーダーメイド"の生前対策サービスを展開している。専門家・実務家向けコミュニティ「生前対策実務家倶楽部ミラシア」を主宰し、会員数は 150 名を超える。相続や家族信託などに関するセミナー・講演実績多数。

【メディア実績】
フジテレビ「とくダネ！」、読売新聞、朝日新聞、産経新聞、東京新聞、毎日新聞、夕刊フジ、ハルメク、週刊朝日、サンデー毎日他多数。

【運営サイト・チャンネル】
・「MIRASIA TIMES（ミラシア タイムズ）　〜相続・遺言・家族信託に特化した日本で一番分かりやすい生前対策情報サイト〜」
　https://mirasia-times.jp/

・「家族信託・民事信託のミラシア」
https://kazokushintaku-mirasia.com/
・「相続放棄のミラシア」
https://souzoku-houki-mirasia.com/
・「生前対策実務家倶楽部 ミラシア」
https://www.mirasia-club.co.jp/
・「日本一分かりやすい相続・認知症対策チャンネル　運営　司法書士法人ミラシア」
https://www.youtube.com/channel/UCXB1M34NMIBJUnwI--LrTJQ

【著書】
『新しい常識 家族間契約の知識と実践』（共著）（日本法令、2021年7月）

●執筆協力

永井　悠一朗（ながい　ゆういちろう）
司法書士法人ミラシア
司法書士

1990年生まれ。中央大学法学部法律学科卒業。
大手司法書士法人での勤務を経て、2019年司法書士法人ミラシアに入所。専門は相続・遺言・後見・家族信託。これまで100件以上の家族信託の組成に携わり、様々な制度を比較した丁寧でわかりやすい説明に定評がある。金融機関において信託契約書のリーガルチェックを行っていた経験もあり、家族信託などの認知症対策に深い見識がある。

▶▶連絡先

〒102-0072　東京都千代田区飯田橋二丁目8番3号
　　　　　　リードシー飯田橋ビル8階
　　　　　　司法書士法人ミラシア
　　　　　　行政書士法人ミラシア
　　　　　　株式会社ミラシアコンサルティング

電　話：03-6261-6405　Fax：03-6261-6552
e-Mail：mirasia-support@mirasia.or.jp
URL：https://mirasia.or.jp

税務監修者　略歴

木下　勇人（きのした　はやと）
税理士法人レディング　代表社員
公認会計士・税理士

愛知県津島市出身。税理士法人トーマツ（現デロイト トーマツ税理士法人）にて非上場会社オーナーファミリーの事業承継対策に従事。2009年、名古屋で相続専門税理士法人を設立し、富裕層に対する不動産・財産コンサルティング、オーナー社長への事業承継コンサルティングを中心に業務を展開。2017年9月に東京事務所開設、2021年6月につくば事務所開設と同時にM&A支援事業も展開。東京税理士会 麹町支部所属。

▶▶連絡先

〒102-0085　東京都千代田区六番町 13-1　ハイツ六番町 501
　　　　　　税理士法人レディング
電　話：03-6265-4903
ＦＡＸ：03-6265-4904
ＵＲＬ：https://www.leding.or.jp
e-Mail：info@leding.or.jp

名古屋事務所
〒460-0008　愛知県名古屋市中区栄 5 -27-12
　　　　　　富士火災名古屋ビル 6 階
電　話：052-253-9457　　FAX：052-253-9458

つくば事務所
〒305-0033　茨城県つくば市東新井 2-1　KMS.S-2 ビル 404
電　話：029-896-8106　　FAX：029-896-8107

「生命保険」の認知症対策監修者　略歴

圦本　弘美（ゆりもと　ひろみ）
株式会社 FP フローリスト代表取締役
CFP®認定者
１級ファイナンシャル・プランニング技能士

大阪府出身。1995 年神戸大学理学部地球科学科卒業。
出産を機にマネープランの必要性を痛感し、一男一女の子育てをしながら FP 開業し、1,200 件以上の相談を受ける。資産運用・家計管理・住宅購入・保険見直しなど幅広いマネー相談に精通し、親身なアドバイスが好評。2013 年、FP 開業 10 周年を節目に、日本初の本格的女性 FP 養成機関株式会社 FP フローリストを設立。後進の育成と良質な FP サービスの普及に尽力している。

親の財産を"凍結"から守る
認知症対策ガイドブック

令和3年 12月 20日　初版発行
令和5年 1月 10日　初版3刷

 日本法令®

〒 101 - 0032
東京都千代田区岩本町1丁目2番19号
https://www.horei.co.jp/

検印省略

著　者　元　　木　　　　翼
発行者　青　　木　　健　次
編集者　岩　　倉　　春　光
印刷所　日 本 ハ イ コ ム
製本所　国　　宝　　　　社

（営　業）　TEL　03 - 6858 - 6967　　E メール　syuppan@horei.co.jp
（通　販）　TEL　03 - 6858 - 6966　　E メール　book.order@horei.co.jp
（編　集）　FAX　03 - 6858 - 6957　　E メール　tankoubon@horei.co.jp
（オンラインショップ）　https://www.horei.co.jp/iec/
（お 詫 び と 訂 正）　https://www.horei.co.jp/book/owabi.shtml
（書 籍 の 追 加 情 報）　https://www.horei.co.jp/book/osirasebook.shtml

※万一、本書の内容に誤記等が判明した場合には、上記「お詫びと訂正」に最新情報を掲載
　しております。ホームページに掲載されていない内容につきましては、FAXまたはEメー
　ルで編集までお問合せください。